CAMPAGNE

DU

GÉNÉRAL BUONAPARTE

EN ITALIE.

CAMPAGNE

DU

GÉNÉRAL BUONAPARTE

EN ITALIE,

PENDANT LES ANNÉES IVe ET V^e

DE LA RÉPUBLIQUE FRANÇAISE;

PAR UN OFFICIER GÉNÉRAL.

A PARIS,

Chez { PLASSAN, Imprimeur-Libraire, rue du Cimetière-André-des-Arcs, n°. 10;
BERNARD, Libraire, quai des Augustins, n°. 37.

L'AN V. — 1797.

CAMPAGNE

DU

GÉNÉRAL BUONAPARTE

EN ITALIE.

Les vœux impuissans et timides d'un petit nombre d'Italiens éclairés appelaient les républicains français au-delà des Alpes, quand tous les gouvernemens de cette presqu'isle conspiraient à leur en fermer les passages. La neutralité de Gênes et de Venise n'était que l'attitude de la faiblesse qui craint d'agir : l'aristocratie de leurs sénats était encore plus opposée aux principes français que les cabinets des monarques. L'inaction y était considérée comme un principe de sûreté : tant on y redoutait toute espèce de mouvement, que ces corps, dans un temps d'effervescence, savent trop bien n'être pas toujours certains de diriger à leur gré. La neutralité nouvelle de la Toscane n'avait guère de motifs plus nobles, ni plus de sincérité : il s'y joignait seulement l'avantage de pouvoir devenir momentanément le centre de tout le commerce de l'Italie, si elle pouvait espérer de garder l'équilibre entre la France et l'Angleterre.

Toutes les autres puissances de l'Italie étaient réunies à la coalition, et présentaient une masse de forces assez imposante.

Malgré la défaite récente du général de Vins, les Autrichiens n'avaient encore perdu que la côte du territoire de Gênes qui s'étend de Savone à Voltri, et la facilité très-peu importante, quoique les Anglais la leur fissent trop estimer, de pouvoir communiquer avec leur flotte. Les Français n'avaient pas donné à leurs dernières victoires les suites qu'on en pouvait et devait attendre, et l'empereur avait eu le temps de renforcer son armée, qu'il venait de confier au général Beaulieu.

Les forces autrichiennes s'élevaient, à l'ouverture de la campagne, au nombre de . . . . 80,000 hommes.

L'armée de ligne du roi de Sardaigne était de 60,000

Ses milices armées et sur pied, de . . . 30,000

Le pape avait rassemblé 30,000

Le roi de Naples pouvait disposer de . 80,000

Il en avait 40,000 dans deux camps rassemblés sur sa frontière, tandis que 2,400 hommes de sa cavalerie s'étaient réunis aux Autrichiens en Lombardie.

Le duc de Parme, et sur-tout celui de Modène, donnaient à la coalition en argent et munitions ce qu'ils ne pouvaient ou n'osaient fournir en troupes, et Venise et Gênes n'étaient ni moins perfides ni moins généreuses.

L'Italie offrait donc une force armée de 280,000 hommes prête à repousser l'agression des Français.

D'autres obstacles les attendaient au-delà des monts : la chaleur et l'insalubrité d'un climat qui leur avait été tant de fois si funeste ; l'opposition et l'influence d'un clergé nombreux et puissant sur un peuple asservi par la superstition, qu'il avait eu le temps et le soin de prévenir contre les Français, et sur-tout contre leurs opinions, plus redoutables encore pour lui que leurs armes.

Il fallait donc que le nouveau Brennus fût aussi politique, aussi sage, que valeureux. Il fallait qu'il sût vaincre et pardonner ; qu'il pût enivrer de gloire son armée, et défendre l'Italie de l'avidité d'une troupe condamnée depuis deux ans aux plus difficiles privations sur les stériles rochers de la rivière de Gênes.

La France avait besoin d'un autre César, et elle le trouva dans un jeune officier d'artillerie de vingt-huit ans. Le directoire de la république française nomma au commandement en chef de l'armée d'Italie le général BUONAPARTE. On avait pu reconnaitre un grand talent militaire dans les dispositions qu'il avait conseillées et exécutées pour la reprise de Toulon sur les Anglais réunis aux Espagnols, et depuis il avait rendu de nouveaux services à la constitution de l'an 3.

La force de l'armée d'Italie n'excédait pas alors 56,000 hommes, et ses moyens en vivres et en transports étaient presque nuls. Un homme ordinaire aurait pu s'étonner, et se regarder comme paralysé : Buonaparte ne vit dans ce qui lui manquait que le besoin d'agir sans retard, et celui des succès. « Si nous sommes vaincus, disait-il, j'aurai trop ; « vainqueurs, nous n'avons besoin de rien. »

Les Autrichiens et les Piémontais occupaient tous les débouchés et toutes les hauteurs des Alpes qui dominent la rivière de Gênes. Les Français avaient leur droite appuyée sur Savone, leur gauche vers Montenotte, et deux demi-brigades, les 70ᵉ et 99ᵉ, fort en avant de leur droite, à Voltri, à six lieues de Savone et trois de Gênes.

Les Génois, inquiets de ce voisinage, en même temps qu'ils pourvoyaient à la défense de leur ville du côté de Voltri, laissaient tranquillement passer à Novi, à Gavi, à la Bochetta, sous le canon de postes presqu'inexpugnables, les troupes de Beaulieu, et se contentaient de vaines protestations contre la violation qu'ils trouvaient bon qu'il fît de leur territoire.

BATAILLE DE MONTENOTTE.

Après quelques jours de mouvemens destinés à faire prendre le change aux Français, Beaulieu fit attaquer par dix mille hommes, le 20 germinal de l'an 4, le poste de Voltri. Le général Cervoni, avec les trois mille hommes qu'il y commandait, s'y défendit avec l'intrépidité ordinaire des soldats de la liberté, et exécuta durant la nuit, avec le plus grand ordre et à l'insu de l'ennemi, une retraite sur la Madone de Savona, que Buonaparte avait ordonnée et protégée par 1,500 hommes placés à cet effet sur les avenues de Sospello et les hauteurs de Varraggio.

Le 21, dès quatre heures du matin, Beaulieu, à la tête de quinze mille hommes, attaqua et culbuta toutes les positions sur lesquelles s'appuyait le centre des Français, et parut, à une heure après-midi, devant la redoute de Montenotte, le dernier de leurs retranchemens.

Malgré diverses charges répétées, cette redoute tint ferme et arrêta l'ennemi. Le chef de brigade Rampon, qui y commandait quinze cents hommes, par un de ces élans qui caractérisent une ame forte et formée pour les grandes actions, leur fit, au milieu du feu, prêter le serment de mourir tous dans la redoute, et y contint, la nuit entière, les ennemis à la portée du pistolet.

Pendant la nuit, le général Laharpe, avec toutes les troupes de la droite, prit poste derrière cette redoute si vaillamment défendue ; et Buonaparte, suivi des généraux Berthier, Massena, et du commissaire Salicetti, porta les troupes de son centre et de sa gauche, à une heure après-minuit, en passant par Altare, sur le flanc et les derrières des Autrichiens. Cette manœuvre devait préparer la victoire et la décider.

Le 22, à la pointe du jour, Beaulieu, qui avait reçu des renforts, et Laharpe, s'attaquaient et se chargeaient avec vigueur et différens succès, lorsque Massena parut en semant la mort et l'épouvante sur le flanc et les derrières des Austro-Sardes, où commandait le général Argenteau.

Bientôt les généraux ennemis Roccavina et Argenteau, grièvement blessés, augmentent le désordre, et la déroute devient complète. Quinze cents morts, deux mille cinq cents prisonniers, dont soixante officiers, et plusieurs drapeaux, signalent cette journée. Les Autrichiens sont poursuivis, et les Français s'emparent de Carcare, où ils arrivent le 23, ainsi que de Cairo, que l'ennemi est contraint d'abandonner.

S'il était rare autrefois qu'une bataille excédât les limites d'une journée, il ne l'était pas moins qu'une campagne ne fût, pour ainsi dire, qu'une suite de batailles journalières et continuelles. Cette tactique nouvelle paraît appartenir plus spécialement au général Buonaparte, qui semble n'avoir aucun goût pour les demi-succès, et vouloir achever entièrement les défaites qu'il a commencées. Cet art d'abréger la guerre forcera ses ennemis de lui opposer dans une seule campagne de nouvelles armées à la place de celles qu'il aura détruites.

La bataille de Montenotte ne pouvait être décisive pour la campagne : Beaulieu, quoique battu, restait encore le maître de donner par sa droite la main à la gauche de l'armée austro-sarde. Le trait d'habileté était de diviser ces deux armées, et de tenir l'une en échec tandis qu'on battrait l'autre. Ce grand danger devant être facilement apperçu de toutes les deux, rendait cette opération plus difficile, et la gloire d'y réussir d'autant plus grande qu'elle serait l'ouvrage d'une armée très-inférieure en nombre. Le temps était précieux, et Buonaparte le savait : aussi, en portant le 23 son quartier-général à Carcare, ordonna-t-il au général Laharpe de marcher sur Sozello, pour menacer d'y enlever les huit bataillons qu'y tenait l'ennemi, et de se porter le lendemain, par une marche rapide et cachée, dans la ville de Cairo; et au général Massena de se porter sur les hauteurs de Dego, tandis que les généraux Menard et Joubert occuperaient, l'un les sommités de Biestro, et l'autre l'intéressante position de Sainte-Marguerite. Ce mouvement, à la suite des combats de Montenotte, plaçait son armée au-delà de la crête des Alpes, et sur les pendans qui versent en Italie. C'était sans doute beaucoup d'avoir en si peu de jours escaladé tous ceux qui versent sur la Méditerranée.

On pouvait regarder le passage des Alpes comme à peu près franchi, et il était presque sans exemple qu'il l'eût été si rapidement. Mais laissons-le parler lui-même, et nous décrire l'importante et glorieuse

BATAILLE DE MILLESIMO.

« LE 24, à la pointe du jour, le général Augereau, avec sa division, força les gorges de Millesimo, dans le temps que les généraux Menard et Joubert chassèrent l'ennemi de toutes les positions environnantes, enveloppèrent, par une manœuvre prompte et hardie, un corps de quinze cents grenadiers autrichiens, à la tête desquels se trouvait le lieutenant-général Provera, chevalier de l'ordre de Marie-Thérèse, qui, loin de poser les armes et se rendre prisonnier de guerre, se retira sur le sommet de la montagne de Cossaria, et se retrancha dans les ruines d'un vieux château, extrêmement fort par sa position.

« Le général Augereau fit avancer son artillerie; l'on se canonna pendant plusieurs heures. A onze heures du matin, ennuyé de voir ma marche arrêtée par une poignée d'hommes, je fis sommer le général Provera de se rendre. Le général Provera demanda à me parler; mais une canonnade vive, qui s'engagea vers ma droite, m'obligea à m'y transporter. Il parlementa avec le général Augereau pendant plusieurs heures; mais, les conditions qu'il voulait n'étant pas raisonnables, et la nuit approchant, le général Augereau fit former quatre colonnes, et marcha sur le château de Cossaria. Déja l'intrépide général Joubert, grenadier pour le courage, et bon général par ses connaissances et ses talens militaires, avait passé avec sept hommes dans les retranchemens ennemis; mais, frappé à la tête, il fut renversé par terre : ses soldats le crurent mort, et le mouvement de sa colonne se ralentit. Sa blessure n'est pas dangereuse.

« La seconde colonne, commandée par le général Banel, marchait avec un silence morne et armes sur le bras, lorsque ce brave général fut tué au pied des retranchemens ennemis.

« La troisième colonne, commandée par l'adjudant-général Quenin, fut également déconcertée dans sa marche, une balle ayant tué cet officier-général. Toute l'armée a vivement regretté la perte de ces deux braves officiers.

« La nuit, qui arriva sur ces entrefaites, me fit craindre que l'ennemi ne cherchât à se faire jour l'épée à la main. Je fis réunir tous les bataillons; et je fis faire des épaulemens en tonneaux et des batteries d'obusiers à demi-portée de fusil.

« Le 25, à la pointe du jour, l'armée sarde et autrichienne et l'armée française se trouvèrent en présence. Ma gauche, commandée par le général Augereau, tenait bloqué le général Provera. Plusieurs régimens ennemis, où se trouvait entre autres le régiment Belgiojoso, essayèrent de percer mon centre : le général de brigade Menard les repoussa vivement. Je lui ordonnai aussitôt de se replier sur ma droite; et avant une heure après-midi le général Massena déborda la gauche de l'ennemi, qui occupait, avec de forts retranchemens et de vigoureuses batteries, le village de Dego. Nous poussâmes nos troupes légères jusqu'au chemin de Dego à Spino. Le général Laharpe marcha avec sa division sur trois colonnes serrées en masse : celle de gauche, commandée par le général Causse, passa la Bormida sous le feu de l'ennemi, ayant de l'eau jusqu'au milieu du corps, et attaqua l'aile gauche de l'ennemi par la droite; le général Cervoni, à la tête de la seconde colonne, traversa aussi la

Bormida, sous la protection d'une de nos batteries, et marcha droit aux ennemis; la troisième colonne, commandée par l'adjudant-général Boyer, tourna un ravin, et coupa la retraite à l'ennemi.

« Tous ces mouvemens, secondés par l'intrépidité des troupes et les talens des différens généraux, remplirent le but qu'on en attendait. Le sang-froid est le résultat du courage, et le courage est l'apanage de tous les Français.

« L'ennemi, enveloppé de tous les côtés, n'eut pas le temps de capituler; nos colonnes y semèrent la mort, l'épouvante et la fuite.

« Pendant que sur notre droite nous faisions les dispositions pour l'attaque de la gauche de l'ennemi, le général Provera, avec le corps de troupes qu'il commandait à Cossaria, se rendit prisonnier de guerre.

« Nos troupes s'acharnèrent, de tous côtés, à la poursuite de l'ennemi. Le général Laharpe se mit à la tête de quatre escadrons de cavalerie, et les poursuivit vivement.

« Nous avons dans cette journée fait de sept à neuf mille prisonniers, parmi lesquels un lieutenant-général, vingt ou trente colonels ou lieutenans-colonels, et presque en entier les régimens suivans:

« *Corps francs.* Trois compagnies de Croates, un bataillon de Pelegrini, Stein, Vilhem, Schrœder, Teutsch.

« Quatre compagnies d'artillerie; plusieurs officiers supérieurs du génie, au service de l'empereur; et les régimens de Montferrat, de la Marine, de Suze, et quatre compagnies de grenadiers, au service du roi de Sardaigne.

« Vingt-deux pièces de canon avec les caissons et tous les attelages, et quinze drapeaux.

« L'ennemi a eu de deux mille à deux mille cinq cents hommes tués, parmi lesquels un aide-de-camp colonel du roi de Sardaigne. »

La victoire des Français à Millesimo était d'autant plus importante, qu'elle leur fournissait en vivres, en munitions, des moyens de marcher à de nouveaux succès, et des secours nécessaires par lesquels ils pouvaient difficilement se faire suivre dans ces hautes montagnes. Elle promettait à Buonaparte sa prochaine réunion avec la division du général Serrurier, qui gardait les bords du Tanaro et la vallée d'Oneglia, et devait augmenter ses forces lorsqu'il venait de faire perdre aux Austro-Sardes dix mille hommes, quarante canons de bataille, leurs magasins, et une partie de leurs bagages, perte que les difficultés du pays devaient leur rendre très-sensible. Il ne leur restait qu'à tenter quelque expédition hardie qui pût ralentir la marche rapide des Français.

COMBAT DE DEGO.

Leur armée, fatiguée de la bataille qui avait fini fort tard, était toute entière livrée à la sécurité de la victoire, lorsque, le 26, à la pointe du jour, Beaulieu, rassemblant sept mille Autrichiens, l'élite de son armée, leur fit attaquer avec beaucoup d'audace et enleva le village de Dego. La générale réveilla bientôt les Français. Massena, dès qu'il eut rassemblé une partie de ses troupes, commença l'attaque : elles furent repoussées à trois reprises différentes. Le général Causse n'avait pas été plus heureux ; il venait de rallier la 99ᵉ demi-brigade, chargeait les ennemis, et était près de les atteindre à la baïonnette, lorsqu'il tomba blessé à mort. Dans cet état, appercevant le général Buonaparte, il rappelle le reste de ses forces, et lui demande, « Dego est-il repris ? Les positions sont à nous, répond le « général. Dans ce cas, ajoute Causse, vive la république ! « je meurs content ». L'affaire cependant n'était point encore décidée, et il était deux heures après-midi. Buonaparte fait former en colonne la 89ᵉ demi-brigade, commandée par le général Victor, tandis que l'adjudant-général Lanus, ralliant la 8ᵉ demi-brigade d'infanterie légère, se précipite à sa tête sur la gauche de l'ennemi. Un instant ses troupes chancellent; mais son intrépidité les décide, et ces mouvemens combinés enlèvent Dego. La cavalerie achève la déroute de l'ennemi, qui laisse six cents morts et quatorze cents prisonniers.

Pendant ce temps le général Rusca s'emparait de la position de San-Giovanni, qui domine la vallée de la Bormida; le général Augereau délogeait l'ennemi des redoutes de Montezemo, et ouvrait ainsi une communication avec la vallée du Tanaro, où la division de Serrurier avait déja occupé, sur la gauche de cette rivière, et presque sous Ceva, les postes de Batifolo, Bagnasco et Nocetto.

La reprise de Dego donnait à Buonaparte l'assurance de n'avoir pas à craindre de nouvelles inquiétudes sur sa droite de la part de Beaulieu, qui se trouvait coupé de l'armée austro-sarde, et le temps de songer à cette armée, qui occupait un bon camp retranché sous Ceva. Il y poussa, le même jour 26, une forte reconnaissance, dont le résultat fut d'enlever à l'ennemi quelques positions qui rendaient plus certaine l'attaque de son camp. L'activité de ses mesures ne saurait être trop remarquée.

Le gouvernement français la secondait par ses justes éloges, et la postérité reconnaîtra dans les dépêches du directoire aux généraux de la république, le soin qu'il avait de distribuer cet encens de la gloire, qui est le plus puissant véhicule de l'ardeur française. C'est ainsi qu'il écrivait à Buonaparte :

« Il est satisfaisant pour le directoire de voir justifier, par les lauriers que vous venez de cueillir, le choix qu'il a fait de vous pour conduire l'armée d'Italie à la victoire. Recevez aujourd'hui, général, le tribut de la reconnaissance nationale; méritez-la de plus en plus, et prouvez à l'Europe que Beaulieu, pour avoir changé de champ de bataille, n'a pas changé d'ennemi; que battu au nord, il le sera constamment par la brave armée d'Italie; et qu'avec de tels défenseurs, la liberté triomphera des efforts impuissans des ennemis de la république. »

Qu'il mandait au général Laharpe :

« L'effroi que vous inspirez aux ennemis de la république peut seul égaler sa reconnaissance et l'estime due à votre courage et à vos talens. »

Qu'il disait au chef de brigade Rampon :

« Intrépide militaire, amant de la liberté, continuez à la servir : que le serment que vous avez fait prêter aux braves soldats que vous commandiez dans la redoute de Montenotte soit répété dans l'occasion par tous les républicains qui sont dignes de le tenir, et qu'il serve à fortifier chez eux, s'il en était besoin, la haine de l'esclavage, et le desir de vaincre des ennemis qui n'ont pas renoncé au projet insensé de nous donner des fers. La valeur française les forcera bientôt à demander la paix........ Vous y aurez concouru par le trait héroïque qui vous honore. »

La louange que distribuent les monarques n'a point cette sève ; ce n'est guère qu'un compliment : ici c'est un hommage public et un éloge national. Une armée ainsi dirigée, et dont la constitution militaire a tant d'avantages sur celle que peuvent donner les rois, devait acquérir et conserver une grande supériorité sur leurs troupes.

Aussi l'armée d'Italie se montrait-elle infatigable, autant que son général expéditif.

Dès le 27 le général Augereau partit de Montezemo, et attaqua les redoutes qui défendaient l'approche du camp retranché de Ceva. Huit mille Piémontais les défendaient. Les colonnes commandées par les généraux Bayrand et Joubert se battirent tout le jour, et se rendirent maîtres du plus grand nombre. L'ennemi allait être tourné par Castellino : il sentit ce danger, et la nuit il évacua le camp retranché.

A la pointe du jour, le 28, le général Serrurier entra dans la ville de Ceva, et fit l'investissement de la citadelle, qui conservait une garnison de sept à huit cents hommes. L'artillerie de siège n'avait pu suivre la rapidité de la marche de l'armée dans les montagnes, et n'était point encore arrivée.

COMBAT DE VICO ET BATAILLE DE MONDOVI.

LAISSONS parler le général Buonaparte, qui sait décrire les batailles aussi-bien que les gagner. *

« L'armée piémontaise, chassée de Ceva, prit des positions au confluent de la Cursaglia et du Tanaro, ayant sa droite appuyée sur Notre-Dame de Vico, et son centre sur la Bicoque. Le premier floréal, le général Serrurier attaqua la droite de l'ennemi par le village de Saint-Michel. Il passa le pont sous le feu des ennemis, les obligea, après trois heures de combat, à évacuer le village : mais, le Tanaro n'étant point guéable, la division qui devait attaquer la gauche de l'ennemi ne put l'inquiéter que par des tirailleurs. L'ennemi se renforça sur sa droite ; ce qui décida le général Serrurier à la retraite, qu'il fit dans le meilleur ordre : chacun, à la nuit, se trouva dans sa position. La perte de l'ennemi doit être d'environ cent cinquante hommes.

« La position de l'ennemi était formidable ; environné de deux rivières rapides, profondes et torrentueuses, il avait coupé tous les ponts, et avait garni leurs bords de fortes batteries. Nous passâmes toute la journée du 2 à faire des dispositions, et à chercher réciproquement, par de fausses manœuvres, à cacher nos véritables intentions.

« A deux heures après-minuit le général Massena passa le Tanaro, près de Ceva, et vint occuper le village de Lezegno. Les généraux de brigade Guieux et Fiorella s'emparèrent du pont de la Torre. Mon projet était de me porter sur Mondovi, et d'obliger l'ennemi à changer de

---

* Nous avertissons que dans la suite tout ce que nous guillemeterons sera l'extrait de ses dépêches officielles.

champ de bataille ; cependant le général Colli, craignant l'issue d'un combat qui eût été décisif sur une ligne aussi étendue, se mit, dès deux heures après-minuit, en pleine retraite, évacua toute son artillerie, et prit le chemin de Mondovi. A la pointe du jour les deux armées s'apperçurent ; le combat commença dans le village de Vico. Le général Guieux se porta sur la gauche de Mondovi ; les généraux Fiorella et Dammartin attaquèrent et prirent la redoute qui couvrait le centre de l'ennemi ; dès lors l'armée sarde abandonna le champ de bataille : le soir même nous entrâmes dans Mondovi.

« L'ennemi a perdu dix-huit cents hommes, dont treize cents prisonniers : un général piémontais a été tué, et trois sont prisonniers ; savoir, le lieutenant-général comte de Leire ; le comte de Flayes, colonel des gardes du roi de Sardaigne ; M. Matter, colonel-propriétaire du régiment de son nom, et quatre autres colonels ; onze drapeaux et huit pièces de canon, dont deux obusiers et quinze caissons. Les généraux, officiers et soldats, ont parfaitement fait leur devoir. Le général Despinoy a rendu de grands services, ainsi que le général divisionnaire Berthier, chef de l'état-major, chez qui les talens égalent l'activité, le patriotisme et le courage.

« Toute l'armée regrette, avec raison, le général de division Stengel, blessé mortellement, chargeant à la tête d'un de ses régimens de cavalerie.

« Le 20.e régiment de dragons, à la tête duquel a chargé le citoyen Murat, mon aide-de-camp, chef de brigade, s'est distingué.

« Demain je vous envoie un de mes aides-de-camp vous porter vingt-un drapeaux, parmi lesquels il y en a quatre des gardes du corps du roi de Sardaigne. »

« Après la bataille de Mondovi, les ennemis passèrent la Sture, et prirent leurs positions entre Coni et Cherasco ;

cette dernière ville, forte par sa position au confluent de la Sture et du Tanaro, l'est aussi par une enceinte bastionnée, très-bien palissadée et fraisée.

« La journée du 4 fut employée à passer l'Elero, et à jeter de nouveaux ponts sur le Pesio : le soir, l'avant-garde arriva à Carru. Le lendemain, après quelques escarmouches de cavalerie, nous entrâmes dans la ville de Bene.

« Le général Serrurier se porta le 6, avec sa division, à la Trinité, et canonna la ville de Fossano, quartier-général du général Colli. Le général Massena se porta contre Cherasco; il culbuta les grand'gardes des ennemis. J'envoyai le général Dujard, et mon aide-de-camp (Marmont), chef de bataillon, officier de la plus grande distinction, pour reconnaître la place, et placer les batteries d'obusiers pour couper les palissades. L'ennemi tira quelques coups de canon, et évacua la ville en repassant la Sture. Nous avons trouvé vingt-huit pièces de canon, des magasins très-considérables. Cette conquête est pour nous de la plus grande conséquence; elle appuie la droite, et nous offre de grandes ressources en subsistances.

« Le temps est aujourd'hui très-mauvais, il pleut à verse; je fais jeter des ponts de bateaux sur la Sture. L'ennemi s'est, dit-on, retiré à Carignan pour couvrir Turin, dont je suis à neuf lieues.

« Fossano vient de se rendre; le général Serrurier vient d'y entrer.

« Le général Augereau marche sur Alba, et j'attends à chaque instant la nouvelle de la prise de cette place.

« Alba est à nous : j'ai donné l'ordre au général Augereau d'y jeter sur-le-champ plusieurs ponts de bateaux, afin de pouvoir passer le Tanaro, qui est d'une largeur et d'une rapidité considérables. Nous sommes ici dans le plus beau pays de la terre. »

Dès le 4 floréal, le roi de Sardaigne, réduit à s'enfermer, avec les débris de son armée, dans Turin, et à y soutenir, pour dernière ressource, un siège que ses habitans n'eussent peut-être pas supporté comme il le pouvait desirer, avait enfin senti qu'il fallait ou descendre d'un trône près d'être renversé, ou s'en remettre à la clémence de la république française. En conséquence le général Colli, commandant en chef de son armée, avait écrit à Buonaparte la lettre suivante :

« Ayant appris que sa majesté le roi de Sardaigne vient d'envoyer à Gênes des plénipotentiaires pour y traiter de la paix, sous la médiation de la cour d'Espagne, je crois, général, que l'intérêt de l'humanité exigerait, pendant le temps que dureront ces négociations, que les hostilités fussent suspendues de part et d'autre.

« Je vous propose, en conséquence, un armistice, soit illimité, soit pour un temps fixe, à votre choix, dans la vue d'épargner l'effusion inutile du sang humain.

« J'ai l'honneur d'être .....
                                              « *Signé*, COLLI.
« Au quartier-général, ce 23 avril 1796. »

Voici la réponse de Buonaparte :

« Le directoire exécutif, monsieur, s'est réservé le droit de traiter de la paix. Il faut donc que les plénipotentiaires du roi votre maître se rendent à Paris, ou attendent à Gênes les plénipotentiaires que le gouvernement pourrait envoyer.

« La position militaire et morale des deux armées rend toute suspension d'armes pure et simple, impossible. Quoique je sois en particulier convaincu que le gouvernement accordera des conditions de paix raisonnables à votre roi, je ne puis, sur des présomptions vagues, arrêter ma marche. Il est cependant un moyen de parvenir à votre but, conforme aux vrais intérêts de votre cour, et qui épargnerait une effusion de sang inutile, et dès-lors contraire à la raison et aux lois de la guerre : c'est de mettre en mon pouvoir deux des trois forteresses de Coni, d'Alexandrie, de Tortone, à votre choix. Nous pourrons alors attendre, sans hostilités, la fin des négociations qui pourraient s'entamer : cette proposition est très-modérée ; les intérêts mutuels qui doivent exister entre le Piémont et la république française, me portent à desirer vivement de voir éloigner de votre pays les malheurs de toute espèce qui le menacent. »

On a déja vu que, malgré ces ouvertures, Buonaparte n'avait pas cessé d'agir le 4, le 5, le 6, 7 et 8, et qu'alors sa position le mettait en mesure de tenter les expéditions les plus décisives. Les propositions d'une paix dont il était maître de dicter les conditions, n'avaient pu endormir sa prudence. Le 7 il reçut cette seconde dépêche du général Colli :

« J'ai communiqué à la cour de Sardaigne, général, la lettre que vous m'avez écrite, en réponse de celle que je vous avais adressée pour vous notifier l'envoi d'un plénipotentiaire de la part du roi à Gênes, chargé d'y faire des ouvertures de paix, et pour vous inviter, en attendant leur résultat, à épargner l'effusion du sang humain par une suspension d'armes.

« Je suis autorisé par sa majesté le roi à vous dire maintenant que le ministre français à Gênes, auquel le plénipotentiaire du roi s'est adressé pour lesdites ouvertures de paix, lui a déclaré n'avoir, ni personne à Gênes, aucune autorisation pour entrer en semblables négociations ; mais qu'il falloit s'adresser au directoire exécutif, à Paris, lequel seul en avoit le droit.

« Sur quoi le plénipotentiaire a dit y diriger ses ultérieures démarches à l'effet dont il s'agit. En attendant que par ce moyen, qui ne peut être employé à moins que d'apporter quelque délai, on puisse arriver à une conclusion, qu'on espère, de l'ouvrage salutaire de la paix entre les deux états, le roi, desirant toujours qu'on puisse épargner de part et d'autre les calamités de tout genre qu'entrainent les hostilités, n'a point hésité à donner son consentement à ce que la suspension d'armes proposée, que vous vous êtes montré disposé d'accepter sous certaines conditions, puisse avoir lieu, et être arrêtée sans retard.

« En conséquence, sa majesté m'ordonne de vous déclarer qu'elle consentira à mettre en votre pouvoir deux de ses forteresses; savoir, celles de Coni et de Tortone, comme vous l'avez demandé, pendant que dureront les négociations dont on va s'occuper, et suivant le mode dont on conviendra; au moyen de quoi toute hostilité cessera dès à présent jusqu'à la fin desdites négociations: et au cas que, par les difficultés qui pourraient naitre de la situation actuelle de l'armée alliée, on ne pût remettre, comme dessus, la place de Tortone, sa majesté s'est déterminée d'offrir, au lieu de celle-ci, la forteresse de Desmont; qu'à l'exception de la rémission de ces deux places, les choses resteront *in statu quo*, pour ce qui regarde les pays occupés par les armées respectives, sans qu'elles puissent outre-passer la ligne des limites qui sera fixée respectivement, et le tout de la manière qui sera convenue plus spécifiquement entre nous. »

Le lendemain 10, Coni fut remis aux mains des Français, ainsi que l'ordre pour occuper Tortone. Le 11, la citadelle de Ceva leur fut pareillement rendue. C'étaient d'indispensables garans de la fidélité du roi de Sardaigne à observer les conditions de l'armistice, et des pronostics de celles de la paix que la république française allait lui donner. L'occupation de ces places n'empêchait pas Buonaparte de songer à Beaulieu, qui fuyait vers Alexandrie, dont il marqua, tout allié que son souverain était de celui de Sardaigne, quelque envie de se saisir. Le commandant piémontais devina ses perfides intentions, les déjoua avec adresse, et sauva aux Autrichiens la honte et l'odieux d'une trahison faite à leur allié.

Les colonnes de l'armée française le suivaient dans sa retraite, et il jugea, pour couvrir le Milanais, devoir passer le Pô à Valenza, qu'occupait un corps de cavalerie napolitaine.

Dans moins d'une décade et demie, Buonaparte avait battu deux armées, détaché de la coalition contre la France l'un des rois qui s'y était uni le premier, et s'y était montré l'ennemi le plus ardent : ce prince, dont la cour avait été l'asyle des frères de Louis XVI, et le foyer des intrigues des émigrés; ce prince, qui naguère avait vu ses troupes dans Toulon, au milieu de cette Provence qu'il s'était flatté d'incorporer, avec le Dauphiné et le Lyonnais, à ses états; ce prince, auquel Pitt avait prodigué l'or, et auquel les traités de Pavie et de Pilnitz avaient promis ce vaste agrandissement, payait dans sa vieillesse la témérité de son ambition par la perte de plus de la moitié de ses états, et ne pouvait se flatter d'en conserver le reste que comme un monument de la générosité de ses vainqueurs.

Dès le 10, lendemain de la signature de l'armistice, l'armée française s'était mise en mouvement, et marchait vers le Pô. Massena était arrivé à Alexandrie assez à temps pour s'emparer des magasins, que les Autrichiens, ne pouvant les évacuer aussi vite que les positions qu'ils abandonnaient, avaient vendus à la ville. Le 17, l'armée d'Italie avait pris possession de Tortone, dont les fortifications nouvelles coûtaient plus de quinze millions au roi de Sardaigne, et où elle trouva plus de cent pièces de canon de bronze, des munitions immenses, et des casemates pour trois mille hommes. Ceva et Coni avaient été également trouvées dans un état de défense respectable, et très-richement approvisionnées. Ainsi la guerre nourrissait la guerre, et les succès fournissaient les moyens de s'en procurer de nouveaux. La cour de Turin avait donné ordre aux troupes napolitaines de lui remettre Valenza. Les Piémontais y étant rentrés, les Napolitains passèrent le Pô, et suivirent Beaulieu.

Ici pouvaient se présenter de grands obstacles aux progrès des Français; tout dépendait de la bonne position que prendrait l'armée impériale pour leur disputer le passage du Pô. L'ordre donné aux Napolitains d'évacuer Valenza, la réserve même stipulée par l'article iv de l'armistice, qui donnait aux Français la faculté d'y passer ce fleuve, tant de précautions si publiques n'auraient pas dû sans doute laisser croire à Beaulieu que ce serait vraiment là le lieu qu'ils choisiraient pour exécuter ce passage. Plus on donnait d'apparence et de publicité à ce dessein, moins il y devait croire. Cependant comme il était accouru vers Gênes lorsqu'on avait paru la menacer de Voltri, il se persuada qu'on ne voulait marcher sur Milan que par Valenza. Il se fortifia entre le Tesin et la Sessia, le long de la Cogna et du Tredoppio, oubliant que les Français, maîtres de Tortone, pouvaient choisir leur passage entre l'Adda et le Tesin. Le talent de Buonaparte fut de lui donner le change, et de lui dérober ses véritables mouvemens. Ce sont là les momens décisifs où il faut que le génie devine le génie : cela arrivait à Turenne et Montecuculi; mais Beaulieu ne devinait point Buonaparte.

On voudra savoir sans doute quel esprit animait cette armée qu'il menait si rapidement à des victoires journalières : on croira peut-être que pour se l'attacher, et la consoler des longues privations qu'elle avait supportées avec tant de magnanimité, il avait un peu relâché les liens de la discipline. Non : il l'avait raffermie par son caractère et par ses manières, et donné à ses brigades républicaines une énergie et un mépris de la rapine, qui, en les rendant plus formidables, leur concilia les habitans d'un pays qui, s'attendant à des déprédations, resta étonné de n'avoir à souffrir que de ses propres défenseurs.

Il soutint ces institutions par des jugemens sévères; et l'un des effets qu'ils produisirent se remarque dans la lettre qu'adressait à ses camarades, au moment d'être fusillé pour crime de maraude, le citoyen Latouche, sapeur du cinquième bataillon :

« Vous voyez, mes camarades, à quel sort je suis réduit ! Et toi, commandant du détachement, si tu m'eusses défendu d'aller à la maraude, je ne serais pas exposé à la mort que je vais subir. Adieu, mes camarades, adieu. Latouche, les larmes aux yeux, ne regrette, en quittant la vie, que de ne pas mourir en défendant sa patrie, et ne se console que dans l'espoir que sa mort servira d'exemple à ses défenseurs. »

Voilà, certes, un dévouement héroïque ; et une armée où des sentimens si nobles et si énergiques sont communs, se montre aisément invincible.

PASSAGE DU PÔ ET COMBAT DE FOMBIO.

« Après différentes marches et différens mouvemens militaires et diplomatiques pour faire penser au général de l'armée autrichienne que je voulais (dit Buonaparte) passer le Pô à Valence, je me transportai, le 17, par une marche forcée, à Castel San-Giovanni, avec cinq mille grenadiers et quinze cents chevaux. A onze heures du soir, le chef de bataillon d'artillerie Andreossi et l'adjudant général Frontin parcoururent, avec cent hommes de cavalerie, la rive du Pô jusqu'à Plaisance, et arrêtèrent cinq bateaux chargés de riz, d'officiers, de cinq cents malades, et de toute la pharmacie de l'armée.

« Le 18, à neuf heures du matin, nous sommes arrivés au Pô, vis-à-vis Plaisance. Il y avait de l'autre côté deux escadrons d'hussards qui faisaient mine de vouloir nous disputer le passage ; nous nous précipitâmes dans les bateaux, et abordâmes de l'autre côté : après quelques coups de fusil, la cavalerie ennemie se replia.

« Le chef de brigade Lasnes, aussi brave qu'intelligent, est le premier qui a mis pied à terre. Les divisions de l'armée, qui étaient toutes en échelons à différentes distances, ont précipité leur marche du moment que le mouvement a été démasqué, et ont passé dans la journée.

« Cependant Beaulieu, instruit de notre marche, se convainquit, mais trop tard, que ses fortifications du Tesin et ses redoutes de Pavie étaient inutiles; que les républicains français n'étaient pas si ineptes que François premier. Il ordonna à un corps de six mille hommes et de deux mille chevaux de se porter à notre rencontre, et de s'opposer au débarquement, ou de nous attaquer lorsque nous ne serions pas encore formés. Il s'est trompé dans son calcul.

« Le 19, sur le midi, j'appris qu'une division ennemie était près de nous; nous marchâmes : les ennemis avaient vingt pièces de canon, et étaient retranchés dans le village de Fombio. Le général de brigade Dallemagne, avec les grenadiers, attaqua sur la droite; l'adjudant-général Lanus sur la chaussée; le chef de brigade Lasnes sur la gauche. Après une vive canonnade, et une résistance assez soutenue, l'ennemi dut songer à la retraite : nous l'avons poursuivi jusques sur l'Adda : il a perdu une partie de ses bagages, trois cents chevaux, et cinq cents morts ou prisonniers, parmi lesquels plusieurs officiers.

« Pendant la nuit, un autre corps d'Autrichiens de cinq mille hommes, qui était à Casal, partit à quatre heures du soir pour venir au secours de celui de Fombio : arrivé près de Codogno, quartier-général du général Laharpe, où il arriva à deux heures après minuit, il envoya des tirailleurs qui culbutèrent nos vedettes. Le général Laharpe monta à cheval pour s'assurer de ce que ce pouvait être : il fit avancer une demi-brigade; l'ennemi fut culbuté, et disparut : mais, par un malheur irréparable pour l'armée, le général Laharpe, frappé d'une balle, tomba mort sur le coup. La république perd un homme qui lui était très-attaché; l'armée, un de ses meilleurs généraux; et tous les soldats, un camarade aussi intrépide que sévère pour la discipline. Le général Berthier se rendit sur-le-champ à Codogno; il a poursuivi l'ennemi, lui a pris Casal, et une grande quantité de bagages. La 70ᵉ demi-brigade et le général Menard se sont parfaitement conduits.

« Le succès du combat de Fombio est dû, en grande partie, au courage du chef de brigade Lasnes. Je recommande au directoire le fils du général Laharpe pour avoir une place de lieutenant de cavalerie.

« Je demande la confirmation de l'adjudant-général Frontin, qui, non compris dans le travail de prairial, n'a pas cessé de servir avec courage.

« Le passage du Pô est une des opérations les plus essentielles : il y avait des paris que nous ne le passerions pas de deux mois. »

C'eût été un grand mérite pour les généraux de la monarchie française d'être aussi attentifs à rendre justice aux actions des soldats et officiers qui combattaient sous eux, que Buonaparte a le soin de l'être. Mais cette sincérité coûte beaucoup moins aux généraux républicains, et a cessé d'être aussi méritoire, quoiqu'elle produise toujours un grand effet sur les armées.

Ce chef de brigade Lasnes, qu'il fait remarquer avoir le premier passé le Pô, avait aussi attaqué, à la tête d'un seul bataillon de grenadiers, sept à huit mille Autrichiens à Fombio; il les en débusqua, et les poursuivit pendant dix milles, en suivant avec ses grenadiers leur cavalerie au grand trot.

Chaque jour était marqué par des combats ou des négociations. Le 20, dans cette même ville de Plaisance, témoin de ce rapide passage du grand fleuve qui la baigne, l'infant duc de Parme, son souverain, signa les conditions de l'armistice que lui dicta Buonaparte, qui en rendait ainsi compte au directoire:

« Le brave Stengel est mort de la suite de ses blessures. J'ai envoyé à sa famille la lettre que vous lui adressiez.

« Vous trouverez ci-joints les articles de la suspension d'armes que j'ai accordée au duc de Parme. Je vous enverrai, le plutôt possible, les plus beaux tableaux du Corrège, entre autres un saint Jérôme, que l'on dit être son chef-d'œuvre. J'avoue que ce saint prend un mauvais temps pour arriver à Paris; j'espère que vous lui accorderez les honneurs du Musée. Je vous réitère la demande de quelques artistes connus, qui se chargeront du choix et des détails du transport des choses rares que nous jugerons devoir envoyer à Paris.

« Tous les arrangemens sont pris pour les renforts qui doivent venir de l'armée des Alpes; il n'y aura aucune difficulté pour les passages. »

Suspension d'armes conclue entre l'armée française, en Italie, et le duc de Parme et de Plaisance, par l'intermédiaire du général Buonaparte, commandant l'armée française, et MM. les marquis Antonio Pallavicini et Filippo della Rosa, plénipotentiaires du duc de Parme, sous la médiation de M. le comte de Valdeparaiso, ministre d'Espagne à Parme.

« ARTICLE PREMIER. Il y aura suspension d'armes entre l'armée de la république française et le duc de Parme, jusqu'à ce que la paix ait été conclue entre les deux états. Le duc de Parme enverra des plénipotentiaires à Paris, près du directoire exécutif.

« II. Le duc de Parme paiera une contribution militaire de deux millions de livres, monnaie de France, payée soit en lettres-de-change sur Gênes, soit en argenterie, soit en monnaie : il y aura cinq cent mille livres payées dans cinq jours, et le reste dans la décade suivante.

« III. Il fera remettre douze cents chevaux de trait, harnachés, avec des colliers; quatre cents de dragons, harnachés; et cent de selle pour les officiers supérieurs de l'armée.

« IV. Il remettra vingt tableaux, au choix du général en chef, parmi ceux existans aujourd'hui dans le duché.

« V. Il fera, dans le délai de quinze jours, verser dans les magasins de l'armée, à Tortone, dix mille quintaux de bled, cinq mille d'avoine; et il mettra, dans le même délai, deux mille bœufs à la disposition de l'ordonnateur en chef, pour le service de l'armée.

« VI. Moyennant la contribution ci-dessus, les états du duc de Parme seront traités comme les états neutres, jusqu'à la fin des négociations qui vont s'entamer à Paris. »

La route de Milan était désormais ouverte aux Français, mais n'était sûre qu'autant qu'ils auraient chassé les Autrichiens des bords de l'Adda. Le général français avait tellement disposé la marche de ses divisions, qu'en moins de trois heures il pouvait les réunir sur un point où il espérait pouvoir attirer son ennemi dans une affaire générale. Mais déja Beaulieu avait mis l'Adda entre lui et les Français, et les attendait en bataille à l'issue d'un pont de cent toises de longueur, qu'il n'avait pas eu le temps de couper, ou sur lequel il se flatta de les arrêter en le couvrant des feux d'une nombreuse artillerie. Ce pont, devenu si célèbre par son passage, plus hardi encore que celui du Pô, était celui de la ville de Lodi, en avant de laquelle Beaulieu avait laissé un bataillon de Nadasti et deux escadrons de cavalerie, qui, bientôt repoussés par les Français, se jetèrent dans Lodi, traversèrent la ville, et rejoignirent le corps de leur armée. C'est à la tête de ce pont, du côté de la ville, que Buonaparte fut lui-même faire placer, sous une grêle de canons à mitraille, deux pièces d'artillerie pour empêcher l'ennemi de tenter de le couper, tandis que par ses ordres se rassemblait la colonne de héros qui devait franchir ce nouveau pas des Thermopyles. Mais apprenons de lui-même cet étonnant fait d'armes.

BATAILLE DE LODI.

« Je pensais que le passage du Pô serait l'opération la plus audacieuse de la campagne, tout comme la bataille de Millesimo, l'action la plus vive; mais j'ai à vous rendre compte de la bataille de Lodi.

« Le quartier-général arriva à Casal le 21, à trois heures du matin; à neuf heures, notre avant-garde rencontra les ennemis défendant les approches de Lodi. J'ordonnai aussitôt à toute la cavalerie de monter à cheval avec quatre pièces d'artillerie légère qui venaient d'arriver, et qui étaient attelées avec les chevaux de carrosse des seigneurs de Plaisance. La division du général Augereau, qui avait couché à Borghetto, celle du général Massena, qui avait couché à Casal, se mirent aussitôt en marche. L'avant-garde, pendant ce temps-là, culbuta tous les postes des ennemis, et s'empara d'une pièce de canon. Nous entrâmes dans Lodi, poursuivant les ennemis, qui déja avaient passé l'Adda sur le pont. Beaulieu, avec toute son armée, était rangé en bataille; trente pièces de canon de position défendaient le passage du pont. Je fis placer toute mon artillerie en batterie; la canonnade fut très-vive pendant plusieurs heures. Dès l'instant que l'armée fut arrivée, elle se forma en colonne serrée, le second bataillon des carabiniers en tête, et suivi par tous les bataillons de grenadiers au pas de charge, et aux cris de *vive la république*. L'on se présenta sur le pont; l'ennemi fit un feu terrible; la tête de la colonne paraissait même hésiter. Un moment d'hésitation eût tout perdu : les généraux Berthier, Massena, Cervoni, Dallemagne, le chef de brigade Lasnes et le chef de bataillon Dupat, le sentirent, se précipitèrent à la tête, et décidèrent le sort, encore en balance.

« Cette redoutable colonne renversa tout ce qui s'opposa à elle; toute l'artillerie fut sur-le-champ enlevée; l'ordre de bataille de Beaulieu fut rompu ; elle sema de tous côtés l'épouvante, la fuite et la mort ; dans un clin d'œil l'armée ennemie fut éparpillée. Les généraux Rusca, Augereau et Bayrand, passèrent dès l'arrivée de leurs divisions, et achevèrent de décider la victoire. La cavalerie passa l'Adda à un gué : mais, ce gué s'étant trouvé extrêmement mauvais, elle éprouva beaucoup de retard ; ce qui l'empêcha de donner. La cavalerie ennemie essaya, pour protéger la retraite de l'infanterie, de charger nos troupes ; mais elle ne les trouva pas faciles à épouvanter. La nuit qui survint, et l'extrême fatigue des troupes, dont plusieurs avaient fait, dans la journée, plus de dix lieues, ne nous permirent pas de nous acharner à leur poursuite. L'ennemi a perdu vingt pièces de canon, deux à trois mille hommes morts, blessés et prisonniers. Le citoyen Latour, aide-de-camp capitaine du général Masséna, a été blessé de plusieurs coups de sabre : je demande la place de chef de bataillon pour ce brave officier. Le citoyen Marmont, mon aide-de-camp, chef de bataillon, a eu un cheval blessé sous lui. Le citoyen Marois, mon aide-de-camp, capitaine, a eu son habit criblé de balles : le courage de ce jeune officier est égal à son activité.

« Si j'étais tenu de nommer tous les militaires qui se sont distingués dans cette journée extraordinaire, je serais obligé de nommer tous les carabiniers et grenadiers de l'avant-garde, et presque tous les officiers de l'état-major ; mais je ne dois pas oublier l'intrépide Berthier, qui a été dans cette journée canonnier, cavalier et grenadier. Le chef de brigade Segny, commandant l'artillerie, s'est très-bien conduit.

« Beaulieu fuit avec les débris de son armée ; il traverse dans ce moment-ci les états de Venise, dont plusieurs villes lui ont fermé les portes.

« Quoique, depuis le commencement de la campagne, nous ayons eu des affaires très-chaudes, et qu'il ait fallu que l'armée de la république payât souvent d'audace, aucune cependant n'approche du terrible passage du pont de Lodi.

« Si nous n'avons perdu que peu de monde, nous le devons à la promptitude de l'exécution, et à l'effet subit qu'ont produit sur l'armée ennemie la masse et les feux redoutables de cette invincible colonne.

« Je vous prie de confirmer le citoyen Monnier adjudant-général, qui sert en cette qualité, quoique non compris dans le dernier travail. Je vous demande la place de capitaine pour le citoyen Rey, aide-de-camp du brave Massena, et pour le citoyen Thoiret, digne adjudant-major du troisième bataillon des grenadiers. Dès l'instant que nous resterons deux jours dans le même endroit, je vous ferai passer le rapport des hommes qui se sont particulièrement distingués dans cette célèbre journée.

« Le commissaire du gouvernement a toujours été à mes côtés ; l'armée a des obligations réelles à son activité. »

Les Français, après le combat de Fombio, avaient poursuivi les Autrichiens jusques sous Pizzighitone. L'Adda, couvrant cette place, en retarda la prise, parce qu'ils étaient sans moyens de passer ce fleuve. Mais Beaulieu, fuyant vers Mantoue après la bataille de Lodi, et suivi dans sa retraite, ne put sauver ni Pizzighitone ni Crémone. Les Français investirent, le 22, la première de ces places, et, à la suite d'une vive canonnade, y entrèrent le 23, et firent environ quatre cents prisonniers. Crémone céda aux vainqueurs, sans essayer de leur opposer une résistance inutile, tandis que l'avant-garde de Buonaparte se dirigeait sur Milan. Il y entra le 26, reçut en passant la soumission de Pavie, où il trouva presque tous les magasins de l'armée impériale, et de ce moment put regarder comme terminée la conquête de la Lombardie ; car, bien que le château de Milan tînt encore, les enseignes tricolores flottaient depuis l'extrémité du lac de Côme et la frontière du pays des Grisons jusqu'aux portes de Parme. Des succès si rapides, et tant de combats et de victoires en si peu de temps, exigeaient qu'il donnât quelques jours de repos à une armée qu'un mois de courses et de triomphes avait fatiguée.

Déja vingt-un drapeaux, monumens du courage de cette brave armée d'Italie et des défaites des armées autrichiennes et piémontaises, avaient été envoyés et présentés en son nom au directoire exécutif, et reçus par lui en séance publique, aux acclamations de *vive la république ;* et le jour même que Buonaparte entrait dans Milan, les ambassadeurs du roi de Sardaigne signaient à Paris le traité de paix définitif entre ce prince et la France. Il en a si rarement été fait de semblables, et il est tellement dû à l'influence de l'armée d'Italie sur les transactions diplomatiques, qu'il doit entrer dans le récit de sa campagne.

« ARTICLE PREMIER. Il y aura paix, amitié et bon voisinage entre la république française et le roi de Sardaigne. Toutes hostilités cesseront entre les deux puissances, à compter du moment de la signature du présent traité.

« II. Le roi de Sardaigne révoque toute adhésion, consentement, et accession patente ou secrète, par lui donnés à la coalition armée contre la république française, à tout traité d'alliance offensive ou défensive qu'il pourrait avoir conclu contre elle avec quelque puissance ou état que ce soit. Il ne fournira aucun contingent en hommes ou en argent à aucune des puissances armées contre la France, à quelque titre et sous quelque dénomination que ce soit.

« III. Le roi de Sardaigne renonce purement et simplement, à perpétuité, pour lui, ses successeurs et ayant cause, en faveur de la république française, à tous les droits qu'il pourrait prétendre sur la Savoie, les comtés de Nice, de Tende et de Beuil.

« IV. Les limites entre les états du roi de Sardaigne et les départemens de la république française seront établies sur une ligne déterminée par les points les plus avancés, du côté du Piémont, des sommets, plateaux des montagnes et autres lieux ci-après désignés, ainsi que des sommets ou plateaux intermédiaires; savoir, en commençant au point où se réunissent les frontières du ci-devant Faucigny, duché d'Aouste et du Valais, à l'extrémité des glacières ou monts maudits, 1°. les sommets ou plateaux des Alpes, au levant du col Mayor; 2°. le petit Saint-Bernard, et l'hôpital qui y est situé; 3°. les sommets ou plateaux du mont Alban, du col de Crisance et du mont Iseran; 4°. en se détournant un peu vers le sud, les sommets ou plateaux de Celst et du gros Caval; 5°. le grand mont Cénis, et l'hôpital placé au sud-est du lac qui s'y trouve; 6°. le petit mont Cénis; 7°. les sommets ou plateaux qui séparent la vallée de Bardonache du Val-des-Prés; 8°. le mont Genèvre; 9°. les sommets ou plateaux qui séparent la vallée de Guières de celle des Vaudois; 10°. le mont de Viso; 11°. le col Maurin; 12°. le mont de l'Argentière; 13°. la source de l'Ubayette et de la Sture; 14°. les montagnes qui sont entre les vallées de Sture et de Gesso, d'une part, et celles de Saint-Étienne ou Tinea, de Saint-Martin ou de Vesubia, de Tende ou de Roya, de l'autre part; 15°. la Roche-Barbon, sur les limites de l'état de Gênes.

« Si quelques communes, habitations ou portions de territoire desdites communes, actuellement unies à la république française, se trouvaient placées hors de la ligne frontière ci-dessus désignée, elles continueront à faire partie de la république, sans que l'on puisse tirer contre elles aucune induction du présent article.

« V. Le roi de Sardaigne s'engage à ne pas permettre aux émigrés ou déportés de la république française de s'arrêter ou séjourner dans ses états.

« Il pourra néanmoins retenir seulement à son service les émigrés des départemens du Mont-Blanc et des Alpes maritimes, tant qu'ils ne donneront aucun sujet de plaintes par des entreprises ou manœuvres tendantes à compromettre la sûreté intérieure de ladite république.

« VI. Le roi de Sardaigne renonce à toute répétition ou

action mobilière qu'il pourrait prétendre exercer contre la république française, pour des causes antérieures au présent traité.

« VII. Il sera conclu incessamment entre les deux puissances un traité de commerce, d'après des bases équitables, et telles qu'elles assurent à la nation française des avantages au moins égaux à ceux dont jouissent, dans les états du roi de Sardaigne, les nations les plus favorisées.

« En attendant, toutes les communications et relations commerciales seront rétablies.

« VIII. Le roi de Sardaigne s'oblige à accorder une amnistie pleine et entière à tous ceux de ses sujets qui ont été poursuivis pour leurs opinions politiques. Tous procès qui pourraient leur avoir été suscités à ce sujet, ainsi que les jugemens qui y sont intervenus, sont abolis; tous leurs biens, meubles et immeubles, ou le prix d'iceux, s'ils ont été vendus, leur seront restitués sans délai. Il leur sera loisible d'en disposer, de rentrer et demeurer dans les états du roi de Sardaigne, ou de s'en retirer.

« IX. La république française et sa majesté le roi de Sardaigne s'engagent à donner main-levée du séquestre de tous effets, revenus ou biens saisis, confisqués, détenus ou vendus, sur les citoyens ou sujets de l'autre puissance, relativement à la guerre actuelle, et à les admettre respectivement à l'exercice légal des actions ou droits qui pourraient leur appartenir.

« X. Tous les prisonniers respectivement faits seront rendus dans un mois, à compter de l'échange des ratifications du présent traité, en payant les dettes qu'ils pourraient avoir contractées pendant leur captivité. Les malades et blessés continueront d'être soignés dans les hôpitaux respectifs : ils seront rendus aussitôt leur guérison.

« XI. L'une des puissances contractantes ne pourra accorder passage sur son territoire à des troupes ennemies de l'autre puissance.

« XII. Indépendamment des forteresses de Coni, Ceva et

Tortone, ainsi que du territoire qu'occupent et doivent occuper les troupes de la république, elles occuperont les forteresses d'Exiles, de l'Assiette, de Suze, de la Brunette, du château Dauphin et d'Alexandrie, à laquelle dernière place Valence sera substituée, si le général en chef de la république française le préfère.

« XIII. Les places et territoires ci-dessus désignés seront restitués au roi de Sardaigne aussitôt la conclusion du traité de commerce entre la république et sa majesté, de la paix générale, et de l'établissement de la ligne des frontières.

« XIV. Les pays occupés par les troupes de la république, et qui doivent être rendus en définitif, rentreront sous le gouvernement civil de sa majesté sarde, mais resteront soumis à la levée des contributions militaires, prestations en vivres et fourrages, qui ont été ou pourront être exigées pour les besoins de l'armée française.

« XV. Les fortifications d'Exiles, de la Brunette, de Suze, ainsi que les retranchemens formés au-dessus de cette ville, seront démolis et détruits aux frais de sa majesté sarde, à la diligence de commissaires nommés à cet effet par le directoire exécutif.

« Le roi de Sardaigne ne pourra établir ou réparer aucunes fortifications sur cette partie de la frontière.

« XVI. L'artillerie des places occupées, et dont la démolition n'est pas stipulée par le présent traité, pourra être employée au service de la république ; mais elle sera restituée avec les places, et à la même époque, à sa majesté sarde Les munitions de guerre et de bouche qui s'y trouvent pourront être consommées, sans répétition, pour le service de l'armée républicaine.

« XVII. Les troupes françaises jouiront du libre passage dans les états du roi de Sardaigne, pour se porter dans l'intérieur de l'Italie, et en revenir.

« XVIII. Le roi de Sardaigne accepte, dès à présent, la médiation de la république française pour terminer définitivement les différends qui subsistent depuis long-temps entre sa majesté et la république de Gênes, et statuer sur leurs prétentions respectives.

« XIX. Conformément à l'article VI du traité conclu à la Haye, le 27 floréal de l'an 3, la république batave est comprise dans le présent traité. Il y aura paix et amitié entre elle et le roi de Sardaigne : toutes choses seront rétablies entre elles sur le pied où elles étaient avant la présente guerre.

« XX. Le roi de Sardaigne fera désavouer, par son ministre près la république française, les procédés employés envers le dernier ambassadeur de France.

« XXI. Le présent traité sera ratifié, et les ratifications échangées, au plus tard, dans un mois, à compter de la signature du présent traité. »

On assure qu'indépendamment des stipulations exprimées dans l'article XV, il y en a quelques autres de secrètes, parmi lesquelles se trouvent les démolitions de forteresses non désignées dans l'article précité.

Si les armées secondaient les efforts du gouvernement pour forcer les coalisés à la paix, le gouvernement ne négligeait pas de soutenir l'esprit public qui rendait légères pour les troupes les fatigues d'une guerre si active et si acharnée. Sachant que dans une république les fêtes sont un levier qui remue et dirige les opinions, il ordonna la célébration de la *Fête des Victoires* pour le 10 prairial, et elle eut lieu à Paris dans la forme qui suit :

FÊTE DES VICTOIRES.

« A dix heures précises du matin, une salve d'artillerie annoncera la fête : elle commencera à midi ; elle sera célébrée dans le champ de Mars, dit de la Réunion.

« C'est au centre du champ que sera placée la statue de la Liberté, assise sur divers trophées d'armes : d'une main elle s'appuiera sur la charte constitutionnelle, de l'autre elle tiendra une baguette surmontée du bonnet de Guillaume Tell.

« La plate-forme sur laquelle sera placée cette statue, sera élevée de douze pieds de hauteur sur trente toises de diamètre; on y arrivera par quatre rampes de soixante pieds de largeur chacune.

« La plate-forme sera décorée, dans son pourtour, de quatorze arbres; les trophées et drapeaux des quatorze armées y seront attachés; le nom de chacune d'elles sera inscrit sur des boucliers placés également au devant de ces arbres. Les distances existantes entre eux seront remplies par des enseignes militaires; des guirlandes, en forme de festons, lieront ensemble ces enseignes.

« Derrière la statue de la Liberté s'élevera un grand arbre où seront suspendus, en forme de trophées, les drapeaux conquis sur l'ennemi : tous ces objets seront liés par des guirlandes de fleurs.

« Les membres du directoire exécutif seront placés en avant de la statue de la Liberté; il y aura, sur un autel, des couronnes de chêne et de laurier que le directoire distribuera, au nom de la patrie reconnaissante.

« Du moment où le directoire, précédé de sa garde et accompagné des ministres, sera rendu à la place qui lui sera destinée, la garde nationale en activité, divisée en quatorze corps représentant les quatorze armées et portant chacun un drapeau distinctif, commencera les évolutions.

« A chacun de ces corps sera joint un certain nombre de vétérans invalides ou soldats blessés, qu'on aura soin de mettre dans le corps représentant l'armée à laquelle ils ont été blessés.

« Les soldats blessés ou vétérans, conduits par des officiers, et accompagnés du drapeau de leur armée respective, monteront vers le directoire, qui couronnera les drapeaux.

« Des symphonies, des chants civiques, et des décharges d'artillerie, précéderont, accompagneront et suivront cette cérémonie. »

Tout était disposé pour la cérémonie, comme nous venons de l'exposer. Les autorités constituées étaient placées sur le tertre élevé dans le milieu du champ de Mars; une foule immense garnissait les grands taluts qui entourent ce champ; un cordon de la garde nationale parisienne garnissait tout le tour de l'enceinte; l'infanterie et la cavalerie étaient rangées en bataille dans cette enceinte; une double haie de troupes était placée depuis l'École militaire jusqu'à la rampe du tertre qui y faisait face : une députation des autorités constituées s'est avancée vers l'École militaire, où le directoire s'était rendu. Bientôt après on a vu sortir de ce bâtiment le directoire, précédé des ministres, du corps diplomatique, de la députation des autorités constituées, d'un grand nombre de militaires à cheval, et de sa garde: tout ce cortège a marché majestueusement au bruit des instrumens militaires.

Le directoire s'est placé en avant de la statue de la Liberté; les ministres et le corps diplomatique ont pris les places qui leur étaient destinées : aussitôt le conservatoire de musique a exécuté une symphonie militaire, par Louis Jadin.

Après cette symphonie il s'est fait un grand silence; le secrétaire-général a lu le décret qui a fixé la célébration de la fête et en a déterminé le motif; puis le citoyen Carnot, président du directoire exécutif, a prononcé le discours suivant :

« C'est au moment où la nature semble renaître; où la terre, se parant de fleurs et de verdure, nous promet de nouvelles moissons; où tous les êtres publient, dans leur langage, l'intelligence bienfaisante qui renouvelle l'univers, que le peuple français vient, dans cette fête solemnelle, rendre un éclatant hommage aux talens et aux vertus amies de la patrie et de l'humanité. Eh! quel jour peut mieux réunir tous les cœurs? Quel citoyen, quel homme peut être étranger au sentiment de la reconnaissance? Nous n'existons que par une longue suite de bienfaits, et notre vie n'est qu'un échange continuel de services. A peine au monde, nos yeux, s'attachant au ciel, semblent déja reconnaître un premier bienfaiteur. Foibles, sans appui, l'amour de nos parens veille sur notre enfance, et pourvoit à des besoins sans cesse renaissans. Ils guident nos premiers pas; leur patiente sollicitude aide au développement de nos organes; nous en recevons les premières notions de ce qui est en nous-mêmes et de ce qui est hors de nous. D'autres bienfaits forment nos cœurs aux affections, nos esprits aux connaissances, et nos corps aux travaux utiles. C'est pour notre bonheur que le sage a médité sur les devoirs de l'homme, que le savant a pénétré les secrets de la nature, que le magistrat veille, et que le législateur prépare, dans le recueillement, les lois protectrices. Bientôt il nous est aussi donné d'être utiles. Bons fils, nous semons des fleurs sur la vieillesse de nos pères, et leur voix tremblante nous bénit à leur heure dernière. Devenus pères à notre tour, nous préparons, dans l'éducation de nos enfans, le bonheur de nos vieux jours, et nous continuons ainsi dans une génération nouvelle la chaine des bienfaits et de la reconnaissance. La sensibilité ne se resserre pas dans le cercle d'une famille ; elle va chercher l'indigent sous le chaume, elle verse dans son sein les secours et les consolations ; et déja payée du bienfait par le sentiment du bienfait même, elle l'est encore par la reconnaissance. Humanité, que ta pratique est délicieuse ! et qu'elle est à plaindre, l'ame aride qui ne te connait pas !

« Celui qui est bon fils et bon père, est aussi bon citoyen. Il aime sa patrie, et lui paie avec joie le tribut de ses services ; il se plaît à rendre à ses frères la protection qu'il en a reçue : magistrat ou guerrier, artisan ou cultivateur, au temple des arts, au sénat, aux champs de la gloire, dans les atteliers de l'industrie, il se montre jaloux de contribuer à la prospérité de son pays, et de mériter un jour sa reconnaissance ; car il est aussi une reconnaissance des nations envers les individus. En ce moment même, un grand peuple est assemblé tout entier pour exprimer la sienne aux citoyens vertueux qui l'ont méritée. Que cette tâche nous est précieuse à remplir ! que nous aimons à vous rendre cet hommage, vous tous à qui la patrie doit son salut, sa gloire, et les bases de sa prospérité !

« Vous, à qui la France a dû sa régénération politique, philosophes courageux, dont les écrits ont préparé la révolution, limé les fers de l'esclavage, et atténué de longue main les fureurs du fanatisme;

« Vous, citoyens, dont le bras intrépide a effectué cette heureuse révolution, fondé la république, et lutté depuis sept ans contre le crime et l'ambition, le royalisme et l'anarchie;

« Vous tous, enfin, qui travaillez à rendre la France heureuse et florissante, qui l'illustrez par vos talens, qui l'enrichissez de vos découvertes;

« Recevez le témoignage solemnel de la reconnaissance nationale.

« Recevez-le sur-tout, armées républicaines, vous dont tout rappelle ici la gloire et les succès. C'est vous qui nous avez défendus contre dix rois coalisés, qui les avez chassés de notre territoire, qui avez reporté chez eux les fléaux de la guerre. Vous n'avez pas seulement vaincu des hommes, vous avez surmonté tous les obstacles de la nature; vous avez triomphé des fatigues, de la faim et des hivers. Quel spectacle pour les peuples, et quelle terrible leçon pour les ennemis de la liberté ! Une république naissante arme ses enfans pour défendre son indépendance ; rien ne peut retenir leur impétuosité: traversant les fleuves, forçant les retranchemens, gravissant les rochers; ici, après une foule de victoires, ils reculent nos limites jusqu'aux barrières que la nature nous a données, et, poursuivant sur les glaces les débris de trois armées, vont d'une nation opprimée et ennemie faire un peuple libre et allié; là, ils vont exterminer les hordes de traîtres et de brigands vomis par l'Angleterre, punissent les chefs coupables, et rendent à la république des frères trop long-temps égarés : ici, franchissant les Pyrénées, ils se précipitent de leur sommet, renversent tout ce qui s'oppose à leur élan, et ne sont arrêtés que par une paix honorable ; là, escaladant les Alpes et l'Apennin, ils s'élancent à travers le Pô et l'Adda. L'ardeur du soldat est secondée par le génie et l'audace des chefs : ils conçoivent avec profondeur, ils exécutent avec énergie ; tantôt disposant leurs forces avec calme, tantôt se précipitant au milieu des dangers à la tête de leurs frères d'armes. Oh ! que ne puis-je dérouler ici l'immense et glorieux tableau de leurs victoires ! que ne puis-je nommer nos plus intrépides défenseurs ! Quelle foule d'images sublimes et de noms chéris se presse dans ma mémoire !!!.... Immortels guerriers, la postérité refusera d'ajouter foi à la multitude de vos triomphes ; mais pour nous l'histoire n'a plus d'invraisemblance.

« Mais ne voyons-nous pas dans cette enceinte même une portion de ces braves défenseurs ? Vainqueurs des ennemis extérieurs de l'état, ils sont venus réprimer ses ennemis intérieurs, et maintiennent au-dedans la république qu'ils ont fait respecter au dehors. N'y voyons nous pas encore ces vénérables guerriers blanchis sous les armes, ceux que d'honorables blessures forcent à un repos prématuré, et dont nous appercevons d'ici l'asyle ? Avec quel plaisir nos yeux se reposent sur cette intéressante réunion ! avec quelle douce émotion nous contemplons ces fronts victorieux !

« Pourquoi ne nous reste-t-il que votre souvenir, héros morts pour la liberté ? Vous vivrez du moins à jamais dans nos cœurs ; vos enfans nous seront chers ; la république acquittera sur eux ses dettes envers vous, et nous venons payer ici la première, en proclamant votre gloire et sa reconnaissance.

« Armées républicaines, figurées dans cette enceinte par une portion de vous-mêmes ; phalanges invincibles, dont j'apperçois de tous côtés les trophées, dont j'entrevois dans l'avenir les nouveaux succès, avancez et recevez les couronnes triomphales que le peuple français m'ordonne d'attacher à vos drapeaux.

« Et vous, Français, que l'on voudrait égarer, soyez sensibles à ce spectacle touchant Nos défenseurs auraient-ils en vain triomphé? Voudriez-vous que les divisions et les troubles détruisissent tout le fruit de leurs exploits? Ils vous convient, par ma voix, d'abjurer aujourd'hui vos haines; c'est pour tous que leur sang a coulé : ne vous montrez point ingrats, au jour de la reconnaissance. »

Après le discours du président du directoire, les troupes, qui avaient été distribuées en quatorze corps représentant les quatorze armées, ont envoyé des députations, au milieu desquelles on voyait de braves défenseurs de la patrie, couverts des blessures qu'ils ont reçues en servant la république.

Rien n'était plus majestueux et plus attendrissant, tout ensemble que ce spectacle; on voyait monter, en même temps, par les deux rampes latérales du tertre, deux rangées de ces vigoureux athlètes de la liberté, de ces braves grenadiers qui ont si souvent porté le désordre et la mort au centre des bataillons ennemis, et, au milieu d'eux, ces honorables victimes de la guerre, dont les membres mutilés attestent le courage. Montées au haut du tertre et au pied de la statue de la Liberté, les députations y ont reçu, des mains du président du directoire, chacune un drapeau, et pendant cette distribution la musique a exécuté un hymne à la Victoire, paroles du citoyen Conpigny, musique du citoyen Gossec; et le Chant des victoires, paroles du citoyen Chénier, musique du citoyen Méhul.

Des salves continuelles d'artillerie ont accompagné cette distribution, et ont redoublé au moment où les drapeaux sont arrivés à chacun des détachemens qui représentaient les quatorze armées.

Bientôt un spectacle d'un autre genre, et non moins intéressant, a attiré toute l'attention. Les troupes qui garnissaient le champ de Mars se sont déployées dans cette vaste enceinte; et quittant le côté de la rivière pour passer du côté de l'Ecole militaire, elles s'y sont formées en bataille, et ont exécuté différentes évolutions avec une précision et un ordre qui ont rempli les spectateurs de joie et d'admiration ; puis, se présentant en face de la statue de la Liberté, elles ont envoyé de nouveau vers le directoire exécutif leurs députations, leurs drapeaux et les blessés qui les avoient accompagnés. Les membres du directoire exécutif ont attaché des couronnes de chêne et de laurier aux drapeaux, et en ont placé sur la tête des militaires blessés. La musique, qui n'était interrompue que par les cris de *vive la république*, a exécuté pendant ce temps un second hymne à la Victoire, paroles du citoyen Flins, musique du citoyen Cherubini, et le Chant martial, paroles du citoyen la Chabeaussière, musique du citoyen Gossec.

Une nouvelle décharge d'artillerie a annoncé que le couronnement des drapeaux et des blessés était fini ; les armées se sont reformées en bataille.

Le conservatoire de musique a exécuté le chant lyricobachique du citoyen Lebrun, musique du citoyen Catel, et le chœur général, des mêmes auteurs.

Une salve générale a terminé la cérémonie, et a annoncé le départ du directoire, qui, précédé du même cortège qu'à son arrivée, est retourné à la maison du champ de Mars.

Aussitôt des orchestres nombreux se sont fait entendre ; les danses ont commencé, et ont continué, sans interruption, le reste de la journée.

Tandis que ces chants retentissaient sur les bords de la Seine, Buonaparte, fidèle à son plan d'activité, disposait l'attaque du château de Milan, s'apprêtait à poursuivre les restes de l'armée autrichienne, méditait l'attaque des états de Rome et de Naples, et s'adressait à ses frères d'armes, le premier prairial, par ce discours, publié en forme de proclamation :

« SOLDATS,

« Vous vous êtes précipités, comme un torrent, du haut de l'Apennin; vous avez culbuté, dispersé tout ce qui s'opposait à votre marche.

« Le Piémont, délivré de la tyrannie autrichienne, s'est livré à ses sentimens naturels de paix et d'amitié pour la France.

« Milan est à vous, et le pavillon républicain flotte dans toute la Lombardie. Les ducs de Parme et de Modène ne doivent leur existence politique qu'à votre générosité.

« L'armée qui vous menaçait avec tant d'orgueil, ne trouve plus de barrière qui la rassure contre votre courage : le Pô, le Tesin, l'Adda, n'ont pu vous arrêter un seul jour; ces boulevards vantés de l'Italie ont été insuffisans : vous les avez franchis aussi rapidement que l'Apennin.

« Tant de succès ont porté la joie dans le sein de la patrie : vos représentans ont ordonné une fête dédiée à vos victoires, célébrée dans toutes les communes de la république. Là, vos pères, vos mères, vos épouses, vos sœurs, vos amantes, se réjouissent de vos succès, et se vantent avec orgueil de vous appartenir.

« Oui, soldats, vous avez beaucoup fait.... Mais ne vous reste-t-il plus rien à faire?.... Dira-t-on de nous que nous avons su vaincre, mais que nous n'avons pas su profiter de la victoire? La postérité nous reprochera-t-elle d'avoir trouvé Capoue dans la Lombardie?....... Mais je vous vois déja courir aux armes; un lâche repos vous fatigue; les journées perdues pour la gloire le sont pour votre bonheur.... Hé bien! partons, nous avons encore des marches forcées à faire, des ennemis à soumettre, des lauriers à cueillir, des injures à venger.

« Que ceux qui ont aiguisé les poignards de la guerre civile en France, qui ont lâchement assassiné nos ministres, incendié nos vaisseaux à Toulon, tremblent.... l'heure de la vengeance a sonné.

« Mais que les peuples soient sans inquiétude; nous

sommes amis de tous les peuples, et plus particulièrement des descendans des *Brutus*, des *Scipion*, et des grands hommes que nous avons pris pour modèles.

« Rétablir le Capitole, y placer avec honneur les statues des héros qui le rendirent célèbre; réveiller le peuple romain, engourdi par plusieurs siècles d'esclavage : tel sera le fruit de vos victoires; elles feront époque dans la postérité; vous aurez la gloire immortelle de changer la face de la plus belle partie de l'Europe.

« Le peuple français, libre, respecté du monde entier, donnera à l'Europe une paix glorieuse, qui l'indemnisera des sacrifices de toute espèce qu'il a faits depuis six ans; vous rentrerez alors dans vos foyers, et vos concitoyens diront en vous montrant : *Il était de l'armée d'Italie*.... »

Déja l'une de ses colonnes, en s'approchant de Modène, avait fait prendre la fuite au souverain de ce pays, dont l'unique héritière, ayant épousé l'archiduc gouverneur de Milan, oncle de l'empereur François II, et frère des deux derniers empereurs, devait porter ces pays dans le domaine de la maison d'Autriche. Cet Hercule III, duc de Modène, aussi peu digne de son nom de baptême que de celui de sa famille, de ce nom d'Est que d'autres avaient illustré, s'était retiré à Venise, où il s'était fait accompagner par une cassette de vingt-trois millions en sequins, qu'il regardait comme une suffisante indemnité de la perte de sa couronne. Connu par les traits de l'avarice la plus sordide, il avait, outre cette somme, placé ailleurs, et avant ce temps, une vingtaine de millions. C'était au reste le seul vice qu'on reprochât à ce prince, et le seul mal qu'il fit à son pays, qu'il gouvernait du reste avec beaucoup de douceur : mais le mal était grand; car il est difficile de ne pas ruiner le territoire qu'il possédait, tout excellent qu'il est, en enlevant à la circulation un si prodigieux capital. Prévoyant que les Français exigeraient des contributions, il constitua pendant son absence une régence pour gouverner ses états, et ne lui laissa pas trente mille livres pour faire face aux circonstances critiques qui les menaçaient. Le manifeste qu'il rendit public le lendemain de son départ, annonçait à ses chers et fidèles sujets que dans la crise présente il avait cru devoir imiter la conduite de son aïeul, de glorieuse mémoire, lequel, menacé comme lui, s'était retiré pendant la tourmente, et leur était revenu après l'orage dissipé. —— De son asyle de Venise il avait député au général Buonaparte son frère, bâtard et fils d'une Française, ancienne danseuse de l'opéra, le seigneur Frédéric, commandeur d'Est.

Ce ministre avait obtenu du général le traité suivant.

Conditions de l'armistice conclu entre le général en chef de l'armée d'Italie et M. Frédéric, commandeur d'Est, plénipotentiaire de M. le duc de Modène.

« Le général en chef de l'armée d'Italie accorde au duc de Modène un armistice pour lui donner le temps d'envoyer à Paris, à l'effet d'obtenir du directoire exécutif la paix définitive, aux conditions ci-après, auxquelles se soumet et promet de remplir, M. Frédéric, commandeur d'Est, plénipotentiaire de M. le duc de Modène; savoir:

« 1°. Le duc de Modène paiera à la république française la somme de sept millions cinq cent mille livres, monnaie de France, dont trois millions seront versés sur-le-champ dans la caisse du payeur de l'armée; deux millions dans le délai de quinze jours, entre les mains de M. Balbi, banquier de la république à Gênes; et deux millions cinq cent mille livres entre les mains du même banquier à Gênes, dans le délai d'un mois.

« 2°. Le duc de Modène fournira en outre deux millions cinq cent mille livres en denrées, poudre, ou autres munitions de guerre, que le général en chef désignera, ainsi que les époques et les points sur lesquels les versemens des denrées devront se faire.

« 3°. Le duc de Modène sera tenu de livrer vingt tableaux,

à prendre dans sa galerie ou dans ses états, au choix des citoyens qui seront à cet effet commis.

« Moyennant les conditions ci-dessus, les troupes de la république, passant par les états du duc de Modène, ne feront aucune réquisition : les vivres dont elles pourraient avoir besoin seront fournis et payés de gré à gré. »

Des écrivains partiaux ou mal informés ont présenté la conduite des Français envers les ducs de Parme et de Modène comme un abus de la force : ils ignoraient sans doute la part très-active que ces princes avaient prise à la coalition contre la république, et les secours qu'ils lui avaient fournis en hommes, en vivres, en argent et en munitions. Leur éloignement, et l'idée qu'ils pouvaient servir sans danger les ennemis de la France et suivre les mouvemens naturels de leur haine contre le système républicain, les ont cruellement trompés.

Ce n'était pas en vain que Buonaparte avait demandé au directoire de lui envoyer des artistes auxquels il pût confier le choix des monumens dont il voulait dépouiller l'Italie et enrichir la France. Il regrettait sans doute de n'avoir pas eu cette heureuse idée après la victoire de Millesimo ; car des chefs-d'œuvre du musée de Turin seraient devenus au musée français de dignes trophées des batailles de Montenotte et de Mondovi.

Les ennemis des arts et de la république affectent de s'apitoyer sur cet enlèvement des monumens d'Italie. Ils n'aiment rien de ce qui peut leur rappeler sa supériorité : ils pardonnaient plus aisément à l'orgueil qui avait laissé ériger le grouppe de la place des Victoires, et oublient qu'on n'a jamais fait un crime aux Romains d'avoir pris aux Grecs vaincus les statues dont ils décorèrent le Capitole, les temples et les places de Rome ; ces mêmes statues que nous ôtons aux Romains papistes et dégénérés, pour en orner le musée de Paris, et pour marquer, par le plus noble des trophées, les triomphes de la liberté sur la tyrannie, et ceux de la philosophie sur la superstition.

Ce sont de véritables conquêtes que celles qu'on fait en faveur des arts, des sciences et du goût, et les seules capables de consoler du malheur d'être forcé d'en entreprendre pour d'autres motifs.

Le Milanais et le Parmesan auront fourni à nos musées les objets compris dans la liste suivante; et Rome, plus riche en ce genre, leur en offrira davantage.

État des objets de sciences et arts qui ont été enlevés pour être transportés à Paris, par les ordres du général en chef de l'armée d'Italie, et ceux du commissaire du gouvernement près ladite armée.

A MILAN.

Bibliothèque ambroisienne.
- Le carton de l'Ecole d'Athènes, par Raphael.
- Un tableau de Luini, représentant une Vierge.
- Idem, de Rubens, une Vierge et des fleurs.
- Idem, du Giorgion, représentant un concert.
- Idem, de Lucas d'Hollande, représentant une Vierge.
- Idem, une tête de femme, de Léonard de Vinci.
- Un soldat et un vieillard, du Calabrèse.
- Un vase étrusque, représentant diverses figures, avec ornemens.
- Un manuscrit écrit sur le papyrus d'Égypte, ayant environ onze cents ans d'antiquité, sur les *Antiquités* de Joseph, par Rufin.
- Un Virgile manuscrit, ayant appartenu à Pétrarque, avec des notes de sa main.
- Un manuscrit très curieux sur l'histoire des papes.

Alle Grazzie....	Un tableau peint par le Titien, représentant un Couronnement d'épines. *Idem*, un saint Paul, par Gondenzo Ferrari.
Alla Vittoria...	Un tableau de Salvator Rosa, représentant une Assomption.
A l'académie de Parme......	La Vierge de saint Jérôme, par le Corrège. Un tableau de Schidone. Une Adoration, par Majolla.
Aux Capucins.	Un chien, du Guerchin. Une Vierge et plusieurs saints, par le Carrache.
Saint Paul....	Jésus-Christ, saint Paul, sainte Catherine, par Raphael.
La Stenata....	Le Mariage de la Vierge, par Procaccini.
San-Gio......	Une Descente de croix, par le Corrège.
Capucins.....	Un Guerchin, représentant la Vierge et saint François.
Saint Sépulcre.	La Madonna della Scodella, du Corrège.
Saint-Roch....	Un tableau de l'Espagnolet, représentant divers saints. *Idem*, de Paul Veronèse, représentant saint Roch, etc.
S. Quintino...	Un tableau de Fraimingo, représentant un baptême. Une Assomption, par l'Espagnolet. Un tableau de Lanfranc, représentant saint Benoît.
Saint-André...	Un tableau de l'Espagnolet.
Saint-Michel...	Un tableau d'un élève du Corrège, représentant une Vierge.

Saint-Paul. . . . . Une Vierge d'Augustin Carrache.
Au dôme de Plai- Deux tableaux de Louis Carrache.
sance. . . . . . Un de Procaccini.

Quelque modération qu'eût montrée le général de l'armée française, quelque sévère discipline qu'il eût fait observer à ses troupes, et quelqu'éclat qu'eussent eu ses succès, il était facile à ceux qui connaissaient l'Italie de prévoir que le clergé et la noblesse, qui redoutaient encore plus les opinions des républicains que leurs baïonnettes, et qui, depuis le commencement de notre révolution, n'avaient cessé de la calomnier dans leurs discours et dans leurs écrits, et d'animer contre elle le peuple, afin de le conserver dans une dépendance qui tournait toute entière à leur profit, et dont ils sentaient qu'il échapperait s'il ouvrait les yeux à la lumière, et s'ils ne parvenaient à le tromper; il était, dis-je, facile d'imaginer que ces deux classes, unies par leurs intérêts, leurs craintes et leur haine, susciteraient quelque trouble intérieur, embarrassant pour les armées. Cette méthode avait d'ailleurs presque toujours réussi aux Italiens dans les précédentes invasions des Français; et ce devait être une nouvelle gloire pour Buonaparte d'en proclamer l'insuffisance, et de dégoûter leurs partisans du projet d'y revenir.

Le général Despinoy, commandant à Milan, s'apperçut, le 5 prairial, que dans les fauxbourgs de cette ville, du côté de Pavie, il se formait des attroupemens : il fit marcher quelques troupes, que les mutinés voulurent désarmer; mais le détachement français ayant tiré et blessé quelques hommes, le reste s'enfuit.

Ce mouvement était combiné, et avait eu lieu au même moment à Vareze, à Pavie, à Lodi; on sonnait le tocsin dans les campagnes; les prêtres et les nobles excitaient au massacre des Français; les paysans assassinaient sur les routes leurs ordonnances et les employés de l'administration; et la garnison laissée à Pavie, surprise chez ses hôtes, avait été désarmée. Sans un prompt remède, le mal pouvait s'étendre et devenir très-dangereux.

CONSPIRATION DE PAVIE,

COMBAT ET PRISE DE CETTE VILLE.

« Je partis de Milan le 5, pour me rendre à Lodi : je ne laissai à Milan que les troupes nécessaires au blocus du château. Je sortis de cette ville comme j'y étais entré, au milieu des applaudissemens et de l'alégresse de tout un peuple réuni. J'étais bien loin de penser que cette alégresse était feinte, que déja les trames étaient ourdies, et une lâche trahison sur le point d'éclater.

« J'étais à peine arrivé à Lodi, que le général Despinoy, commandant à Milan, m'apprit que, trois heures après mon départ, on avait sonné le tocsin dans une partie de la Lombardie ; que l'on avait publié que Nice était pris par les Anglais ; que l'armée de Condé était arrivée par la Suisse sur les confins du Milanais, et que Beaulieu, renforcé de soixante mille hommes, marchait sur Milan. Les prêtres, les moines, le poignard et le crucifix à la main, excitaient à la révolte et provoquaient l'assassinat. De tous côtés, et par tous les moyens, l'on sollicitait le peuple à s'armer contre l'armée. Les nobles avaient renvoyé leurs domestiques, disant que l'égalité ne permettait pas d'en tenir : tous les affidés de la maison d'Autriche, les sbirres, les agens des douanes, se montrèrent au premier rang.

« Le peuple de Pavie, renforcé de cinq à six mille paysans, investit les trois cents hommes que j'avais laissés dans le château. A Milan, l'on essaie d'abattre l'arbre de la liberté, l'on déchire et foule aux pieds la cocarde tricolore. Le général Despinoy, commandant de la place, monte à cheval ; quelques patrouilles mettent en fuite cette populace aussi lâche qu'effrénée. Cependant la porte qui conduit à Pavie est encore occupée par les rebelles, qui attendent à chaque instant les paysans pour les y introduire : il fallut, pour les y soumettre, battre le terrible pas de charge; mais à la vue de la mort tout rentra dans l'ordre.

« A peine instruit de ce mouvement, je rebroussai chemin avec trois cents chevaux et un bataillon de grenadiers. Je fis arrêter à Milan une grande quantité d'ôtages; j'ordonnai que l'on fusillât ceux qui avaient été pris les armes à la main; je déclarai à l'archevêque, au chapitre, aux moines et aux nobles, qu'ils me répondraient de la tranquillité publique.

« La municipalité taxa à trois livres d'amende par domestique qui avait été licencié. La tranquillité consolidée à Milan, je continuai mon chemin sur Pavie. Le chef de brigade Lasnes, commandant la colonne mobile, attaqua Bignasco, où sept à huit cents paysans armés paraissaient vouloir se défendre; il les chargea, en tua une centaine, et éparpilla le reste. Je fis sur-le-champ mettre le feu au village. Quoique nécessaire, ce spectacle n'en était pas moins horrible : j'en fus douloureusement affecté. Mais je prévoyais que des malheurs plus grands menaçaient encore la ville de Pavie. Je fis appeler l'archevêque de Milan, et je l'envoyai, de ma part, porter au peuple insensé de Pavie la proclamation ci-jointe; mais en vain.

« Je me portai à la pointe du jour sur Pavie; les avant-postes des rebelles furent culbutés. La ville paraissait garnie de beaucoup de monde, et en état de défense; le château avait été pris, et nos troupes prisonnières. Je fis avancer l'artillerie, et, après quelques coups de canon, je sommai les misérables de poser les armes, et d'avoir recours à la générosité française; ils répondirent que, tant que Pavie aurait des murailles, ils ne se rendraient pas. Le général Dammartin fit placer de suite le sixième bataillon des grenadiers en colonne serrée, la hache à la main, avec deux pièces de huit en tête : les portes furent enfoncées; cette foule immense se dispersa, se réfugia dans les caves et sur les toits, essayant en vain, en jetant des tuiles, de nous disputer l'entrée des rues. Trois fois l'ordre de mettre le feu à la ville expira sur mes lèvres, lorsque je vis arriver la garnison du château, qui avait brisé ses fers, et venait, avec des cris d'alégresse, embrasser ses libérateurs. Je fis faire l'appel ; il se trouva qu'il n'en manquait aucun. Si le sang d'un seul Français eût été versé, je voulais faire élever, des ruines de Pavie, une colonne sur laquelle j'aurais fait écrire : *Ici était la ville de Pavie*. J'ai fait fusiller la municipalité, arrêter deux cents ôtages, que j'ai fait passer en France. Tout est aujourd'hui parfaitement tranquille, et je ne doute pas que cette leçon ne serve de règle aux peuples de l'Italie.

« Je vous demande le grade de chef d'escadron d'artillerie légère pour le citoyen Rosey, capitaine, qui s'est particulièrement distingué dans cette journée. »

Proclamation du général en chef de l'armée d'Italie.

Au quartier-général de Milan, le 6 prairial, an 4.

« Une multitude égarée, sans moyens réels de résistance, se porte aux derniers excès dans plusieurs communes, méconnaît la république, et brave l'armée, triomphante de plusieurs rois. Ce délire inconcevable est digne de pitié : l'on égare ce pauvre peuple pour le conduire à sa perte. Le général en chef, fidèle aux principes qu'a adoptés la nation française, qui ne fait pas la guerre aux peuples, veut bien laisser une porte ouverte au repentir : mais ceux qui, sous vingt-quatre heures, n'auront pas posé les armes, n'auront prêté de nouveau serment d'obéissance à la république, seront traités comme rebelles ; leurs villages seront brûlés. Que l'exemple terrible de Binasco leur fasse ouvrir les yeux ! son sort sera celui de toutes les villes et villages qui s'obstineront à la révolte. »

Buonaparte, pour prévenir efficacement le retour de mouvemens qui pouvaient seconder trop bien les Autrichiens, prit ensuite la mesure générale que contient cette autre proclamation.

Buonaparte, général en chef de l'armée d'Italie, aux peuples du Milanais.

« Les nobles, les prêtres, des agens de l'Autriche égarent les peuples de ces belles contrées : l'armée française, aussi généreuse que forte, traitera avec fraternité les habitans paisibles et tranquilles; elle sera terrible, comme le feu du ciel, pour les rebelles, et les villages qui les protégeraient.

« ARTICLE PREMIER. En conséquence, le général en chef déclare rebelles tous les villages qui ne se sont pas conformés à son ordre du 6 prairial. Les généraux feront marcher contre les villages les forces nécessaires pour les réprimer, y mettre le feu, et faire fusiller tous ceux qu'ils trouveraient les armes à la main. Tous les prêtres, tous les nobles qui seront restés dans les communes rebelles, seront arrêtés comme ôtages et envoyés en France.

« II. Tous villages où l'on sonnera le tocsin, seront sur-le-champ brûlés. Les généraux sont responsables de l'exécution dudit ordre.

« III. Les villages sur le territoire desquels il serait commis l'assassinat d'un Français, seront taxés à une amende du tiers de la contribution qu'ils paient à l'archiduc dans une année, à moins qu'ils ne déclarent l'assassin, et qu'ils ne l'arrêtent et le remettent entre les mains de l'armée.

« IV. Tout homme trouvé avec un fusil et des munitions de guerre sera fusillé de suite, par l'ordre du général commandant l'arrondissement.

« V. Toute campagne où il sera trouvé des armes cachées, sera condamnée à payer le tiers du revenu qu'elle rend, en forme d'amende : toute maison où il sera trouvé un fusil, sera brûlée, à moins que le propriétaire ne déclare à qui il appartient.

« VI. Tous les nobles ou riches qui seraient convaincus d'avoir excité le peuple à la révolte, soit en congédiant leurs domestiques, soit par des propos contre les Français, seront arrêtés comme ôtages, transférés en France, et la moitié de leurs revenus confisquée. »

La capitale du Milanais exigeant, par sa nombreuse population et l'influence de ses habitans sur le pays, une surveillance particulière, le général Despinoy, auquel Buonaparte en avait confié le commandement, seconda cette mesure générale par la proclamation particulière suivante, qui était d'autant plus nécessaire, que le château de Milan ne s'était point encore rendu, et conservait une garnison autrichienne qui aurait pu donner la main aux mécontens, et aux partisans de l'Autriche.

Proclamation du général de brigade Despinoy, commandant à Milan.

« Les partisans de la tyrannie, les apôtres du fanatisme, les ennemis jurés de tout gouvernement libre, ont tenté, le 4 de ce mois, d'exécuter ouvertement les complots atroces qu'ils méditaient dans l'ombre. Ils voulaient faire de Milan une autre Pavie, un foyer de révolte et de sédition; et tandis que, d'une main, ils semaient adroitement les alarmes parmi les esprits trop faibles et trop faciles à s'émouvoir, de l'autre ils soudoyaient, avec l'or de l'Autriche, ces gens sans aveu, ces hommes sans patrie, qui se nourrissent de troubles et d'agitations : ils ralliaient autour d'eux une partie de ces crédules artisans, de ces habitans des campagnes, qu'ils avaient égarés ou séduits, excitant les uns, corrompant les autres, et versant en tous lieux les poisons dont ils sont infectés.

« La trahison la plus insigne, l'hypocrisie la plus profonde en opposition avec la bonne foi, la haine en retour de la bienveillance et de la fraternité, voilà les sentimens dont ils voulaient payer tous ceux d'une armée triomphante, et toujours généreuse au sein de la victoire. Le masque qui les couvrait est tombé. Qu'ils tremblent, ces hommes pervers qui ont aiguisé des poignards contre leurs bienfaiteurs! Que les ennemis du nom français apprennent à le respecter! Les séditieux qu'ils avaient armés, les rebelles qui s'étaient levés à leur voix, sont rentrés dans la poussière. Les habitans de Binasco n'outrageront plus les Français : exterminés, errans et fugitifs, ils ont porté la peine due à leurs attentats; la flamme qui circule encore autour de leurs asyles, annonce assez que le châtiment a suivi de près l'offense. La révolte a été expiée par le feu : Pavie a vu briser ses portes par la hache victorieuse des républicains; la vengeance va s'appesantir sur toutes les têtes coupables; et le repentir, la prompte abjuration de tout égarement, conserveront seuls des droits à la clémence du vainqueur. C'est pour ouvrir une dernière voie au repentir, pour assurer le repos et la tranquillité des bons citoyens, protéger leurs personnes et leurs propriétés contre toute nouvelle entreprise de la part des rebelles, des assassins et des voleurs qui se sont glissés parmi eux, que le général commandant pour la république française à Milan a ordonné et ordonne ce qui suit :

« Tous les habitans de Milan et de l'arrondissement sont tenus, dans le délai de vingt-quatre heures au plus tard, de déposer à l'atelier d'armes de Lazzaretto, porte orientale, les armes et les munitions de guerre, de quelque nature qu'elles soient, qu'ils ont actuellement en leur pouvoir, sous peine, pour les contrevenans, d'être réputés auteurs ou complices des mouvemens de rebellion qui ont éclaté dans cette ville le 4 prairial dernier, et dans les autres lieux de son arrondissement, d'être arrêtés sur l'heure, et traités militairement.

« Sont exceptées de ces dispositions, et jusqu'à nouvel ordre, les gardes civiques milanaises, actuellement armées, dans le nombre précédemment arrêté par le général commandant la place.

« Tous les étrangers qui ne justifieront point du motif valable de leur résidence à Milan par des certificats authentiques tant des autorités de leur pays que de celles de Milan actuellement existantes et en fonctions, tous les gens sans aveu ou non domiciliés, sont tenus d'en sortir dans vingt-quatre heures également, sous les peines portées dans l'article précédent, tant pour eux que pour ceux qui les receleraient; il leur sera accordé des passe-ports, où seront désignés leurs noms, leur âge, la profession qu'ils exercent, le lieu de leur naissance, celui qu'ils ont choisi pour se retirer, et il en sera tenu un registre exact par la municipalité de Milan. Ces mêmes étrangers et personnes comprises dans la mesure ci-dessus ne pourront résider dans tout l'arrondissement de Milan : et seront réputés leurs complices tous ceux qui leur auront donné asyle, en contravention aux ordres du général commandant.

« Tout rassemblement ou attroupement quelconque sera à l'heure même dissous par la force armée ; tous ceux qui en auraient été les instigateurs ou les chefs, arrêtés, seront traduits aux prisons de la ville, et jugés militairement dans l'espace de vingt-quatre heures.

« Toute société, club ou aggrégation politique, sous quelque dénomination qu'elle puisse exister, est et demeure dissoute jusqu'à nouvel ordre ; défenses sont faites à tous propriétaires, cafetiers, cabaretiers, aubergistes, de souffrir le moindre rassemblement ou conciliabule secret dans aucun lieu de leurs maisons, sous les mêmes peines ci-dessus énoncées.

« Les bons citoyens sont invités au calme et à la confiance: ils doivent se reposer, pour la sûreté de leurs personnes et de leurs propriétés, sur les principes de justice consacrés par la nation française, tant de fois reproduits par le général en chef de l'armée d'Italie, et par le commissaire du directoire exécutif près de la même armée, ainsi que sur les armes triomphantes des guerriers qui ont franchi les Alpes et les Pyrénées, traversé le Pô et l'Adda.

« Sont responsables de la pleine et entière exécution de toutes ces mesures d'ordre et de sûreté, individuellement, tous les membres de la municipalité de Milan, tous les officiers de la garde civique de la ville, et particulièrement les chefs, les membres du congrès d'état actuellement en exercice, les tribunaux de justice, le clergé, et généralement toutes les autorités civiles, ecclésiastiques et militaires, tant de la ville de Milan, que de tous les lieux compris dans son arrondissement.

« La municipalité de Milan, et toutes les autorités des communes faisant partie de son arrondissement, feront imprimer, publier et afficher, par-tout où besoin sera, à leur diligence, et sous leur responsabilité respective, la présente proclamation. »

Toutes ces précautions, et la célérité de l'exécution faite à Binasco et à Pavie, où Buonaparte avait déployé autant de vigueur que de clémence, calmèrent un incendie près de s'allumer, et prévinrent, au moins pour ce moment, le retour de nouvelles et semblables machinations.

Buonaparte suivait la retraite des Autrichiens, lorsque la révolte de Pavie l'avait ramené à Milan; et il était très-important qu'elle ne l'occupât pas assez de temps pour en donner trop à ses ennemis. Ils avaient, après la bataille de Lodi, trouvé que le cours de l'Oglio ne leur fournissait pas une barrière suffisamment forte contre les Français, et s'étaient reculés jusqu'au-delà du Mincio, où ils prirent effectivement une excellente position, leur droite appuyée au lac de Garda, et leur gauche à Mantoue. Il ne s'agissait que de bien défendre le passage du Mincio, et à cet effet toute sa ligne avait été soigneusement garnie de leurs batteries.

Venise, quoiqu'elle eût tout à redouter de l'Autriche, sa voisine, et son ennemie naturelle, quoiqu'intéressée dès lors à donner des preuves d'un véritable attachement à la république française, déviait déja de tous les principes qui pouvaient maintenir son gouvernement. Cette république ne pouvait voir une sœur dans la république française; elle n'y voyait qu'une démocratie dont son aristocratie s'accommodait encore moins que des empereurs et des rois. Irrésolue sur le parti qu'elle avait à prendre, effrayée de se livrer à la guerre après une si longue paix, voyant son territoire occupé par les Impériaux, elle crut qu'une feinte neutralité envers la France la sauverait de tous les dangers, et n'entrevit peut-être les succès des Français dans ses états que comme un bonheur, et un moyen de la délivrer plus promptement de deux ennemis. Le système de la duplicité, dont s'accommodaient sa faiblesse et son génie, prévalut dans ce sénat, qui était alors bien loin de cet esprit de sagesse et de politique qui lui avait jadis donné tant de renommée.

On souffrait les Français dans Venise, mais on y persécutait leurs partisans : dans toutes les affaires qui les concernaient, les Français éprouvaient, ou des lenteurs désespérantes, ou une partialité défavorable, qui contrastait avec l'envoi du noble Quirini à Paris, mais s'accommodait mieux avec l'inconsidération qu'on prodiguait à Venise aux agens de la république française.

Par suite de ce système, Venise avait laissé occuper aux Autrichiens la forteresse de Peschiera, dont la situation leur était très-importante, et tous les secours secrets, toutes les facilités qu'on pouvait leur procurer, leur étaient sans difficulté ou données, ou laissées prendre.

Buonaparte, qui ne pouvait ignorer ce manège cauteleux, ni s'en plaindre, ou le punir, crut pourtant devoir, avant de poursuivre l'ennemi dans les états de Venise, adresser à son gouvernement et à ses sujets une proclamation dont les derniers mots auraient été mieux entendus par les anciens sénats de Venise qu'ils ne l'ont été par celui-ci, et leur auraient dicté une conduite bien différente. Telle était cette proclamation.

Buonaparte, général en chef de l'armée d'Italie, à la république de Venise.

Brescia, le 10 prairial, an 4.

« C'est pour délivrer la plus belle contrée de l'Europe du joug de fer de l'orgueilleuse maison d'Autriche, que l'armée française a bravé les obstacles les plus difficiles à surmonter. La victoire, d'accord avec la justice, a couronné ses efforts. Les débris de l'armée ennemie se sont retirés au-delà du Mincio. L'armée française passe, pour les poursuivre, sur le territoire de la république de Venise; mais elle n'oubliera pas qu'une longue amitié unit les deux républiques. La religion, le gouvernement, les usages, les propriétés, seront respectés; que les peuples soient sans inquiétude, la plus sévère discipline sera maintenue : tout ce qui sera fourni à l'armée sera exactement payé en argent.

« Le général en chef engage les officiers de la république de Venise, les magistrats et les prêtres, à faire connaître ses sentimens au peuple, afin que la confiance cimente l'amitié qui depuis long-temps unit les deux nations.

« Fidèle dans le chemin de l'honneur comme dans celui de la victoire, le soldat français n'est terrible que pour les ennemis de sa liberté et de son gouvernement. »

Il était dès la veille à Brescia, préparant les dispositions qui devaient terminer le sort de l'armée de Beaulieu. Mais laissons-le décrire le

PASSAGE DU MINCIO *et* COMBAT DE BORGHETTO.

« J'ordonnai, dit-il, au général de division Kilmaine de se rendre, avec quinze cents hommes de cavalerie et six bataillons de grenadiers, à Desinzanno. J'ordonnai au général Rusca de se rendre, avec une demi-brigade d'infanterie légère, à Salo. Il s'agissait de faire croire au général Beaulieu que je voulais le tourner par le haut du lac, pour lui couper le chemin du Tyrol en passant par Riva. Je tins toutes les divisions de l'armée en arrière, de sorte que la droite, par où je voulais véritablement attaquer, se trouvait à un jour et demi de marche de l'ennemi. Je la plaçai derrière la rivière de Chiusa, où elle avait l'air d'être sur la défensive, tandis que le général Kilmaine allait aux portes de Peschiera, et avait tous les jours des escarmouches avec les avant-postes ennemis, dans une desquelles fut tué le général autrichien Lieptay.

« Le 10, la division du général Augereau remplaça à Desinzanno celle du général Kilmaine, qui rétrograda à Lonado, et arriva la nuit à Castiglione. Le général Massena se trouvait à Monte-Chiaro, et le général Serrurier à Montze. A deux heures après minuit, toutes les divisions se mirent en mouvement, toutes dirigeant leur marche sur Borghetto, où j'avais résolu de passer le Mincio. L'avantgarde ennemie, forte de trois à quatre mille hommes et de dix-huit cents chevaux, défendait l'approche de Borghetto. Notre cavalerie, flanquée par nos carabiniers et nos grenadiers, qui, rangés en bataille, la suivaient au petit trot, chargea avec beaucoup de bravoure, mit en déroute la cavalerie ennemie, et lui enleva une pièce de canon. L'ennemi s'empressa de passer le pont et d'en couper une arche; l'artillerie légère engagea aussitôt la canonnade. L'on raccommodait avec peine le pont sous le feu des batteries de l'ennemi, lorsqu'une cinquantaine de grenadiers impatiens se jettent à l'eau, tenant leurs fusils sur leurs têtes, ayant de l'eau jusqu'au menton. Le général Gardanne, grenadier pour la taille comme pour le courage, était à leur tête. Les soldats ennemis croient revoir la terrible colonne du pont de Lodi; les plus avancés lâchent le pied. On raccommode alors le pont avec facilité; et nos grenadiers, dans un seul instant, passent le Mincio, et s'emparent de Valeggio, quartier-général de Beaulieu, qui venait seulement d'en partir. Cependant les ennemis, ébranlés, en partie en déroute, étaient rangés en bataille entre Valeggio et Villa-Franca. Nous nous gardons bien de les suivre. Ils paraissent se rallier et prendre confiance, et déja leurs batteries se multiplient et se rapprochent de nous : c'était justement ce que je voulais. J'avais peine à contenir l'impatience, ou, pour mieux dire, la fureur des grenadiers. Le général Augereau passa, sur ces entrefaites, avec sa division; il avait ordre de se porter, en suivant le Mincio, droit sur Peschiera, d'envelopper cette place, et couper aux ennemis les gorges du Tyrol : Beaulieu, et les débris de son armée, se seraient trouvés sans retraite. Pour empêcher les ennemis de s'appercevoir du mouvement du général Augereau, je les fis vivement canonner du village de Valeggio; mais les ennemis, instruits, par leurs patrouilles de cavalerie, du mouvement du général Augereau, se mirent aussitôt en route pour gagner le chemin de Castelnuovo. Un renfort de cavalerie qui leur arriva les mit à même de protéger leur retraite. Notre cavalerie, commandée par le général Murat, fit des prodiges de valeur : ce général dégagea lui-même plusieurs chasseurs que l'ennemi était sur le point de faire prisonniers. Le chef de brigade du dixième régiment de chasseurs (Leclerc) s'est également distingué. Le général Augereau, arrivé à Peschiera, trouva la place évacuée par l'ennemi.

« Le 12, à la pointe du jour, nous nous portâmes à Rivoli; mais déja l'ennemi avait passé l'Adige, et enlevé presque tous ses ponts, dont nous ne pûmes prendre qu'une partie. L'on évalue la perte de l'ennemi, dans cette journée, à quinze cents hommes et cinq cents chevaux, tant tués que prisonniers : parmi ces derniers se trouve le prince Cuto, lieutenant-général des armées du roi de Naples, commandant en chef la cavalerie napolitaine. Nous avons pris également cinq pièces de canon, dont deux de 12, et trois de 6, avec sept ou huit caissons chargés de munitions de guerre. Nous avons trouvé à Castelnuovo des magasins, dont une partie était déja consumée par les flammes. Le général de division Kilmaine a eu un cheval blessé sous lui.

« Voilà donc les Autrichiens entièrement expulsés de l'Italie. Nos avant-postes sont sur les montagnes de l'Allemagne. Je ne vous citerai pas les hommes qui se sont distingués par des traits de bravoure : il faudrait nommer tous les grenadiers et carabiniers de l'avant-garde. Ils jouent et rient avec la mort ; ils sont aujourd'hui parfaitement accoutumés avec la cavalerie, dont ils se moquent : rien n'égale leur intrépidité, si ce n'est la gaieté avec laquelle ils font les marches les plus forcées. Ils chantent tour-à-tour la patrie et l'amour. Vous croiriez qu'arrivés à leurs bivouacs ils doivent au moins dormir ? Point du tout : chacun fait son conte, ou son plan de l'opération du lendemain ; et souvent l'on en rencontre qui voient très-juste. L'autre jour je voyais défiler une demi-brigade ; un chasseur s'approcha de mon cheval : Général, me dit-il, il faut faire cela. *Malheureux*, lui dis-je, *veux-tu bien te taire* ? Il disparaît à l'instant : je l'ai fait en vain chercher. C'était justement ce que j'avais ordonné que l'on fît. »

Le 13 prairial, la division du général Massena s'empara de Vérone. C'était, peu de jours auparavant, le refuge de Louis-Stanislas, frère du dernier roi des Français, et de sa petite cour d'émigrés, à qui les Vénitiens avaient non seulement donné l'asyle, mais fait beaucoup d'accueil. Leur générosité avait fait place à la peur ; et le sénat de Venise, dans sa honteuse politique, s'était déja déterminé à transférer au vainqueur Buonaparte tous les égards qu'il avait eus pour la majesté du roi de Vérone. Déja le podestat de Venise avait reçu l'ordre de déclarer à ce prince fugitif qu'il était nécessaire qu'il quittât les terres de sa domination ; et lorsque la France avait pu se plaindre de l'y voir reçu et accueilli, il avait répondu que Louis étant noble Vénitien, avait, en cette qualité, droit d'habiter son territoire, sans que les lois ni le sénat l'en pussent empêcher : mais les armées françaises alors n'avaient pas franchi les Apennins. A cette ambassade du podestat, le prétendant, dit-on, demanda qu'on lui envoyât le livre d'or, où sont inscrits les nobles, pour y rayer le nom de sa famille, et exigea qu'on lui rendît l'épée dont son ancêtre Henri IV avait fait présent à la république. Le podestat, respectant peu l'infortune et la grandeur passée du prétendant, répondit que, quant à la radiation, le sénat, sur sa demande, n'aurait nulle difficulté de la faire; mais qu'une somme de douze millions étant encore due à la république par ce Henri, son épée lui serait remise s'il les voulait payer : réponse indécente pour le gouvernement dont il était l'organe, et digne, tout au plus, d'un prêteur sur gages. C'est de Vérone, où Buonaparte porta le 15 son quartier-général, qu'il écrivait au directoire :

« J'arrive dans cette ville pour en partir demain matin. Elle est très-grande et très-belle. J'y laisse une bonne garnison pour me tenir maître des trois ponts qui sont ici sur l'Adige.

« Je n'ai pas caché aux habitans que si le roi de France n'eût évacué leur ville avant mon passage du Pô, j'aurais mis le feu à une ville assez audacieuse pour se croire la capitale de l'empire français.

« Je viens de voir l'amphithéâtre : ce reste du peuple romain est digne de lui. Je n'ai pu m'empêcher de me trouver humilié de la mesquinerie de notre champ de Mars : ici cent mille spectateurs sont assis, et entendraient facilement l'orateur qui leur parlerait.

« Les émigrés fuient de l'Italie; plus de quinze cents sont partis cinq jours avant notre arrivée; ils courent en Allemagne porter leurs remords et leur misère. »

C'était assez pour Buonaparte d'avoir forcé les Autrichiens à rassembler et cacher dans les montagnes du Tyrol les débris d'une armée hors d'état de tenir la campagne devant lui, et il se proposa de profiter de l'impuissance à laquelle il l'avait réduite pour consolider ses conquêtes par la prise du château de Milan et de Mantoue, dans l'espoir sans doute que les ennemis ne se renforceraient pas assez vite pour le gêner dans les opérations du siège qu'exigeait cette dernière place. Le cabinet de Vienne, qui savait qu'avec Mantoue l'Autriche perdait décidément ses possessions en Italie, et l'empereur le peu de prérogatives et d'autorité que son vain titre lui avait encore conservé dans cette contrée, employa tous ses moyens pour tromper les espérances de Buonaparte, et redoubla d'efforts pour rétablir cette armée qu'il avait détruite. L'activité de ses mesures ne fut pas cette fois sans succès. A son général Beaulieu, qui avait été si constamment malheureux, elle allait faire succéder le vieux maréchal Wurmser, qui n'avait pas eu plus de bonheur à la guerre, mais qui l'avait beaucoup faite, et qu'on verra du moins finir par une belle défense.

L'investissement de Mantoue se faisait, et le général de l'armée d'Italie l'annonçait ainsi au directoire:

« Après le combat de Borghetto, le passage du Mincio, la prise de Peschiera, et la fuite de l'ennemi dans le Tyrol, nous avons investi la ville de Mantoue.

« Le 16, à cinq heures du matin, le général Dallemagne, avec le chef de brigade Lasnes, se portèrent, avec six cents grenadiers, sur le fauxbourg de Saint-George. Je me rendis à la Favorite, superbe palais du duc de Mantoue, à une demi-lieue de la forteresse. Je fis avancer une demi-brigade avec le général Serrurier, pour soutenir le général Dallemagne, qui, ayant apperçu l'ennemi dans les retranchemens de Saint-George, l'avait attaqué, et s'était rendu maître du fauxbourg et de la tête du pont. Déja, malgré la mitraille de la place, les grenadiers s'avançaient en tirailleurs sur la chaussée. Ils prétendaient même se former en colonne pour enlever Mantoue ; et quand on leur montra les batteries que l'ennemi avait sur les remparts : *A Lodi*, disaient-ils, *il y en avait bien davantage*. Mais, les circonstances n'étant pas les mêmes, je les fis retirer. La journée a été assez belle pour une affaire d'avant-postes, et extrêmement intéressante pour nous. L'ennemi a perdu cent hommes, tant tués que prisonniers.

« Le général Augereau était parti, à la pointe du jour, de Castiglione Mantovano. Après avoir passé le Mincio au-delà du lac, il se porta sur le fauxbourg du Cheriale; il enleva les retranchemens, la tour, et obligea les ennemis de se retirer dans le corps de la place de Mantoue. Un tambour de douze ans, dont je vous enverrai le nom, s'est particulièrement distingué : il a grimpé, pendant le feu, au haut de la tour pour en ouvrir la porte.

« Je ne dois pas vous taire un trait qui peint la barbarie qui règne encore dans ces contrées. A San-Giorgio il y a un couvent de religieuses : elles s'étaient sauvées, car il était exposé aux coups de canon. Nos soldats y entrent pour s'y réfugier et prendre poste : ils entendent des cris; ils accourent dans une basse-cour, enfoncent une méchante cellule, et trouvent une jeune personne assise sur une mauvaise chaise, les mains garrottées par des chaînes de fer. Cette infortunée demandait la vie; l'on brise ses fers. Elle a sur sa physionomie vingt-deux ans. Elle était depuis quatre ans dans cet état, pour avoir voulu s'échapper, et obéir, dans l'âge et le pays de l'amour, à l'impulsion de son cœur. Nos grenadiers en eurent un soin particulier. Elle montre beaucoup d'intérêt pour les Français. Elle a été belle, et joint à la vivacité du climat la mélancolie de ses malheurs. Toutes les fois qu'il entrait quelqu'un, elle paraissait inquiète: l'on sut bientôt qu'elle craignait de voir revenir ses tyrans. Elle demanda, en grace, à respirer l'air pur : on lui observa que la mitraille pleuvait autour de la maison. *Ah!* dit-elle, *mourir, c'est rester ici!* »

Mantoue exigeait un siège formel, et les Français avaient peu de moyens de l'entreprendre. Le chemin qu'ils avaient suivi pour pénétrer en Italie, la marche rapide des conquêtes qu'ils y avaient faites, indiquent assez qu'ils n'étaient pas suivis de ces grands parcs dont les ressources facilitent cette espèce d'opération et contribuent à l'abréger. C'était avec l'artillerie du roi de Sardaigne et celle de l'empereur qu'il fallait prendre la plus forte de ses places. Les difficultés qui naissaient de cet ordre de choses sont souvent décisives; et les grandes chaleurs, dont la saison s'approchait, et qui rendent mortel le voisinage de Mantoue, laissaient peut-être croire à Buonaparte qu'il suffisait de bien la bloquer, tandis qu'on rassemblait et préparait les moyens d'attaque, et qu'elle devrait se rendre lorsqu'il aurait poussé les Autrichiens au-delà du Tyrol. Dans le dessein d'y pénétrer, il voulait s'y faire précéder par un manifeste qui lui procurât des partisans dans ce pays difficile. C'est aussi là une manière de battre ses ennemis, et peu de généraux ont manié l'arme des proclamations avec plus d'adresse que lui. On en peut remarquer beaucoup dans celle qu'il envoya aux peuples guerriers de ces montagnes.

Buonaparte, général en chef de l'armée d'Italie, aux habitans du Tyrol.

Au quartier-général, à Tortone,
le 26 prairial, an 4.

« Je vais passer sur votre territoire, braves Tyroliens, pour obliger la cour de Vienne à une paix nécessaire à l'Europe comme à ses sujets. C'est votre propre cause que je vais défendre. Depuis assez long-temps vous êtes vexés et fatigués des horreurs d'une guerre entreprise, non pour l'intérêt du peuple allemand, mais pour les passions d'une seule famille.

« L'armée française respecte et aime tous les peuples,

plus particulièrement les habitans simples et vertueux des montagnes. Votre religion, vos usages, seront par-tout respectés. Nos troupes maintiendront une discipline sévère, et rien ne sera pris dans le pays sans qu'il soit payé en argent.

« Vous nous recevrez avec hospitalité, et nous vous traiterons avec fraternité et amitié.

« Mais s'il en était qui connussent assez peu leurs véritables intérêts pour prendre les armes et nous traiter en ennemis, nous serons terribles comme le feu du ciel ; nous brûlerons les maisons et dévasterons les territoires des villages qui prendront part à une guerre qui leur est étrangère.

« Ne vous laissez pas induire en erreur par les agens de l'Autriche. Garantissez votre patrie, déja vexée par cinq ans de guerre, des malheurs qui l'affligeraient. Sous peu la cour de Vienne, obligée à la paix, rendra aux peuples ses privilèges qu'elle a usurpés, et à l'Europe la tranquillité qu'elle trouble. »

De nouveaux troubles commençaient à s'élever dans les fiefs impériaux qui confinent aux états de Gênes, de Toscane et de Piémont, et appelaient l'attention de Buonaparte. Les communications de son armée avec la rivière de Gênes étaient menacées ; on attaquait ses convois, on assassinait ses couriers ; la politique et le fanatisme s'unissaient pour lui susciter des embarras sur ses derrières, afin de retarder sa marche vers le Tyrol. Il lui fallait d'ailleurs terminer les différends de la France avec Modène, avec Rome et Naples, détruire l'empire que les Anglais s'étaient arrogé à Livourne et en Toscane, et, en les chassant de ces ports, établir avec les Corses des communications qui les rappelassent à leur devoir, et les réunir dans le desir de chasser les Anglais de ce département de la république. Au milieu de tant d'occupations, il ne devait pas perdre de vue le château de Milan, ni négliger de s'occuper du siège de Mantoue. La plus extrême activité pouvait à peine suffire à tant d'opérations à la fois; mais lorsqu'on n'emploie pas de demi-moyens, et qu'on sait, comme lui, marcher au but, le temps, malgré son cours rapide et sa brièveté, suffit à tout.

Le général Lasnes entra dans les fiefs impériaux avec douze cents hommes, arrêta et fit fusiller les chefs de la révolte, fit brûler leurs maisons, et sur-tout le fief d'Arquata, qui s'était signalé par les plus grands excès. La même promptitude et la même sévérité furent déployées dans les environs de Tortone; et l'ordre suivant, dont l'exécution fut maintenue, rétablit bientôt le calme dont on avait besoin.

Buonaparte, général en chef de l'armée d'Italie.

Au quartier-général de Tortone,
le 26 prairial, an 4.

«Les habitans des fiefs impériaux, à l'instigation de plusieurs de leurs seigneurs, et des agens de l'empereur à Gênes, ont violé le serment d'obéissance qu'ils avaient prêté à la république française; ils ont assassiné plusieurs détachemens français, et ont assiégé dans Arquata les troupes qui y étaient. Il n'est point de crimes dont ils ne se soient rendus coupables; il n'est point d'horreurs qu'ils n'aient commises. Les insensés comptaient sur l'impunité; ils croyaient l'armée éloignée : ils ne savaient pas que les phalanges de l'armée d'Italie sont par tout où il y a des ennemis de la république à punir. Ils ne savent pas encore, leurs instigateurs, qu'il n'est point de refuge qui puisse les soustraire au courroux du peuple français : qu'ils apprennent, par le spectacle terrible d'Arquata, le sort qui les attend, s'ils ne changent de conduite, et s'ils ne profitent de la porte que la clémence nationale laisse encore ouverte au repentir.

«En conséquence, le général en chef ordonne :

«ARTICLE PREMIER. Toutes les communes des fiefs

impériaux en Italie enverront sur-le-champ trois députés au quartier-général à Tortone, avec les procès-verbaux de la prestation de serment d'obéissance qu'elles font à la république française, et les armes qui existent dans leurs communes.

« II. Toutes les communes enverront deux ôtages pour être garans de leur fidélité.

« III. Tous les seigneurs possédant fiefs impériaux seront tenus de se rendre en personne à Tortone pour prêter leur serment d'obéissance à la république ; et si, cinq jours après la publication du présent ordre, ils ne l'ont pas fait, leurs biens seront confisqués.

« IV. Vingt-quatre heures après la publication du présent ordre, les communes porteront à l'agent militaire à Tortone le montant de la contribution militaire, qui sera augmentée d'un dixième par journée de retard qu'elles mettront dans le paiement.

« V. Ceux qui, quarante-huit heures après la publication du présent ordre, seront trouvés avec des armes ou munitions, seront fusillés.

« VI. Toutes les cloches qui ont servi à sonner le tocsin seront descendues du clocher, et brisées, vingt-quatre heures après le reçu du présent ordre : ceux qui ne l'auront pas fait seront réputés rebelles, et il sera mis le feu à leurs villages. Les municipalités et les curés sont responsables de l'exécution du présent article. »

Pendant ce temps une colonne française marchait sur le lac de Côme, s'emparait du fort Fuentes, qui en défend l'entrée et commande celle du pays des Grisons ; elle faisait démolir cette forteresse.

La division du général Augereau avait l'ordre de se porter sur Bologne par une marche dont Buonaparte informa ainsi le directoire.

« La division du général Augereau a passé le Pô à Borgoforte le 28 prairial : il est arrivé à Bologne le premier messidor ; il y a trouvé quatre cents soldats du pape, qui ont été faits prisonniers.

« Je suis parti de Tortone le 29 prairial ; je suis arrivé le premier messidor à Modène, d'où j'ai envoyé l'ordre, par l'adjudant-général Vignole, à la garnison du château d'Urbin, d'ouvrir les portes, de poser les armes, et de se rendre prisonnière de guerre. J'ai continué ma route pour Bologne, où je suis arrivé à minuit. Nous avons trouvé dans le fort Urbin cinquante pièces de canon bien approvisionnées, cinq cents fusils de calibre et d'un très-beau modèle, et des munitions de bouche pour nourrir six cents hommes pendant deux mois. Le fort Urbin est dans un bon état de défense ; il a une enceinte bastionnée, revêtue, entourée de fossés pleins d'eau, avec un chemin couvert, nouvellement réparé. Il était commandé par un chevalier de Malte, et trois cents hommes, que nous avons faits prisonniers.

« Nous avons fait prisonnier, à Bologne, le cardinal légat, avec tous les officiers de l'état-major, et pris quatre drapeaux. Nous avons également fait prisonnier le cardinal légat de Ferrare, avec le commandant de ce fort, qui est chevalier de Malte. Il y a dans le château de Ferrare cent quatorze pièces de canon.

« L'artillerie que nous avons trouvée à Modène, au fort Urbin et au château de Ferrare, forme un équipage de siège qui nous mettra à même d'assiéger Mantoue.

« Les vingt tableaux que doit nous fournir Parme sont partis : le célèbre tableau de saint Jérôme est tellement estimé dans ce pays, qu'on offrait un million pour le racheter.

« Les tableaux de Modène sont également partis. Le citoyen Barthelemy s'occupe, dans ce moment-ci, à choisir les tableaux de Bologne : il compte en prendre une cinquantaine, parmi lesquels se trouve la sainte Cécile, qu'on dit être le chef-d'œuvre de Raphaël.

« Monge, Bertholet et Thouin, naturalistes, sont à Pavie,

où ils s'occupent à enrichir notre jardin des plantes et notre cabinet d'histoire naturelle. J'imagine qu'ils n'oublieront pas une collection complète de serpens, qui m'a paru bien mériter la peine de faire le voyage. Je pense qu'ils seront après-demain à Bologne, où ils auront aussi une abondante récolte à faire.

« J'ai vu à Milan le célèbre Oriani. La première fois qu'il vint me voir, il se trouva interdit, et ne pouvait pas répondre aux questions que je lui faisais. Il revint enfin de son étonnement. — Pardonnez, me dit-il, mais c'est la pre« mière fois que j'entre dans ces superbes appartemens; mes « yeux ne sont pas accoutumés....... ». Il ne se doutait pas qu'il faisait, par ce peu de paroles, une critique amère du gouvernement de l'archiduc. Je me suis empressé de lui faire payer ses appointemens, et lui donnai tous les encouragemens nécessaires.

« Au premier courier je vous enverrai les lettres que je lui ai écrites dès l'instant que j'ai reçu la recommandation que vous m'avez envoyée pour lui. »

Cette attention de Buonaparte à remplir le vœu du directoire lui conciliait l'esprit des savans de l'Italie, et attachait, par l'espérance, à la révolution qui s'y préparait, une classe d'hommes qui auraient pu n'envisager que les pertes de leur état, dont ils se seraient crus menacés par elle. Il les confirmait dans l'idée que la France, dont les arts et les lettres avaient tant augmenté la gloire, abjurait le système des ignorans qui avaient voulu la replonger dans la barbarie, et qu'elle allait rendre aux sciences, qui honorent, éclairent et adoucissent l'esprit humain, la protection qu'elle leur avait si sagement et depuis si long-temps accordée. Les généraux des monarques étaient loin de comprendre de tels soins dans leur politique étroite et barbare, et, contens de l'empire de la force, ne savaient guère, comme ce général républicain, acquérir aussi l'empire plus puissant de l'opinion. De tels actes laissent de longs souvenirs, impriment aux conquêtes d'une nation un caractère moins sauvage, et semblent demander grace pour les malheurs particuliers, inséparables de celui de la guerre. Si Buonaparte n'eût écrit qu'à l'astronome Oriani, ou s'il se fût borné à distinguer son talent, nous nous dispenserions de rapporter ici sa lettre : mais, portant ses vues plus loin en l'écrivant, il semblait écrire à tous les savans d'Italie; et celle qu'il adressait pour l'université de Pavie complétait cette noble mesure de sa politique.

Buonaparte, général en chef de l'armée d'Italie, au citoyen Oriani, astronome.

Au quartier-général de Milan,
le 5 prairial, an 4.

« Les sciences qui honorent l'esprit humain, les arts qui embellissent la vie et transmettent les grandes actions à la postérité, doivent être spécialement honorés dans les gouvernemens libres. Tous les hommes de génie, tous ceux qui ont obtenu un rang distingué dans la république des lettres, sont Français, quel que soit le pays qui les ait vu naitre.

« Les savans, dans Milan, n'y jouissaient pas de la considération qu'ils doivent avoir : retirés dans le fond de leur laboratoire, ils s'estimaient heureux que les rois et les prêtres voulussent bien ne pas leur faire du mal. Il n'en est pas ainsi aujourd'hui; la pensée est devenue libre dans l'Italie.... il n'y a plus ni inquisition, ni intolérance, ni despote. J'invite les savans à se réunir, et à me proposer leurs vues sur les moyens qu'il y aurait à prendre, ou les besoins qu'ils auraient, pour donner aux sciences et aux beaux arts une nouvelle vie et une nouvelle existence. Tous ceux qui voudront aller en France seront accueillis avec distinction par le gouvernement. Le peuple français ajoute plus de prix à l'acquisition d'un savant mathématicien, d'un peintre de réputation, d'un homme distingué, quel que soit l'état qu'il professe, que de la ville la plus riche et la plus abondante. Soyez donc, citoyen, l'organe de ces sentimens auprès des savans distingués qui se trouvent dans le Milanais. »

Buonaparte, général en chef de l'armée d'Italie, à la municipalité de Pavie et de Milan.

« Je desire, messieurs, que l'université de Pavie, célèbre à bien des titres, reprenne le cours de ses études. Faites donc connaître aux savans professeurs et aux nombreux écoliers de cette université que je les invite à se rendre de suite à Pavie, et à me proposer les mesures qu'ils croiront utiles pour activer et redonner une existence plus brillante à la célèbre université de Pavie. »

Après l'occupation de Bologne, une division française s'était portée sur Ferrare et Faenza, dont la soumission présageait celle de la Romagne. Tous ces pays, que des crimes avaient ajoutés autrefois au territoire papal, allaient se voir délivrés de son joug; et cette politique du gouvernement ecclésiastique, si vantée et si peu digne de l'être, échouait devant la franchise et le talent d'un jeune général français, et se montrait dans toute sa faiblesse aussitôt qu'on avait renoncé à couvrir son entendement du voile de la superstition, qui avait été si long-temps ou sa lance ou son bouclier.

Pour déterminer plus promptement Rome à une paix qu'on voulait lui donner, en la punissant toutefois d'avoir soufflé la discorde et la guerre, une colonne de l'armée française se portait de Reggio, à travers les Apennins, sur Pistoie, et menaçait de se rendre à Rome par Florence. La nouvelle de cette marche jeta la plus grande alarme dans la cour du grand duc. Manfredini, son premier ministre, fut dépêché en toute hâte à Bologne pour représenter au général français que le passage par la Toscane ayant été récemment refusé aux troupes de Naples, il serait injuste de voir violer par les Français un territoire que les coalisés avaient respecté. La plus grande frayeur du grand duc étant et devant être qu'une portion de l'armée française passât et séjournât dans sa capitale, son plénipotentiaire n'eut pas de peine à trouver bonne la proposition que lui fit Buonaparte d'éviter cette ville, et de s'acheminer vers Rome en passant de Pistoie à Sienne. Si le souverain de la Toscane eût à cette époque imité la conduite du duc de Modène, et quitté ses états comme ce prince, il est plus que probable qu'il n'y serait jamais rentré. De mauvais conseillers ne pouvaient manquer d'ouvrir ce funeste avis : heureusement la prudence de Manfredini fut *écoutée de préférence* ; en se livrant à la générosité française, il donna à son maître le plus sage des conseils, et lui rendit le service le plus signalé.

Le 8 messidor, la division du général Vaubois arriva dans Pistoie ; et le lendemain le général Murat, à la tête de l'avant-garde, suivi du général de division Vaubois, marchant avec la 75ᵉ demi-brigade, passa l'Arno à Fucechio, laissant à Pistoie le reste de la division Vaubois.

Le 10, au sortir de Fucechio, au lieu de se diriger sur Sienne, cette troupe changea brusquement de route, et marcha à grands pas vers Livourne. Il est probable que Manfredini, dans sa conférence à Bologne, n'avait pas reçu la confidence de cette expédition ; mais Buonaparte, en arrivant à Pistoie, en prévint le grand duc en ces termes.

Buonaparte, général en chef de l'armée d'Italie, à son altesse royale le grand duc de Toscane.

Au quartier-général de Pistoja, le 8 messidor, an 4.

« Le pavillon de la république française est constamment insulté dans le port de Livourne ; les propriétés des négocians français y sont violées ; chaque jour y est marqué par un attentat contre la France, aussi contraire aux intérêts de la république qu'au droit des gens. Le directoire exécutif a porté plusieurs fois ses plaintes au ministre de votre altesse royale à Paris, qui a été obligé d'avouer l'impossibilité où se trouvait votre altesse royale de réprimer les Anglais, et de maintenir la neutralité dans le port de Livourne.

« Le directoire exécutif a senti dès lors qu'il était de son devoir de repousser la force par la force, de faire respecter son commerce, et il m'a ordonné de faire marcher une division de l'armée que je commande pour prendre possession de Livourne.

« J'ai l'honneur de prévenir votre altesse royale que le 10 de ce mois une division de l'armée entrera à Livourne; elle se conduira dans cette ville d'après les principes de neutralité que nous venons maintenir. Le pavillon, la garnison, les propriétés de votre altesse royale et de ses peuples, seront scrupuleusement respectés.

« Je suis en outre chargé d'assurer votre altesse royale du desir qu'a le gouvernement français de voir continuer l'amitié qui unit les deux états, et de la conviction où il est que votre altesse royale, témoin chaque jour des excès auxquels se portent les vaisseaux anglais sans pouvoir y porter remède, applaudira aux mesures justes, utiles et nécessaires qu'a prises le directoire exécutif.

« Je suis, etc. »

Ce même jour Buonaparte informa le directoire de l'armistice qu'il avait accordé au pape, moyennant sa renonciation aux légations de Bologne et de Ferrare, la remise de la ville et citadelle d'Ancône, le paiement de vingt millions, et l'abandon de cent objets d'arts choisis dans les musées de Rome, et de cinq cents manuscrits de la bibliothèque du Vatican. Il lui annonçait également l'armistice accordé à Naples, et le départ du prince Pignatelli Belmonte pour Paris, où il allait, au nom du roi de Naples, solliciter la paix.

Des ministres du pape faisaient, pour le même objet, le même voyage, et dans des intentions bien moins sincères. Leurs personnes étaient seules une première infraction au traité qu'ils allaient implorer : le directoire avait exigé qu'on ne lui adressât pas des ecclésiastiques pour négociateurs. Ceux-là se masquèrent en laïques : l'abbé devint le comte Petracchi, et ne réussit qu'à se faire renvoyer sans succès, dans une négociation commencée par la dérogeance à une promesse imposée, mais faite, et qui n'aurait été conduite par un tel diplomate et son compagnon Vangelisti qu'avec l'astuce, compagne ordinaire de leur métier.

Le 10, Buonaparte quitta Pistoie, et se mit en marche pour rejoindre la colonne qui déja était aux portes de Livourne : « Une frégate anglaise en sortait, dit-il, et fut canonnée ; mais il n'était plus temps. Quelques heures avant notre arrivée, plus de quarante bâtimens anglais chargés étaient sortis de Livourne.

« Je fis arrêter le chevalier Spannochi, gouverneur de la ville pour le grand duc, qui avait favorisé le départ des Anglais, qui avait essayé de soulever le peuple, en lui représentant notre petit nombre, et qui avait laissé prendre, peu d'heures avant, deux bâtimens français par une frégate anglaise, sous le feu des batteries : je l'ai fait conduire à Florence par ses propres soldats : le grand duc l'a fait mettre en prison, et le fera punir sévèrement. Cet officier est connu dans Livourne par sa haine contre les Français : il a commandé une frégate napolitaine contre nous : il est vendu à l'Angleterre. Vous trouverez ci-joint copie de ma lettre et de la réponse du grand duc à ce sujet.

« Vous trouverez ci-joint l'ordre que j'ai donné au consul de la république, qui m'a paru un homme probe, et sur qui l'on peut compter. Il a fait aussitôt mettre les scellés sur les magasins anglais ; et il espère que cette capture vaudra sept ou huit millions à la république.

« L'épouvante à Livourne n'a été que momentanée : la bonne conduite de nos troupes a parfaitement rassuré les habitans. J'y ai laissé une bonne garnison, et le général Vaubois pour y commander, avec l'instruction ci-jointe.

« Je suis parti le lendemain ; j'ai passé à Florence avec Berthier et une partie de mon état-major : nous avons été parfaitement accueillis ; le grand duc nous a donné un grand dîner, que j'ai cru devoir accepter. L'on m'a assuré qu'on avait toujours à Florence désapprouvé la conduite des Livournais.

« Le ministre de la république près la cour de Florence m'a personnellement secondé dans ces différentes opérations. Le grand duc, quoique sollicité de tous côtés de s'en aller, n'a point prêté l'oreille à ses ennemis et aux nôtres ; il est resté ferme dans sa capitale, environné de nos troupes, mais se reposant sur la loyauté française. Cette conduite lui a mérité une part dans mon estime.

« La république de Lucques m'a fourni, de gré à gré, six mille fusils, dont l'armée a grand besoin, la campagne ayant considérablement détérioré nos armes. »

Buonaparte, général en chef de l'armée d'Italie, à son altesse royale le grand duc de Toscane.

Au quartier-général de Livourne,
le 11 messidor, an 4.

« ALTESSE ROYALE,

« Une heure avant que nous entrions dans Livourne, une frégate anglaise a enlevé deux bâtimens français, valant cinq cent mille livres. Le gouverneur les a laissé enlever sous le feu de ses batteries ; ce qui est contraire à l'intention de votre altesse et à la neutralité du port de Livourne. Je porte plainte à votre altesse royale contre ce gouverneur, qui, par toutes ses démarches, montre une haine prononcée contre les Français : il a cherché hier, au moment de notre arrivée, à ameuter le peuple contre nous ; il n'est sorte de mauvais traitement qu'il n'ait fait essuyer à notre avant-garde. J'aurais été autorisé, sans doute, à le faire juger par une commission militaire ; mais, par respect pour votre altesse royale, intimement persuadé de l'esprit de justice qui caractérise toutes vos actions, j'ai préféré de l'envoyer à Florence, convaincu qu'elle donnera les ordres pour le faire punir sévèrement.

« Je dois en même temps faire mes remerciemens à son altesse royale de la bonté qu'elle a eue de préposer le général Strasoldo pour faire procurer à l'armée ce qui lui était nécessaire. Il s'est acquitté des ordres de votre altesse royale avec autant de zèle que de succès. »

Copie de la lettre du grand duc de Toscane, au général Buonaparte.

« GÉNÉRAL,

« Le général Spannochi, arrêté par votre ordre, a été transporté ici : il est de ma délicatesse que je le retienne en arrestation, jusqu'à ce que les motifs de cette arrestation (que je présume être justes) me soient connus, afin de vous donner, ainsi qu'à la république française et à toute l'Europe, le plus grand témoignage de cette équité conforme aux lois de mon pays, auxquelles je me suis toujours fait un devoir d'être soumis moi-même.

« Je charge de cette lettre le marquis Manfredini, mon majordôme, à qui je vous prie de dire en quoi le susdit Spannochi s'est rendu coupable. Vous pouvez, en outre, avoir toute confiance en lui pour tous les objets qui peuvent intéresser le repos de mes sujets.

« Je desire vivement recevoir un écrit de votre main qui, dans les circonstances présentes, puisse me tranquilliser complètement, et assurer en même temps le repos de toute la Toscane.

« Je suis, avec une parfaite estime,

« *Signé*, FERDINAND. »

Ordre donné par le général Buonaparte au consul de la république française à Livourne, le 10 messidor, an 4.

« Le consul de la république française à Livourne fera mettre le scellé sur tous les magasins appartenans aux Anglais, à l'empereur, à l'impératrice de Russie, et généralement à tous les princes ou sujets des états avec lesquels nous sommes en guerre, et en fera l'inventaire.

« Il fera toutes les démarches, prendra toutes les mesures, et emploiera tous les moyens nécessaires pour découvrir les marchandises qui pourraient avoir été déposées chez les différens négocians de Livourne, et s'en mettra en possession. »

« En exécution de l'ordre du général, dont copie est ci-dessus, le consul de la république française invite tous les habitans de la ville de Livourne et des environs, de quelque nation et qualité qu'ils soient, qui pourraient posséder, à titre de dépôt ou autrement, des effets, marchandises, argent, bijoux, chevaux, meubles, etc. appartenans aux susdits sujets de la Grande-Bretagne, de l'Empire, de la Russie, ou autres ennemis de la république, à remettre, dans la journée de demain 12 messidor (30 juin vieux style), au consul lui-même, un état détaillé et une déclaration au vrai des effets et sommes d'argent qui appartiennent aux susdits états ennemis de la république.

« Ceux qui auront contracté avec les ennemis de la république, de quelque manière et dans quelque forme que ce puisse être, doivent également en faire leur déclaration au consul de la république; ce qui servira simplement pour en faire l'examen.

« Le consul invite, particulièrement les Français à lui indiquer les effets cachés, déposés, ou aliénés par ventes simulées, ou de toute autre manière; aucun motif pour les retenir ne sera admissible, parce qu'il est prouvé que les citoyens français ont été, en différens temps, dépouillés ou lésés par les mesures sourdes des ennemis de la république dans le port de Livourne, et que même la force et la violence ont été employées. C'est donc le droit le plus légitime de la représaille que la république française exerce, et une restitution de ses propriétés, également juste, qu'elle réclame aujourd'hui, conformément au droit de toutes les nations.

« Aussitôt les déclarations faites, on prendra des mesures pour constater leur exactitude, et assurer le séquestre desdits effets.

« Ceux qui négligeraient de faire les déclarations, ou qui les feraient incomplètes, s'exposeraient à des recherches sévères et à des conséquences fâcheuses, qu'ils doivent prévenir pour leur propre intérêt.

« L'intention du général en chef est que toutes les propriétés ennemies soient remises dans les mains de la république, comme prises faites en mer : en conséquence, et par cette considération, toutes recherches, tous jugemens, toutes condamnations, sont attribués à la jurisdiction consulaire.

« A Livourne, le 11 messidor, l'an 4 de la république française (le 29 juin 1796). »

Tandis que Buonaparte dînait chez le grand duc à Florence, un courier vint au dessert lui apporter la nouvelle de la prise du château de Milan. Si ce jeune souverain avait la satisfaction de sauver ses états par sa bonne conduite, il faut convenir qu'il en devait coûter à son amour propre et à sa sensibilité de fêter dans son palais un général dont la famille était comptée parmi ses sujets, et qui venait de rompre toutes les liaisons commerciales de ses amis les Anglais avec son seul port, de le forcer de punir le gouverneur de sa principale place pour lui avoir sans doute trop bien obéi, et d'enlever à l'empereur son frère ses états d'Italie. La reddition du château de Milan, annoncée à la fin de ce dîner, devenait un surcroît d'amertume vraiment cruel. La dissimulation, ou l'art de supporter de telles contrariétés, est heureusement un fruit commun de l'éducation des princes, qui leur épargne au moins toutes les marques extérieures de souffrance et de mal-aise qui échapperaient à d'autres hommes. Cette apparente impassibilité se soutint au point que Salicetti, ex-conventionnel, commissaire du directoire près l'armée d'Italie, qui passa dans Florence deux jours après Buonaparte, reçut du grand duc les mêmes invitations, auxquelles il ne se rendit pas. Les observateurs pourront ici remarquer que Salicetti avait voté pour la mort de Louis XVI, que le grand duc était son neveu, sa femme une Bourbon; que les triomphes de la république française changeaient déjà étrangement les opinions et les convenances, et marquaient bien vite, et d'une façon bien extraordinaire, l'empire que sa destinée l'appelait à prendre sur les princes. On en vit un autre exemple dans la demande faite au pape de mettre sur-le-champ en liberté des prisonniers détenus dans le château Saint-Ange, dans celui de San-Leo, dans la citadelle d'Ancône, et même de faire sortir des galères des individus qui y avaient été condamnés. Cette demande équivalait à un ordre, et la cour de Rome n'était pas en mesure de n'y pas obéir. Il est vrai que les condamnés étaient un témoignage trop scandaleux de l'injustice de ses tribunaux inquisitoriaux, et que les juges atroces qui avaient secondé les passions du gouvernement et fait taire toutes les lois, auraient mérité une punition que le vainqueur avait la modération de ne pas exiger.

La tranchée s'était ouverte devant le château de Milan le 30 prairial. Le 11 messidor, le gouverneur de cette place offrit de capituler, en demandant une suspension d'hostilités, que le général Despinoy refusa de la manière suivante :

« Je ne puis, monsieur, accéder à une suspension d'hostilités, au terme où nous en sommes, qu'en vertu de la capitulation suivante que je vous propose, et sur laquelle vous aurez à délibérer à l'heure même. »

Capitulation accordée par le général de division Despinoy, commandant la Lombardie pour la république française, à M. Lami, commandant autrichien dans le château de Milan.

« Le château de Milan sera remis aux troupes de la république française, avec son artillerie, ses munitions de guerre et de bouche, ses magasins de toute espèce, les caisses et effets militaires, à cinq heures précises du matin.

« Aussitôt la présente capitulation signée, quatre compagnies de grenadiers français prendront possession de la porte de Milan et des bastions Velasco, Dom-Pietro et Danigna.

« Il sera établi des gardes françaises à tous les magasins, et nommé des commissaires respectifs pour procéder contradictoirement à leur vérification.

« La garnison du château sortira, à l'instant même, par la porte de Milan, et défilera le long des glacis de Verulimes, devant les troupes françaises, avec les honneurs de la guerre, armes et bagages seulement.

« Parvenue au pont du Naviglio, elle mettra bas les armes, et se constituera prisonnière de guerre.

« Les émigrés et les déserteurs seront livrés au général français.

« Les malades et blessés seront traités avec tous les soins dus à l'humanité, et les procédés généreux qui ont toujours distingués la nation française.

« Il sera fourni à la garnison les moyens de transport

nécessaires pour conduire ses équipages au lieu de destination qui lui sera marqué.

« S'il s'élève quelques discussions ou différens dans l'exécution des articles ci-dessus, ils seront jugés à l'avantage des troupes françaises. »

Le général de division Despinoy, commandant la Lombardie, au général en chef Buonaparte, commandant l'armée d'Italie.

Au quartier-général de Milan,
le 11 messidor, an 4.

« CITOYEN GÉNÉRAL,

« Nos vœux sont remplis : le commandant du château de Milan a capitulé ce matin à trois heures, et les troupes de la république occupent actuellement cette forteresse. Deux mille huit cents prisonniers, cent cinquante bouches à feu, deux cent milliers de poudre, cinq mille fusils, de nombreux ustensiles de siège ; tels sont les fruits de cette prise de possession.

« Je fais partir à l'heure même la garnison autrichienne pour Lodi, où elle attendra vos ordres.

« Vous recevrez demain un inventaire exact de tous les objets que nous avons trouvés dans ce château.

« Je vous ferai connaître également les officiers qui se sont particulièrement distingués.

« Je remplis aujourd'hui une obligation bien douce en vous parlant de la conduite vraiment héroïque de toutes les troupes du siège ; artillerie, infanterie, cavalerie, tout a également concouru au triomphe de nos armes. Les volontaires, se multipliant, étaient à la fois de garde, de travail, de service aux batteries ; et, durant les fatigues excessives de douze jours de tranchée ouverte, leur constance et leur dévouement ne se sont point démentis un seul instant.

« Vous trouverez ci-jointe la capitulation que j'ai proposée à M. Lami, et qu'il a dû accepter. »

Buonaparte rendit ainsi compte de cet évènement au directoire :

« Dès l'instant que l'armée impériale fut battue sur le Mincio, l'on fit avancer l'artillerie de siège; et du 29 au 30 prairial, on ouvrit la tranchée devant le château de Milan. Le 9 messidor, nos batteries se démasquèrent à la fois, et pendant quarante-huit heures obtinrent une telle supériorité de feu, que le gouverneur battit la chamade, et capitula le 11 à trois heures du matin.

« Nous avons trouvé dans ce fort cinq mille fusils, deux cents milliers de poudre, cent cinquante bouches à feu, et des approvisionnemens assez considérables. Le général Despinoy a commandé ce siège. Il a reçu, le jour de l'ouverture de la tranchée, le brevet de général de division, que vous lui avez envoyé.

« Le citoyen Lekain, chef de bataillon, a commandé le génie, et le citoyen Verrière l'artillerie. Je suis bien aise de saisir cette occasion pour témoigner la satisfaction que j'ai de l'activité et du zèle du citoyen Chasseloup, chef de brigade commandant le génie de l'armée. »

Mantoue seule restait à l'empereur de tous ses états d'Italie, et était investie. La brave armée française en avait tellement imposé aux gouvernemens de ce pays, qu'ils s'étaient tous déterminés à passer sous le joug, ayant moins l'espoir que le desir de voir cette forteresse faire une longue résistance. C'était l'artillerie qu'on leur avait enlevée qui devait la foudroyer (car jusqu'à cette époque Buonaparte leur avait pris six cent dix-neuf pièces de siège et soixante de campagne); c'étaient les chevaux de leurs haras, ou de leur cavalerie même, qui remontaient celle de l'armée française, qui subsistait et s'approvisionnait à leurs dépens, se renforçait de tous les moyens dont elle les privait, dominait du détroit de la Sicile aux gorges du Tyrol, dans lesquelles elle avait repoussé les Autrichiens, et commençait à organiser en Lombardie des troupes italiennes qui devaient un jour assurer la liberté de l'Italie, ou y devenir du moins les instrumens de grands changemens dans son gouvernement.

Wurmser avait rassemblé dans le Tyrol les débris de l'armée autrichienne, et reçu de puissans renforts, tandis que Buonaparte avait fait son expédition sur les états du pape et sur Livourne, et que l'obligation de garder ces nouvelles conquêtes, de mettre garnison à Livourne, à Ancône, de conserver ses places du Piémont, et de continuer le siège de Mantoue, avaient dû beaucoup l'affaiblir. L'espérance renaissait parmi les aristocrates d'Italie, et ils aspiraient avec inquiétude aux revers dont la faiblesse et la dispersion des Français semblait les menacer. Le moment n'en était pas encore venu, et les retranchemens dont se couvraient les Autrichiens allaient leur être enlevés.

« Après le combat de Borghetto, les ennemis se sont retirés sur les hautes montagnes pour nous défendre les issues du Tyrol ; ils ont tiré des lignes, qu'ils ont fortifiées avec beaucoup de soin, entre la tête du lac de Garda et l'Adige. Massena ordonna au général Joubert d'attaquer les ennemis par la Bochetta di Campion. Le chef de bataillon Marchand se mit en marche, tourna l'ennemi par la droite : ce fut le signal de l'attaque. Les armes sur le bras, et sans tirer un seul coup, nos soldats gravirent les rochers escarpés, tuèrent cent hommes, prirent deux cents prisonniers, avec quatre cents tentes et tous les bagages.

« Pendant ce temps-là le chef de bataillon Recco, officier de la plus grande bravoure, tourna l'ennemi par la gauche, s'empara de l'excellente position de Belone, tua trois cents hommes, et fit soixante-dix prisonniers.

« L'ennemi a abandonné des retranchemens que nous

n'aurions pas construits en six mois : tout a été culbuté, et un mois de fatigues, de peines, est perdu dans un instant.

« Voilà le premier combat qui a eu lieu entre les deux armées depuis que le nouveau général la commande.

« J'irai bientôt attaquer l'escadre autrichienne qui tient le lac de Garda.

« Voici les traits de bravoure qui ont honoré les républicains dans cette affaire.

« Claude Roche, carabinier à la deuxième compagnie de la onzième demi-brigade d'infanterie légère, sauta le premier dans les retranchemens ennemis, tua l'officier; et, sans s'arrêter à sa montre, qui paraissait, ni à ses dépouilles, il se saisit de son sabre nud, en tua un Autrichien, et en fit trois prisonniers.

« Jean Gerrin, de la même compagnie, tombe sur douze Autrichiens, les met en joue: son fusil manque; il se jette sur eux le sabre à la main, coupe le bras au premier; les autres tombent à ses genoux, et se rendent.

« Ardionne, sous-lieutenant de la même compagnie, le même qui, avec une vingtaine d'hommes, s'empara de la pièce de 13 à Borghetto, s'est toujours présenté dans les retranchemens à la tête des carabiniers, à qui son exemple fait affronter tous les dangers.

« J'apprends à l'instant que la garnison de Mantoue a fait une sortie; elle est rentrée plus vite qu'elle n'était sortie, en laissant une cinquantaine de morts. »

Quelques jours avant cette attaque des retranchemens autrichiens, des insurrections s'organisaient dans la Romagne: il fallut les réprimer; et Buonaparte, qu'elles paraissent avoir peu inquiété, en instruisit le directoire le 26 messidor.

« Un moine arrivé de Trente a porté la nouvelle dans la

Romagne que les Autrichiens avaient passé l'Adige, débloqué Mantoue, et marchaient à grandes journées dans la Romagne. Des imprimés séditieux, des prédicateurs fanatiques, prêchèrent par-tout l'insurrection : ils organisèrent en peu de jours ce qu'ils appelèrent *l'armée catholique et papale* ; ils établirent leur quartier-général à Lugo, gros bourg de la légation de Ferrare, quoiqu'enclavé dans la Romagne.

« Le général Augereau donna ordre au chef de brigade Pouraillier d'aller soumettre Lugo. Cet officier, à la tête d'un bataillon, arriva devant cette bourgade, où le tocsin sonnait depuis plusieurs heures : il y trouva quelques milliers de paysans. Un officier de grenadiers se porta en avant, en parlementaire. On lui fit signe d'avancer, et un instant après il fut assailli d'une grêle de coups de fusil. Ces misérables, aussi lâches que traitres, se sauvèrent : quelques centaines sont restés sur la place.

« Depuis cet évènement, qui a eu lieu le 18, tout est rentré dans l'ordre, et est parfaitement tranquille. »

Ce châtiment, infligé aux habitans de Lugo, semblait aux Italiens une chose tout autrement grave qu'au général de l'armée française. Un Bolonais en consigna le récit suivant dans les papiers publics :

— Le premier de ce mois il éclata une révolte sérieuse à Lugo, petite ville du Ferrarois. Une proclamation imprimée fait connaître les prétextes au moyen desquels on l'avait excitée, et l'on cherchait à la répandre. « Les cir-
« constances critiques dans lesquelles se trouve le peuple
« lugois, est-il dit dans cette pièce, par l'invasion des
« Français dans l'état pontifical, l'enlèvement des subsis-
« tances, les insultes faites aux personnes, l'ont porté à
« prendre les armes pour la défense de ses saints protec-
« teurs, du souverain, de l'état et de la patrie : tous doivent
« concourir au salut commun dans le commun péril. Il es-
« père que tous, animés par le zèle pour la religion, l'attache-

« ment pour sa sainteté, leur légitime souverain, et l'amour
« de la patrie, travailleront unanimement au succès d'un si
« beau dessein, en se rangeant sous les glorieux étendards
« de l'église. »

Le général Augereau, informé de cet évènement, donna trois heures aux Lugois pour poser les armes, les menaçant, en cas de refus, de marcher contre leur ville, le fer et la flamme à la main.

Les révoltés méprisèrent cette menace; et ayant appris qu'on envoyait contre eux soixante dragons avec huit officiers, ils se mirent en embuscade pour les massacrer. Ce premier acte hostile leur réussit. Au signal convenu, les dragons surpris essuyèrent un feu vif : cinq furent tués d'abord, les autres prirent la fuite. Deux têtes furent portées à Lugo, et exposées sur la maison publique.

M. le baron Capelleti, chargé d'affaires d'Espagne, interposa ses bons offices pour sauver cette ville séditieuse, qui semblait vouloir assurer sa ruine par des actes de barbarie. Il se rendit à Lugo, exhorta les habitans à la soumission et à la confiance envers l'armée française, disposée à leur pardonner les excès commis : mais il ne put rien obtenir de ces malheureux égarés par les plus perfides conseils. Alors le général Augereau fit marcher un gros corps de troupes, infanterie et cavalerie, avec des canons et des caissons bien fournis. Une nombreuse phalange de rebelles s'avança. Vendredi matin ils furent attaqués par une colonne de troupes républicaines sur deux points, l'un du côté d'Imola, l'autre du côté d'Argenta. La défense fut terrible et opiniâtre : mais, après un combat de trois heures, le désordre se mit dans les bandes rebelles; partie furent taillés en pièces, partie échappèrent par la fuite. On prétend que dans cette action il y a eu plus de mille révoltés tués ou blessés, et environ deux cents Français. La ville fut ensuite cernée, et livrée pendant trois heures aux troupes, auxquelles on en avait permis le pillage. Tout a été dévasté;

tout individu rencontré les armes à la main a été mis à mort ; les femmes et les enfans ont été épargnés.

Samedi matin nous vîmes rentrer dans notre ville l'armée victorieuse, avec un immense butin, qui fut sur-le-champ mis en vente sur notre place. C'était le spectacle d'une des foires les plus riches que l'on eût vues depuis long-temps.

À son retour du quartier-général de Bologne, le général divisionnaire Augereau a fait répandre dans toute la province la proclamation suivante :

« Vous venez de voir un exemple terrible : le sang fume encore à Lugo..... Lugo calme, Lugo tranquille, aurait été respectée comme vous ; elle aurait joui de la paix. Des mères n'auraient point à pleurer leurs fils, des veuves leurs maris, des orphelins les auteurs de leurs jours. Que cette épouvantable leçon vous instruise, et vous apprenne à apprécier l'amitié du Français. C'est un volcan quand il s'irrite ; il renverse, il dévore tout ce qui s'oppose à son irruption. Au contraire, il protège, il caresse quiconque cherche en lui son appui. Mais il faut acquérir sa confiance par quelque acte qui lui assure qu'elle ne sera point trahie : depuis trop long-temps et trop souvent on a abusé de sa bonne foi. Voici ce que sa sûreté exige maintenant de vous, et ce que j'ordonne en conséquence.

« ARTICLE PREMIER. Toutes les communautés seront désarmées de toute espèce d'armes à feu, lesquelles seront déposées à Ferrare.

« II. Toute personne qui, vingt-quatre heures après la publication de la présente, n'aura pas déposé ses armes à feu, sera fusillée.

« III. Toute ville ou village où se trouvera un Français assassiné, sera livré aux flammes.

« IV. Si un habitant est convaincu d'avoir tiré un coup de fusil sur un Français, il sera fusillé, et sa maison sera brûlée.

« V. Si un village s'arme, il sera brûlé.

« VI. Il est défendu de s'attrouper avec ou sans armes.

« Tout chef de révolte ou d'attroupement sera puni de mort. »

On s'est plu à reprocher à Buonaparte d'avoir laissé le temps et la facilité aux Anglais d'occuper Porto-Ferraio dans l'isle d'Elbe, et de n'y avoir pas envoyé, en arrivant à Livourne, des troupes qui missent cette forteresse et son port à l'abri d'une insulte. A cet égard il est exempt de tout blâme. Porto Ferraio n'importait à aucune de ses opérations; il livrait aux hasards d'un siège un détachement de son armée, des forces duquel il se fût privé sans le moindre but d'utilité. Après l'avoir enfermé dans cette forteresse, il ne pouvait l'y secourir quand les Anglais étaient maîtres de la mer; et eux-mêmes ne s'en emparèrent que par une sorte de forfanterie politique, et pour couvrir de l'apparence d'une expédition la douleur qu'ils ressentaient de se voir chassés de Livourne. Renfermés dans Porto-Ferraio, ils ne pouvaient influer sur le sort de l'Italie, mais seulement, en restituant ce fort au grand duc, se ménager les moyens de réacquérir leur influence dans Livourne lorsqu'il plairait aux Français de l'évacuer. C'est peut-être même une faute que leur fit faire leur orgueil ordinaire : car il est douteux que si leur flotte se fût tenue en Corse, les soulèvemens qu'y excitèrent les relations que les Français y entretinrent de Livourne, et que leur prétendu blocus de ce port ne put jamais empêcher, eussent pu prendre la consistance qu'ils prirent ; consistance telle, qu'il leur fallut bientôt renoncer à ce nouveau royaume, et recevoir dans le rocher de Porto Ferraio leur vice-roi expulsé de Corse avec tous les Anglais, et les recrues d'Allemands et d'émigrés qu'ils y avaient attirés à si grands et si inutiles frais.

Buonaparte savait sans doute mieux que ceux qui ont cru remarquer une faute dans cet acte de sa conduite militaire, que l'isle d'Elbe ne produit que du fer; que les vivres de ses habitans se tirent ou de la Toscane, ou de Rome, ou de Naples; et qu'il lui suffirait de faire garder, comme il le fit, le rivage de la Toscane lorsque la Corse serait rentrée au pouvoir des Français, et de défendre à Rome de laisser sortir des vivres, pour que la flotte anglaise, bientôt affamée, dût abandonner un si mauvais poste et une position si insignifiante, et être réduite à errer sur la Méditerranée, paisible spectatrice de ses triomphes en Italie, et exclue de tous ses ports, qu'il lui avait fait fermer. Cette guerre guérira sans doute ceux qui voudront bien y penser de l'idée d'attacher une trop grande importance à la prétendue puissance des flottes. La république française a donné un grand exemple en ne se souciant pas de continuer une lutte inégale, dispendieuse et peu concluante sur la mer, et en s'attachant à se rendre maîtresse des continens qu'elle baigne. Cet axiôme banual, *qui est maître de la mer l'est de la terre*, n'a jamais mérité la fortune qu'il avait faite, et ne peut s'appliquer, avec une apparence de justesse, qu'aux colonies des états qui ont, dirai-je le bonheur, ou le malheur, d'en posséder? car ce grand problème est encore douteux pour les politiques, quoiqu'il ne le soit pas pour les peuples qui veulent être marchands, et qui ne croient pas qu'on puisse être heureux, grand et puissant sans un grand commerce maritime, quoique les Romains l'aient été sans tout cela, et que le résultat final de l'esprit mercantille soit la corruption de toutes les nations, et qu'il les conduise infailliblement à devenir la facile proie des peuples pauvres, mais guerriers. Quoi qu'il en soit, l'escadre anglaise, forte de dix-sept voiles et deux mille hommes de troupes, se présenta, le 21 messidor, devant Porto-Ferraio.

— Dans la matinée du 22 messidor (10 juillet), un gros détachement de troupes anglaises parut au-delà du petit pont de la place, unique sortie par la voie de terre, à la distance d'un mille : il occupait le fort ruiné de Saint-Jean-Baptiste, et le sommet de la colline. Le débarquement s'était opéré la nuit précédente, hors de la portée des batteries, sur la plage d'Acqua-Viva, limite entre la partie de l'isle qui dépend du grand duc, et celle qui dépend du roi de Naples. Les Anglais établirent aussitôt, sur la hauteur qui domine la ville, une batterie et des mortiers d'un gros calibre. Les portes de la ville, du côté de terre, étaient fermées, lorsque deux officiers s'avancèrent, tambour battant, et présentèrent deux lettres adressées au gouverneur: l'une de Gilbert Elliot, vice-roi de Corse; l'autre du major Duncan, chef de l'expédition. Le gouverneur assembla sur-le-champ tous ses officiers, les chefs des départemens, les consuls et vice-consuls des nations étrangères, le magistrat de la commune, et les chefs des principales familles. L'affaire ayant été exposée, on observa qu'un peuple dépourvu de forces correspondantes à celles qu'on lui opposait, n'ayant point de provisions, et pouvant manquer d'eau sous peu de jours, ne pouvait faire aucune résistance. Il fut donc résolu à l'unanimité de laisser entrer les troupes anglaises, sous certaines conditions convenues.

Extrait de la lettre de Gilbert Elliot, vice roi de Corse, au gouverneur de Porto-Ferraio.

Bastia, 6 juillet.

« MONSIEUR,

« Les troupes françaises ayant occupé la ville et place de Livourne, les canons de la forteresse ayant tiré sur les vaisseaux du roi dans la rade, et les propriétés des sujets de sa majesté à Livourne ayant été violées, malgré la neutralité de son altesse royale le grand duc de Toscane, et malgré les protestations réitérées des Français de la respecter; il y a aussi lieu de croire que les Français ont les mêmes desseins sur la forteresse de Porto-Ferraio, espérant par ce moyen faciliter les hostilités qu'ils méditent contre le royaume de Corse. Ces motifs nous ont déterminés à prévenir les intentions des ennemis du roi, aussi hostiles envers son altesse royale qu'à l'égard de sa majesté, en plaçant à Porto-Ferraio une garnison capable de défendre cette place. Notre unique dessein étant d'empêcher l'occupation de cette forteresse et de toute l'isle d'Elbe par les Français, nous vous invitons et intimons, monsieur, de recevoir les troupes de sa majesté qui se présenteront devant la place, avec les conditions suivantes:

« I. Porto-Ferraio et ses dépendances resteront sous le gouvernement du grand duc : le pavillon toscan ne cessera pas d'y être arboré, et l'administration ne sera altérée en aucune manière. Les personnes, les propriétés et la religion de tous les habitans seront respectées : les commandans anglais veilleront à ce que leurs troupes observent une rigoureuse discipline.

« II. Les officiers et soldats composant la garnison toscane continueront de faire le service, s'ils le jugent à propos. Tous les employés civils et militaires seront conservés dans leurs emplois, en continuant à se bien conduire.

« III. Les précédentes conditions seront observées exactement et avec la plus parfaite bonne foi, autant que la chose sera compatible avec la sûreté de la place.

« IV. Nous promettons, au nom de sa majesté, de la manière la plus solemnelle, de faire retirer les troupes de sa majesté, et de remettre la place entre les mains de son altesse royale dans l'état où elle se trouve aujourd'hui, à l'époque de la paix, ou aussitôt que tout danger d'invasion de la part des Français aura cessé.

« Si vous vous refusez, monsieur, à des propositions aussi conformes aux intérêts de son altesse royale que justes et nécessaires pour notre cause, l'officier chargé de l'expédition a des ordres et des moyens suffisans pour forcer la place, et dans ce cas l'occupation ne sera limitée par aucune condition.

« Ne doutant pas que votre prudence et votre attachement aux véritables intérêts de son altesse royale ne vous portent à consentir au seul expédient qui puisse lui conserver Porto-Ferraio, et éloigner de l'isle d'Elbe le plus cruel des fléaux, j'ai l'honneur d'être avec la plus parfaite considération et estime, etc. »

Articles proposés par le gouverneur et la ville de Porto-Ferraio, et acceptés le 10 juillet par les commandans des troupes anglaises.

« ARTICLE PREMIER. Les troupes anglaises seront reçues dans la place, et les conditions réglées par son excellence le vice-roi Elliot seront pleinement observées, de manière que rien n'altère la loi de neutralité que s'est imposée la Toscane, et qui doit être inviolablement maintenue.

« II. Dans le cas où il paraîtrait devant cette ville ou devant ce port des troupes ou des vaisseaux des nations en guerre, la garnison ni aucun habitant ne sera astreint à prendre les armes, ni pour le parti des Anglais, ni pour un autre parti.

« III. L'isle d'Elbe, et notamment Porto-Ferraio, étant dépourvus de munitions de bouche, messieurs les commandans des troupes anglaises auront soin d'y faire transporter toutes sortes de vivres, que les habitans pourront acheter, afin qu'ils ne soient pas exposés à périr par la famine.

« IV. Le peuple de Porto-Ferraio étant très-nombreux et ayant un petit nombre d'habitations, il ne serait pas possible de loger messieurs les militaires anglais dans les maisons particulières. On se flatte que messieurs les commandans auront la bonté de prendre cet objet en considération.

« V. Comme l'arrivée des troupes britanniques a été subite et imprévue, messieurs les commandans sont priés d'accorder le temps convenable, à l'effet de préparer les quartiers et logemens nécessaires. »

Le siège de Mantoue et les expéditions secrètes en Corse, tout autrement importantes que cette parade de Porto-Ferraio, ne s'en continuaient pas moins. La garnison de Mantoue opposait une vive résistance et faisait des sorties.

« Le 28, à deux heures du matin, quinze cents hommes de la garnison de Mantoue sortaient par la porte de Cérèse, dans le même temps que trois mille hommes sortaient par la porte de Pradella; tous nos avant-postes se retirèrent. L'ennemi était à une portée de pistolet de nos batteries, qu'il espérait déja enlever; mais le brave cinquième bataillon des grenadiers était là. Les généraux Fiorella et Dallemagne placent leurs troupes, saisissent le moment favorable, attaquent l'ennemi, le mettent en désordre, et le conduisent, après deux heures de combat, jusqu'aux palissades de la ville. La perte de l'ennemi est de cinq à six cents hommes.

« Le 29, je comptais faire embarquer huit cents grenadiers, et j'espérais pouvoir m'emparer d'une porte de la ville; mais, les eaux ayant diminué dans vingt-quatre heures de plus de trois pieds, il n'a pas été possible de tenter ce coup de main.

« Le 30, à onze heures du soir, le général Serrurier ordonna au général Murat et à l'adjudant-général Vignole, avec deux mille hommes, d'attaquer la droite du camp retranché des ennemis, dans le temps que le général Dallemagne, à la tête d'une bonne colonne, attaquait la gauche. Le chef de bataillon d'artillerie Andreossi, officier du plus grand mérite, avec cinq chaloupes canonnières qu'il avait armées, alla donner à l'ennemi une fausse alerte; et dans le temps qu'il attirait sur lui tous les feux de la place, les généraux Dallemagne et Murat remplissaient leur mission, et portaient dans les rangs ennemis le désordre et l'épouvante. Le chef de brigade du génie Chasseloup traça, pendant ce temps, à quatre-vingts toises de la place, l'ouverture de la tranchée, sous le feu et la mitraille de l'ennemi. Au même instant, la batterie de Saint-George, de Pradella, et de la Favorite, les deux premières composées de six pièces de gros calibre et à boulets rouges et de six gros mortiers, la dernière de huit pièces, destinées à rompre la communication qui conduit de la citadelle à la ville, commencèrent à jouer contre la place. Dix minutes après, le feu se manifesta de tout côté dans la ville. La douane, le palais Colloredo, et plusieurs couvens, ont été entièrement consumés. A la pointe du jour, la tranchée n'était que faiblement tracée; l'ennemi réunissait une partie de ses forces, et cherchait à sortir sous le feu terrible des remparts : mais nos intrépides soldats, cachés dans des ravins, derrière des digues, postés dans toutes les sinuosités qui pouvaient un peu les abriter de la mitraille, les attendaient de pied ferme et sans tirer. Cette morne constance seule déconcerta l'ennemi, qui rentra dans ses murs.

« La nuit suivante, l'on a perfectionné la tranchée; et, dans la nuit de demain, j'espère que nos batteries seront armées et prêtes à tirer.

« Je ne vous parlerai point de la conduite de l'intrépide général Serrurier, dont la réputation militaire est établie, et à qui nous devons, entre autres choses, depuis la campagne, le gain de la bataille de Mondovi. Le chef de brigade du génie Chasseloup, le chef de bataillon Samson, et le chef de bataillon d'artillerie Meuron, donnent tous les jours des preuves de talens, d'activité et de courage, qui leur acquièrent des titres à la reconnaissance de l'armée et de la patrie.

« Toutes les troupes montrent une patience, une constance et un courage qui donnent l'audace de concevoir les entreprises les plus hardies.

« Le chef de bataillon Dupat, qui commande le brave cinquième bataillon des grenadiers, est le même qui a passé, le premier, le pont de Lodi. Vous trouverez ci-jointe la sommation que j'ai faite au gouverneur, et la réponse qu'il m'a faite.

Sommation faite au commandant de la place de Mantoue.

Au quartier-général de Castiglionna, le 4 thermidor, an 4.

Le général de division, chef de l'état-major, à monsieur le lieutenant-général des troupes de l'empereur, commandant à Mantoue.

De Marmizollo, le 30 messidor.

« Le général en chef de l'armée d'Italie me charge, monsieur, de vous écrire qu'attaqué de tous côtés, vous n'êtes pas en état de défendre plus long-temps la ville de Mantoue; qu'une opiniâtreté déplacée ruinerait entièrement cette infortunée cité; que les lois de la guerre vous prescrivent impérieusement de rendre cette ville ; et que, si, contre son attente, vous vous obstiniez à une plus longue résistance, vous seriez responsable du sang inutile que vous feriez verser, de la destruction et des malheurs de cette grande ville ; ce qui le forcerait à vous traiter avec toutes les rigueurs de la guerre. »

Au commandant général en chef des troupes françaises en Italie.

« Les lois de l'honneur et du devoir m'imposent de défendre, jusqu'à la dernière extrémité, la place qui m'est confiée.

« J'ai l'honneur d'être, etc.

« *Signé,* le comte CANTO D'IRLES.

De Mantoue, le 20 juillet 1796.

Wurmser, averti par sa première défaite, et sentant combien il changeait la face des affaires s'il pouvait réussir à débloquer Mantoue, et rendre ainsi inutiles les derniers succès de Buonaparte en reportant le théâtre de la guerre dans le Milanais, ne négligea rien pour profiter de l'avantage que lui donnaient les nombreux renforts qu'il avait reçus. Il dirigea en conséquence, le 11 thermidor, une forte colonne sur Salo, qu'il enleva aux Français, ainsi que Brescia, tandis qu'une autre division de son armée forçait leur poste de la Corona, et passait entre le lac de Garda et l'Adige, et contraignait par ce mouvement l'armée française d'évacuer Vérone. Cette crise qu'allait éprouver la victorieuse armée d'Italie était prévue; et les ennemis de sa gloire et ceux de son général, dans l'attente de revers qu'ils regardaient comme infaillibles, semaient à l'avance tous les bruits capables de lui donner de la défaveur. Le gouvernement ne se méprit point, et devina cette odieuse tactique; et tandis que Buonaparte préparait à la république de nouveaux triomphes, le directoire s'empressait de dissiper les impressions que les calomnies des libellistes auraient pu faire sur son esprit, en lui adressant, le 13 thermidor, la lettre suivante, le jour même qu'il reprenait Salo :

« Le directoire exécutif, qui n'a qu'à se louer, citoyen général, de l'infatigable activité avec laquelle vous combattez les ennemis de la liberté; le directoire exécutif, qui partage avec tous les bons citoyens, avec tous les amis vrais de leur patrie, avec les sincères républicains, l'admiration qu'inspirent les grands talens militaires que vous déployez, et qui vous donnent de justes titres à la reconnaissance nationale, voit avec indignation les efforts que des folliculaires, couverts de différens masques, font chaque jour pour tromper le public et seconder les ennemis de notre patrie, par des bruits dont le but ne peut être que de semer la dissention parmi les amis de l'ordre et de la paix. Le directoire voit avec indignation la perfidie avec laquelle ces folliculaires coalisés se sont permis d'attaquer la loyauté, la constante fidélité de vos services, et il se doit à lui-même le démenti formel qu'il donne aux absurdes calomnies que leur a fait hasarder le besoin d'entretenir la malignité par quelques récits qui puissent l'aiguillonner et faire lire leurs productions.

« Les uns, ouvertement royalistes, répandent cruement une fausseté; les autres, se disant patriotes par excellence, mais marchant au même but, la commentent, l'arment à leur manière, sous le prétexte de combattre leur prétendu antagoniste. Les uns et les autres travaillent ainsi à arrêter les progrès de l'ordre qui s'établit; les uns et les autres secondent les ennemis de la révolution; les uns et les autres veulent semer la discorde et désorganiser les armées; les uns et les autres se jouent ainsi de la bonne foi de leurs lecteurs, de ceux qui leur procurent leur subsistance, et ils leur donnent indécemment, comme certains, des récits qui ne sont que le fruit et les écarts de leur imagination.

« Non, citoyen général, jamais les amis de l'Autriche n'ont pu prévenir le directoire contre vous, parce que les amis de l'Autriche n'ont ni accès ni influence au directoire, parce que le directoire connaît vos principes et votre attachement inviolable à la république. Non, jamais il n'a été question de votre rappel; jamais le directoire, jamais aucun de ses membres n'a pu penser donner un successeur à celui qui conduit si glorieusement nos républicains à la victoire. Le folliculaire qui, voulant avoir l'air de vous défendre, ose dire qu'il avait connaissance de l'intrigue ourdie contre vous, et dont une affaire d'argent n'était que le prétexte; qui, se parant d'une fausse vertu, ose ajouter qu'il a eu la délicatesse de taire des évènemens qui auraient fait rire nos ennemis; celui-là en impose, celui-là trompe le public, et est évidemment indigne de sa confiance. Si cet homme si instruit, cet homme qui, comme ses confrères en calomnies, cherche à se donner un air d'importance, en prétendant connaitre tous les secrets de l'état ; si cet homme a connaissance d'une intrigue de la nature de celle dont il parle, qu'il la découvre, qu'il la fasse connaitre au directoire : elle est importante assez sans doute, elle intéresse assez le bien public, la marche de nos armées, pour que celui qui peut la mettre au jour ne puisse se dispenser de la dénoncer à ceux qu'elle a pour but d'induire en erreur. Mais le silence de cet homme, son silence qui sera sa condamnation, éclairera le public sur la confiance qu'il devra désormais à ses insinuations. Vous avez, citoyen général, la confiance du directoire : les services que vous rendez chaque jour, vous y donnent des droits. Les sommes considérables que la république doit à vos victoires, prouvent que vous vous occupez tout à la fois de la gloire et des intérêts de votre patrie : tous les bons citoyens sont d'accord sur cet objet ; vous n'aurez pas de peine à abandonner les jactances, les calomnies des autres au mépris qu'elles méritent par elles-mêmes, et plus encore par l'esprit qui les dirige. »

C'était le lendemain du jour où ce témoignage honorable et si bien mérité était rendu à Buonaparte que cent chevaux superbes qu'il envoyait d'Italie au gouvernement, entrèrent dans Paris ; et c'était le 12 qu'un de ses rivaux de gloire, et digne de l'apprécier, écrivait au ministre de la police cette lettre vraiment mémorable, qui n'honorera pas moins le général Hoche, son auteur, que celui qui en était l'objet.

Le général en chef de l'armée des côtes de l'Océan, au ministre de la police générale.

« CITOYEN MINISTRE,

« Des hommes qui, cachés ou ignorés pendant les premières années de la fondation de la république, n'y pensent aujourd'hui que pour trouver les moyens de la détruire, et n'en parlent que pour calomnier ses plus fermes appuis, répandent, depuis quelques jours, les bruits les plus injurieux aux armées et les plus absurdes contre un des officiers généraux qui les commandent. Ne leur est-il donc pas suffisant, pour parvenir à leur but, de correspondre ouvertement avec la horde conspiratrice résidante à Hambourg ? Faut-il, pour obtenir la protection des maîtres qu'ils veulent donner à la France, qu'ils avilissent les chefs des armées, les meilleurs amis du gouvernement ? Pensent-ils que ceux-ci, aussi faibles qu'au temps *passé*, se laissent injurier sans oser répondre, accuser sans pouvoir se justifier, et attaquer sans se défendre ? Pensent-ils que le gouvernement ignore les motifs de leurs clameurs, qu'il se laisse abuser par leurs mensonges ?

« Pourquoi donc Buonaparte se trouve-t-il être l'objet de la *fureur* de ces *messieurs* ? Est-ce parce qu'il a battu leurs amis et eux-mêmes en vendémiaire ? est-ce parce qu'il dissout les armées des rois, et qu'il fournit à la république les moyens de terminer glorieusement cette honorable guerre ? Ah ! brave jeune homme, quel est le militaire républicain qui ne brûle du desir de t'imiter ? Courage, courage, Buonaparte ! conduis à Naples, à Vienne, nos armées victorieuses ; réponds à tes ennemis personnels en humiliant les rois, en donnant à nos armes un lustre nouveau : laisse-nous le soin de ta gloire, et compte sur notre reconnaissance. Compte aussi que, fidèles à la constitution, nous la défendrons contre les attaques des ennemis de l'intérieur.

Comme toi, nous marchions contre les royalistes en vendémiaire; l'éloignement seul a empêché tes frères d'armes de toutes les armées de partager tes travaux.

« J'ai ri de pitié en voyant un homme, qui d'ailleurs a beaucoup d'esprit, annoncer des inquiétudes qu'il n'a pas sur les pouvoirs accordés aux généraux français. Vous les connaissez à peu près tous, citoyen ministre : quel est donc celui qui, en admettant même qu'il ait assez de pouvoir sur son armée pour la faire marcher contre le gouvernement; quel est celui, dis-je, qui jamais entreprendrait de le faire, sans être sur-le-champ accablé par ses compagnons? A peine les généraux se connaissent-ils, à peine correspondent-ils ensemble. Leur nombre doit rassurer sur les desseins qu'on prête gratuitement à l'un d'eux. Ignore-t-on ce que peuvent sur les hommes l'envie, l'ambition, la haine, je puis ajouter, je pense, l'amour de la patrie et l'honneur? Rassurez-vous donc, républicains modernes.

« Quelques journalistes ont poussé l'absurdité au point de me faire aller en Italie pour arrêter l'homme que j'estime, et dont le gouvernement a le plus à se louer. On peut assurer qu'au temps où nous vivons peu d'officiers généraux se chargeraient de remplir les fonctions d'un gendarme, bien que beaucoup soient très-disposés à combattre les factions et les factieux, quel que soit au surplus le motif apparent de la révolte.

« Depuis mon séjour à Paris, j'ai vu des hommes de toutes les opinions; j'ai pu en apprécier quelques uns à leur juste valeur. Il en est qui pensent que le gouvernement ne peut marcher sans eux; ils crient pour avoir des places. D'autres, quoique personne ne s'occupe d'eux, croient qu'on a juré leur perte; ils crient pour se faire remarquer et se rendre intéressans. J'avais vu des émigrés, plus Français que royalistes, pleurer de joie au récit de nos victoires; j'ai vu des Parisiens les révoquer en doute. Il m'a semblé qu'un parti audacieux, mais sans moyens, voulait renverser le gouvernement actuel, pour y substituer l'anarchie; qu'un second, plus dangereux, plus adroit, et qui compte des amis partout, tend au même bouleversement, pour redonner à la France la constitution boiteuse de 91, et une guerre civile de trente années; qu'un troisième enfin, s'il sait les mépriser et prendre sur eux l'empire que lui donnent les lois, s'il veut démasquer publiquement l'odieux royaliste qui le flagorne pour le perdre, et contenir le turbulent révolutionnaire, vaincra les deux autres, parce qu'il est composé de républicains vrais, laborieux et probes, dont les moyens sont les vertus et les talens, et qu'il compte au nombre de ses partisans tous les bons citoyens et les armées, qui n'auront sans doute pas vaincu depuis cinq ans pour laisser asservir la patrie. »

L'inquiétude en France sur le sort de l'armée d'Italie était grande; mais la confiance dans les talens de son général l'était encore davantage, et elle ne fut point trompée. Le billet suivant, adressé le 13 thermidor au directoire, rassura les républicains et consterna les factieux.

« Nous avons essuyé des revers, citoyens directeurs : mais déja la victoire commence à revenir sous nos drapeaux. Si l'ennemi nous a surpris le poste de Salo, et a eu le bonheur de nous enlever celui de la Corona, nous venons de le battre à Lonado, et de lui reprendre Salo. Je vous envoie un de mes aides-de-camp qui pourra vous donner de bouche des renseignemens plus détaillés. Je vous enverrai demain une relation de tout ce qui s'est passé pendant ces six jours.

« Vous pouvez compter sur le courage et la confiance de la brave armée d'Italie, et sur notre ferme résolution de vaincre. C'est dans cette circonstance critique et difficile que j'ai eu lieu d'admirer le courage et l'entier dévouement de l'armée à la gloire nationale. »

Ce billet n'était que le prélude des détails intéressans consignés dans sa dépêche du 19, où il rend compte des

DE BUONAPARTE.

COMBATS DE SALO ET LONADO,

ET

BATAILLE DE CASTIGLIONE.

« Les évènemens militaires se sont succédé avec une telle rapidité depuis le 11, qu'il m'a été impossible de vous en rendre compte plutôt.

« Depuis plusieurs jours, les vingt mille hommes de renfort que l'armée autrichienne du Rhin avait envoyés à l'armée d'Italie, étaient arrivés ; ce qui, joint aux nombreuses recrues et à un nombre très-considérable de bataillons venus de l'intérieur de l'Autriche, rendait cette armée extrêmement redoutable. L'opinion assez générale était répandue que bientôt les Autrichiens seraient dans Milan. Le 11, à trois heures du matin, la division du général Massena est attaquée avec des forces très-nombreuses : elle est obligée de céder l'intéressant poste de la Corona. Au même instant, une division de quinze mille Autrichiens surprend la division du général Soret à Salo, et s'empare de ce poste essentiel. Le général de brigade Guieux, avec six cents hommes de la quinzième demi-brigade d'infanterie légère, se renferme dans une grande maison de Salo, et là brave tous les efforts de l'ennemi, qui le cernait de tous côtés. Le général de brigade Rusca a été blessé.

« Tandis qu'une partie de cette division cernait le général Guieux à Salo, une autre partie descendit sur Brescia, surprit les Français qui s'y trouvaient, fit prisonniers quatre compagnies que j'y avais laissées, quatre-vingts hommes du 25ᵉ régiment de chasseurs, deux généraux, et quelques officiers supérieurs qui étaient restés malades.

« La division du général Soret, qui aurait dû couvrir Brescia, fit sa retraite sur Desenzano. Dans cette circonstance difficile, percé par une armée nombreuse, que ces avantages devaient nécessairement enhardir, je sentis qu'il fallait adopter un plan vaste. L'ennemi, en descendant du Tyrol par Brescia et l'Adige, me mettait au milieu. Si l'armée républicaine était trop faible pour faire face aux deux divisions de l'ennemi, elle pouvait battre chacune d'elles séparément, et par ma position je me trouvais entre elles. Il m'était donc possible, en rétrogradant rapidement, d'envelopper la division ennemie descendue à Brescia, la prendre prisonnière, ou la battre complètement, et de là revenir sur le Mincio, attaquer Wurmser, et l'obliger à repasser dans le Tyrol : mais, pour exécuter ce projet, il fallait dans vingt-quatre heures lever le siège de Mantoue, qui était sur le point d'être prise, car il n'y avait pas moyen de retarder six heures; il fallait, pour l'exécution de ce projet, repasser sur-le-champ le Mincio, et ne pas donner le temps aux deux divisions ennemies de m'envelopper. La fortune a souri à ce projet, et le combat de Desenzano, les deux combats de Salo, la bataille de Lonado, celle de Castiglione, en sont les résultats.

« Le 12 au soir, toutes les divisions se mirent en marche sur Brescia; cependant la division autrichienne qui s'était emparée de Brescia était déja arrivée à Lonado.

« Le 13, j'ordonnai au général Soret de se rendre à Salo pour délivrer le général Guieux, et au général Dallemagne d'attaquer et reprendre Lonado, à quelque prix que ce fût. Soret réussit complètement à délivrer le général Guieux à Salo, après avoir bien battu l'ennemi, lui avoir pris deux drapeaux, deux pièces de canon et deux cents prisonniers. Le général Guieux et les troupes sous ses ordres sont restés quarante-huit heures sans pain, toujours se battant contre les ennemis.

« Le général Dallemagne n'eut pas le temps d'attaquer les ennemis; il fut attaqué lui-même. Un combat des plus opiniâtres, long-temps indécis, s'engagea : mais j'étais tranquille, la brave 32ᵉ demi-brigade était là. Effectivement, l'ennemi fut complètement battu; il laissa six cents morts sur le champ de bataille, et six cents prisonniers.

« Le 14 à midi, Augereau entra dans Brescia; nous y trouvâmes tous nos magasins, que l'ennemi n'avait pas eu le temps de prendre, et les malades, qu'il n'avait pas eu le temps d'évacuer.

« Le 15, la division du général Augereau retourna à Monte-Chiaro. Massena prit position à Lonado et à Ponte-San-Marco. J'avais laissé à Castiglione le général Valette, avec dix-huit cents hommes : il devait défendre cette position importante, et par là tenir toujours la division du général Wurmser loin de moi. Cependant, le 15 au soir, le général Valette abandonna ce village avec la moitié de ses troupes seulement, et vint à Monte-Chiaro porter l'alarme, en annonçant que le reste de sa troupe était prisonnière. Mais, abandonnés de leur général, ces braves gens trouvèrent des ressources dans leur courage, et opérèrent leur retraite sur Ponte-San-Marco. J'ai sur-le-champ et devant sa troupe suspendu de ses fonctions ce général, qui déja avait montré très-peu de courage à l'attaque de la Corona.

« Le général Soret avait abandonné Salo. J'ordonnai au brave général Guieux d'aller reprendre ce poste essentiel.

« Le 16, à la pointe du jour, nous nous trouvâmes en présence : le général Guieux, qui était à notre gauche, devait attaquer Salo; le général Massena était au centre, et devait attaquer Lonado; le général Augereau, qui était à la droite, devait attaquer par Castiglione. L'ennemi, au lieu d'être attaqué, attaqua l'avant-garde de Massena, qui était à Lonado. Déja elle était enveloppée, et le général Pigeon prisonnier; l'ennemi nous avait enlevé trois pièces d'artillerie à cheval : je fis aussitôt former la 18 demi-brigade et la 32e en colonne serrée, par bataillon; et pendant le temps qu'au pas de charge nous cherchions à percer l'ennemi, celui-ci s'étendait davantage pour nous envelopper. Sa manœuvre me parut un sûr garant de la victoire. Massena envoya seulement quelques tirailleurs sur les ailes des ennemis pour retarder leur marche. La première colonne arrivée à Lonado força les ennemis. Le 15ᵉ régiment de dragons chargea les houlans et reprit nos pièces. Dans un instant l'ennemi se trouva éparpillé et disséminé : il voulait opérer sa retraite sur le Mincio. J'ordonnai à mon aide-de-camp chef de brigade Junot de se mettre à la tête de ma compagnie des guides, de poursuivre l'ennemi, de le gagner de vitesse à Desenzano, et de l'obliger par là de se retirer sur Salo. Arrivé à Desenzano, il rencontra le colonel Bender avec une partie de son régiment de houlans, qu'il chargea. Mais Junot, ne voulant pas s'amuser à charger la queue, fit un détour par la droite, prit en front le régiment, blessa le colonel, qu'il voulait prendre prisonnier, lorsqu'il fut lui-même entouré ; et après en avoir tué six de sa propre main, il fut culbuté, renversé dans un fossé, et blessé de six coups de sabre, dont on me fait espérer qu'aucun ne sera mortel. L'ennemi opérait sa retraite sur Salo. Salo se trouvant à nous, cette division, errante dans les montagnes, a été presque toute prisonnière. Pendant ce temps-là Augereau marchait sur Castiglione, s'emparait de ce village ; toute la journée, il livra et soutint des combats opiniâtres contre des forces doubles des siennes. Artillerie, infanterie, cavalerie, tout a parfaitement fait son devoir ; et l'ennemi, dans cette journée mémorable, a été complètement battu de tous les côtés. Il a perdu dans cette journée vingt pièces de canon, deux à trois mille hommes tués ou blessés, et quatre mille prisonniers, parmi lesquels trois généraux. Nous avons perdu le général Bayrand. Cette perte, très-sensible à l'armée, l'a été plus particulièrement pour moi : je faisais le plus grand cas des qualités guerrières et morales de ce brave homme. Le chef de la quatrième demi-brigade d'infanterie Pouraillier, le chef de brigade du premier régiment d'hussards Bougon, le chef de brigade du vingt-deuxième régiment de chasseurs Marmet, ont également été tués. La quatrième demi-brigade, à la tête de laquelle a chargé l'adjudant-général Verdière, s'est comblée de gloire.

« Le général Dammartin, commandant l'artillerie légère, a montré autant de courage que de talens.

« Le 17, j'avais ordonné au général Despinoy de pénétrer dans le Tyrol par le chemin de Chiusa : il devait avant culbuter cinq à six mille ennemis qui se trouvaient à Gavardo. L'adjudant-général Herbin eut de grands succès, culbuta deux bataillons ennemis qui se trouvaient sur son passage, arriva jusqu'à Saint-Ozeto. Le général Dallemagne, à la tête d'un bataillon de la onzième demi-brigade, marcha sur Gavardo, culbuta les ennemis, en fit un grand nombre prisonniers; mais, n'ayant pas été soutenu par le reste de la division, il fut entouré, et ne put opérer sa retraite qu'en se faisant jour au travers des ennemis.

« J'envoyai le général Saint-Hilaire à Salo, pour se concerter avec le général Guieux, et attaquer la colonne ennemie qui était à Gavardo, pour avoir le chemin du Tyrol libre. Après une fusillade assez vive, nous défîmes les ennemis, et nous leur fîmes dix-huit cents prisonniers.

« Pendant toute la journée du 17, Wurmser s'occupa à rassembler les débris de son armée, à faire arriver sa réserve, à tirer de Mantoue tout ce qui était disponible, à les ranger en bataille dans la plaine, entre le village de Scanello, où il appuya sa droite, et la Chiesa, où il appuya sa gauche. Le sort de l'Italie n'était pas encore décidé. Il réunit un corps de vingt-cinq mille hommes, une cavalerie nombreuse, et sentit pouvoir encore balancer le destin. De mon côté, je donnai des ordres pour réunir toutes les colonnes de l'armée. Je me rendis moi-même à Lonado pour voir les troupes que je pouvais en tirer; mais quelle fut ma surprise en entrant dans cette place d'y recevoir un parlementaire, qui sommait le commandant à Lonado de se rendre, parce que, disait-il, il était cerné de tous côtés ! Effectivement les différentes vedettes de cavalerie m'annonçaient que différentes colonnes touchaient nos grand'gardes, et que déjà la route de Brescia à Lonado était interceptée au pont San-Marco. Je sentis alors que ce ne pouvait être que les débris de la division coupée qui, après avoir erré et s'être réunis, cherchaient à se faire passage. La circonstance était assez embarrassante : je n'avais à Lonado qu'à peu près douze cents hommes. Je fis venir le parlementaire, je lui fis débander les yeux : je lui dis que si son général avait la présomption de prendre le général en chef de l'armée d'Italie, il n'avait qu'à avancer ; qu'il devait savoir que j'étais à Lonado, puisque tout le monde savait que l'armée républicaine y était ; que tous les officiers-généraux et officiers supérieurs de la division seraient responsables de l'insulte personnelle qu'il m'avait faite : je lui déclarai que si sous huit minutes sa division n'avait pas posé les armes, je ne ferais grace à aucun. Le parlementaire parut fort étonné de me trouver là, et, un instant après, toute cette colonne posa les armes. Elle était forte de quatre mille hommes, deux pièces de canon, et cinquante hommes de cavalerie : elle venait de Gavardo, et cherchait une issue pour se sauver ; n'ayant pas pu se faire jour le matin par Salo, elle cherchait à se le faire par Lonado.

« Le 18, à la pointe du jour, nous nous trouvâmes en présence : cependant il était six heures du matin, et rien ne bougeait encore. Je fis faire un mouvement rétrograde à toute l'armée pour attirer l'ennemi à nous, dans le temps que la division du général Serrurier, que j'attendais à chaque instant, venait de Marcaria, et dès lors tournait toute la gauche de Wurmser. Ce mouvement eut en partie l'effet qu'on en attendait. Wurmser se prolongeait sur sa droite pour observer nos derrières. Dès l'instant que nous apperçûmes la division du général Serrurier, commandée par le général Fiorella, qui attaquait la gauche, j'ordonnai à l'adjudant-général Verdière d'attaquer une redoute qu'avaient faite les ennemis dans le milieu de la plaine pour soutenir leur gauche. Je chargeai mon aide-de-camp chef de bataillon Marmont de diriger vingt pièces d'artillerie légère, et d'obliger, par ce seul feu, l'ennemi à nous abandonner ce poste intéressant. Après une vive canonnade, la gauche de l'ennemi se mit en pleine retraite.

« Augereau attaqua le centre de l'ennemi, appuyé à la tour de Scanello : Massena attaqua la droite. L'adjudant-général Leclerc, à la tête de la cinquième demi-brigade, marcha au secours de la quatrième demi-brigade.

« Toute la cavalerie aux ordres du général Beaumont marcha sur la droite, pour soutenir l'artillerie légère et l'infanterie. Nous fûmes par-tout victorieux, par-tout nous obtînmes les succès les plus complets. Nous avons pris à l'ennemi dix-huit pièces de canon, cent vingt caissons de munitions. Sa perte va à deux mille hommes, tant tués que prisonniers : il a été dans une déroute complète, mais nos troupes, harassées de fatigues, n'ont pu les poursuivre que l'espace de trois lieues. L'adjudant-général Frontin a été tué : ce brave homme est mort en face de l'ennemi.

« Voilà donc, en cinq jours, une autre campagne finie. Wurmser a perdu, dans ces cinq jours, soixante et dix pièces de canons de campagne, tous ses caissons d'infanterie, douze à quinze mille prisonniers, six mille hommes tués ou blessés, et presque tous des troupes venant du Rhin. Indépendamment de cela, une grande partie est encore éparpillée, et nous les ramassons en poursuivant l'ennemi. Tous les soldats, officiers et généraux, ont déployé, dans cette circonstance difficile, un grand caractère de bravoure. Je vous demande le grade de général de brigade pour les adjudans généraux Verdière et Vignole : le premier a contribué au succès d'une manière distinguée ; il a eu, à la bataille de Castiglione, un cheval tué sous lui : le second, qui est le plus ancien adjudant-général de l'armée, joint à un courage sûr des talens et une activité rares. Je vous demande le grade de chef de bataillon pour l'adjoint Ballet, celui de général de division pour le général de brigade Dallemagne, celui de chef de brigade d'artillerie pour le citoyen Songis, chef de bataillon. »

Lettre du secrétaire du général en chef de l'armée d'Italie, aux citoyens Salicetti et Garrau, commissaires du gouvernement près la même armée, par ordre du citoyen Buonaparte, général en chef de l'armée d'Italie.

Au quartier-général de Castiglione, le 18 thermidor, an 4.

« Le général en chef me charge, citoyens commissaires, de vous donner des nouvelles de l'armée : ses occupations et son extrême fatigue (il n'a pas dormi depuis le 11, et il ne s'est pas encore débotté) l'empêchent de vous les donner lui-même.

« Le 15 au matin, la division du général Augereau s'est battue, près de Castiglione, pendant plus de huit heures : la fusillade a été très-vive et terrible ; l'ennemi la soutenait avec la plus grande opiniâtreté. Il a été repoussé jusques sur les dernières montagnes près de Castiglione : la nuit n'a pas permis à nos braves soldats de le pousser plus loin. Nous avons fait à l'ennemi, dans cette journée, quatre mille prisonniers, tué un grand nombre, et pris plusieurs pièces de canon. Le général Bayrand et le chef de brigade Pouraillier sont morts dans cette journée.

« Le 17, après plusieurs affaires du côté de Salo, où nous avons dégagé le général Dallemagne et le général Guieux, l'ennemi se trouvait dans les montagnes, du côté de Lonado, en nombre de quatre mille hommes. Cette colonne, commandée par trois généraux, vient à Lonado, somme nos troupes de se rendre et de capituler : le général en chef arrive à l'instant, trouve fort extraordinaire un pareil parlementaire, le renvoie, et somme la colonne ennemie de se rendre, sans quoi il les faisait tous fusiller. Ils demandèrent quelques heures de délai ; le général leur accorde huit minutes : ils se sont rendus, sans tirer un coup de feu, avec leurs armes, leurs pièces et les bagages.

« La journée d'aujourd'hui 18 a été plus heureuse encore que toutes les précédentes. Nous avons attaqué les hauteurs de Castiglione : l'ennemi, qui était sur une hauteur un peu éloignée, où il s'était fortifié par des ouvrages, des canons, est venu nous attaquer; il a été repoussé, s'est retiré sur la hauteur, où il a fait un feu terrible, qui n'a duré que quelques instans : mais, peu de temps après, ses postes les plus forts ont été enlevés, ainsi que les canons, par nos braves soldats, qui l'ont mis en pleine déroute.

« L'ennemi a eu un nombre considérable de tués et de blessés. Nous lui avons fait quatre mille prisonniers. Le général Despinoy, qui les poursuit, ramasse beaucoup d'hommes sur les derrières de l'ennemi.

« Sur la gauche de Castiglione, l'ennemi a été également bien battu; et Wurmser, qui y commandait en personne, a été obligé de repasser bien vite le Mincio.

« L'ennemi a perdu, dans ces derniers jours, plus de vingt mille hommes, dont quatorze à quinze mille prisonniers, soixante et dix pièces de canon, et plusieurs escadrons de cavalerie.

« Voilà donc le sort de l'Italie décidé; et ces succès fermeront pour long-temps la bouche aux malveillans, qui ne cessaient d'exagérer nos revers, et de porter par-tout l'alarme : vous voyez qu'ils sont réparés avec usure.

« Vous pouvez annoncer ces succès à Rome, à Livourne, à Bologne, en France, et où vous avez annoncé la dernière dépêche que le général vous a envoyée.

« Junot, qui arrivera à Milan quelques heures après cette lettre, a reçu six coups de sabre, trois sur la tête et trois sur les bras : ces blessures, quoique graves, ne sont pas dangereuses. »

Si le général de l'armée d'Italie n'avait pas, dans sa relation de ces étonnantes actions, passé légèrement sur quelques circonstances, nous nous bornerions à le citer; mais l'histoire réclamera un jour les détails, et nous croyons ne pas devoir les lui faire perdre. Ils seraient précieux s'ils étaient toujours tracés par une main aussi sûre et aussi habile que celle du général Berthier, son chef d'état-major, qui, écrivant au commissaire Salicetti, pouvait lui tout dire.

« Depuis le 11, il s'est passé bien des évènemens à l'armée d'Italie.

« Par le dernier courier, je vous ai fait connaître la position de l'armée pour couvrir le siège de Mantoue, occupant depuis le lac d'Ysco, Salo, Monte-Balbo et l'Adige, jusqu'à Porto-Legnago et Labadio.

« L'ennemi, rassemblé à Trente et Roveredo, a menacé de se porter également sur tous les points de la ligne; mais, le 11, il nous attaqua, avec la presque totalité de ses forces, à Salo et à Corona, entre le lac de Garda et l'Adige. Le poste de Salo fut le premier forcé; et la division qui y était, au lieu de faire sa retraite sur Brescia, ainsi que le portait l'instruction, la fit sur Peschiera; ce qui laissait à l'ennemi l'entrée sur nos derrières. Le général Guieux, avec un bataillon, se trouvant cerné par l'ennemi, se retrancha dans un château, d'où il promit de se défendre jusqu'à la dernière extrémité, quoiqu'il n'y eût point de vivres.

« La division de Corona soutint l'attaque toute la journée; mais elle devait céder au nombre, après le combat le plus opiniâtre.

« L'ennemi se trouvant maître des hauteurs, et à la gauche de l'Adige, nous ne pouvions plus tenir Vérone ni Porto-Legnago sans exposer les troupes qui y étaient à se trouver enveloppées.

« Le général en chef ordonna que les troupes se reploieraient, et il rassembla toutes ses forces sur Roverbella, pour soutenir le siège de Mantoue. L'ennemi, enhardi par la supériorité du nombre et par ses succès, avança pour nous livrer un second combat; et le général en chef se préparait à marcher au devant, lorsqu'il apprit que la colonne qui avait forcé Salo s'était portée sur Brescia, dont elle s'était emparée, avait pris nos malades, et quatre compagnies de la vingt-cinquième demi-brigade; que des partis de hulans étaient sur tous nos derrières, et poussaient sur la route de Milan.

« Dans cette situation critique, il fallait prendre un grand parti. Nous apprîmes que l'ennemi était à Lonado, et marchait pour nous prendre par derrière. Le général en chef prit alors un parti décisif; il abandonna le projet de risquer le sort d'une bataille qui n'aurait eu d'autre but que de couvrir le siège de Mantoue. Il détacha deux demi brigades pour aller renforcer la division reployée de Salo, attaqua l'ennemi à Lonado, en même temps que la moitié de cette division rattaquait Salo, pour tenter d'y délivrer le général Guieux et le bataillon qui était à ses ordres, et bloqué.

« Pendant ce temps, l'armée se reploya sur Roverbella pour protéger la levée du siège, qui se fit dans la nuit, de manière qu'au jour toute l'armée était de l'autre côté du Mincio, une division à Bozolo, le reste sur Monte-Chiaro. Dans la nuit, nous apprîmes que le corps ennemi de Lonado avait été battu par nos troupes; que Salo était repris; que le général Guieux et sa troupe avaient été délivrés; que nous avions fait trois cents prisonniers, pris deux drapeaux; mais que, l'ennemi ayant reparu en forces, nos troupes avaient abandonné une seconde fois Salo.

« Notre position devenait plus critique; toute l'armée ennemie nous poursuivait, et le corps qui avait descendu sur Brescia venait à notre rencontre.

« Que faire? gagner une marche à l'ennemi qui nous poursuivait, fondre sur le corps de Brescia, reprendre cette place, poursuivre l'ennemi dans la montagne, faire en même temps rattaquer Salo, et occuper les gorges du Tyrol pour couper le corps ennemi de Brescia; une fois forcé, le retourner, et fondre sur l'armée de Wurmser qui nous poursuivait, la battre : tels ont été les mouvemens et les succès qui ont ajouté de nouveaux lauriers à ceux de l'armée d'Italie.

« Le 14, toute l'armée, excepté la division de Bozolo, qui couvrait la route de Crémone, a marché sur Brescia, qui a été enlevé à l'ennemi, qui a fui dans la montagne, et nous a abandonné nos malades et nos magasins.

« Le 15, nous rassemblons l'armée et la portons en avant. L'ennemi fait marcher un corps considérable à Castiglione, qui était occupé par une demi-brigade que nous y avions laissée, et qui se reploya par la faute du chef. Nous apprenons que toute l'armée de Wurmser passe le Mincio pour nous attaquer.

« Le 16, nous marchons au devant de l'ennemi ; la division du général Augereau l'attaque à Castiglione, où elle lui fait deux mille prisonniers, tue cinq cents hommes, et enlève dix-huit pièces de canon. La division de Massena les rencontra à Lonado : nous commençons par perdre deux pièces d'artillerie, le général Pigeon, avec une partie de la dix-huitième demi-brigade qui formait l'avant-garde, et qui s'était portée avec audace pour s'emparer d'un poste important.

« La division où était le général en chef et moi arrive, rattaque l'ennemi avec fureur, reprend le général Pigeon et sa troupe. L'ennemi est poursuivi sur Desenzano. Le général Massena, avec son activité ordinaire, le cerne, lui coupe la retraite, le rejette sur le lac : alors ce corps désespéré laisse près de deux mille prisonniers, et cinq à six cents hommes tués, sept pièces de canon, et deux généraux.

« Notre colonne sur Salo a attaqué l'ennemi, l'a battu, pris cent cinquante chevaux d'artillerie, cent hulans, dix-huit cents prisonniers.

« Des ordres furent envoyés pour occuper les défilés qui vont de Brescia sur Trente, et couper toute retraite à la division autrichienne de Salo et Gavardo.

« Le 17, nous prîmes position sur la ligne de Lonado et Monte-Chiaro. L'ennemi marche avec toutes ses forces, et prend position en arrière de Castiglione, se prolongeant la droite au Mincio, la gauche vers la Chièse; il rassemble tous ses moyens pour nous livrer bataille : il était important de le prévenir. Le général, sentant qu'il fallait, avant tout, détruire la division de l'ennemi à Salo et Gavardo, se portait sur ces points, lorsqu'il est arrêté à Lonado par un parlementaire qui vient dire que la gauche de notre armée est cernée, que son général fait demander si les Français veulent se rendre. Buonaparte répond : Allez dire à votre général que s'il a voulu insulter l'armée française, je suis ici; que c'est lui-même et son corps qui est prisonnier; qu'il est une des colonnes coupées par nos troupes à Salo, et par le passage de Brescia à Trente; que si dans huit minutes il n'a pas mis bas les armes, que s'il fait tirer un seul coup de fusil, je fais tout fusiller. Débandez, dit-il, les yeux à monsieur; voyez le général Buonaparte, son état-major au milieu de la brave armée républicaine; dites à votre général qu'il peut faire une bonne prise : allez. — On redemande à parlementer. Pendant ce temps, tout se dispose pour l'attaque; le chef de la colonne ennemie demande à être entendu; il propose de se rendre, il veut capituler. — Non, répond le général : vous êtes prisonniers de guerre. — Ils veulent demander à se consulter. — Le général me donne ordre de faire avancer les grenadiers, l'artillerie légère, et d'attaquer. Il quitte le général ennemi, qui aussitôt crie : Nous sommes tous rendus.

« Trois bataillons autrichiens, forts de quatre mille hommes, vingt hulans, quatre pièces de canon, trois drapeaux, rangés en bataille, déposent les armes, et sont aussitôt mis en route pour les dépôts.

« Certain que tous les corps ennemis de Gavardo et Salo étaient détruits, le général en chef ordonne un mouvement général sur Castiglione de Stivère : on marche pendant la nuit; au jour presque toute l'armée se trouve en présence de l'armée de Wurmser, forte de vingt-cinq mille hommes. La colonne du général Serrurier a ordre de marcher sur

Castiglione ; sa position la dirigeait sur les derrières de la ligne ennemie. Tout est combiné pour qu'elle se trouve près de l'ennemi au moment où nous devons l'attaquer. L'ennemi avait une ligne formidable et beaucoup d'artillerie. Il est incertain s'il nous attaque. Le général en chef le prévient : la division de droite, notre cavalerie, et dix-huit pièces d'artillerie légère, attaquent sa gauche, dans le moment où la colonne de Serrurier arrive sur les derrières ; dans le même moment notre centre et notre gauche marchent sur un déploiement de plus d'une lieue et demie ; les avant postes de l'ennemi sont culbutés. Du moment où il apperçoit la colonne du général Serrurier le prendre à revers, il ordonne la retraite ; nous le poursuivons jusqu'au Mincio : on lui a fait huit cents prisonniers, pris quinze pièces de canon et cent vingt caissons de munitions.

« Aujourd'hui 19, une de nos colonnes se porte sur le Mincio; une division le passe à Peschiera. J'espère que Wurmser n'aura rien à reprocher à Beaulieu.

« Depuis huit jours nous sommes à cheval; nos chevaux sont tués de fatigue, et nous excédés au physique, mais tout frais au moral. Nous ne donnerons du repos à l'ennemi qu'après l'avoir détruit. Adieu ; je monte à cheval. »

Le directoire reçut en outre les informations suivantes de son commissaire Salicetti.

« Le général en chef vous rend compte en détail des évènemens militaires qui se sont passés à l'armée d'Italie depuis le 11 du courant. Je me suis trouvé à Milan, où ma présence a été de quelque utilité, pendant le temps que des lâches ou des malveillans sonnaient par-tout le tocsin de l'alarme. S'il m'est impossible de vous informer avec exactitude des circonstances qui ont accompagné les exploits militaires qui rendent éternelle la gloire de l'armée d'Italie et de son général, je puis au moins vous assurer que les résultats sont tels, que pour en trouver de semblables il faut remonter aux batailles d'Annibal.

« Le général Buonaparte, pour tirer l'armée qu'il commande de la position critique où le hasard l'avait placée un instant, a réuni, par la levée du siége de Mantoue, toutes ses divisions, et, pendant trois jours consécutifs, a livré aux ennemis, qu'il a pour ainsi dire trouvés divisés en deux armées, les combats les plus vifs. Il en est résulté que l'armée de Wurmser a été traitée encore plus mal que celle de Beaulieu. On lui a fait douze mille prisonniers, tué ou blessé huit mille hommes, pris cent caissons, quarante pièces de campagne et cinq drapeaux.

« Il m'est bien doux, citoyens directeurs, d'avoir à vous rendre compte de la bonne conduite du peuple et de la municipalité de Milan. Lorsqu'on cherchait à semer l'épouvante sur la prochaine arrivée des Autrichiens, la municipalité et une partie des patriotes se sont présentés chez le commissaire du gouvernement pour demander des armes, annonçant la ferme résolution où ils étaient de suivre le sort des Français. Quoique sans nouvelle de l'armée pendant trois ou quatre jours, la tranquillité publique n'a été dans cette ville ni troublée ni menacée un seul instant. »

COMBAT DE PESCHIERA.

« Le 19 au matin, l'ennemi tenait la ligne du Mincio, sa droite appuyée à son camp retranché à Peschiera, sa gauche à Mantoue, et son centre à Valeggio. Augereau se porta à Borghetto, et engagea une vive canonnade avec l'ennemi. Pendant ce temps-là Massena se porta à Peschiera, attaqua l'ennemi dans le camp retranché qu'il avait fait devant cette place, le mit en déroute, lui prit douze pièces de canon, et lui fit sept cents prisonniers. Le résultat de ce combat a été d'obliger l'ennemi à lever le siége de Peschiera, et à quitter la ligne du Mincio.

« Dans la journée du 20, Augereau passa le Mincio à

Peschiera. La division du général Serrurier se porta sur Vérone, où elle arriva à dix heures du soir, dans le temps que la division du général Massena avait repris ses anciennes positions, fait quatre cents prisonniers, et pris sept pièces de canon. L'arrière-garde ennemie était encore dans Vérone; les portes étaient fermées, et les ponts-levis levés. Le providiteur de la république de Venise, sommé de les ouvrir, déclara qu'il ne le pouvait pas de deux heures. J'ordonnai aussitôt que l'on ouvrît les portes à coups de canon; ce que le général Dammartin fit exécuter en moins d'un quart d'heure. Nous y avons trouvé différens bagages, et fait quelques centaines de prisonniers.

« Nous voilà donc retournés dans nos anciennes positions; l'ennemi fuit au loin dans le Tyrol. Les secours que vous m'avez annoncés venant de l'armée des côtes de l'Océan, commencent à arriver, et tout est ici dans la situation la plus satisfaisante.

« L'armée autrichienne, qui depuis six semaines menaçait d'invasion l'Italie, a disparu comme un songe, et l'Italie, qu'elle menaçait, est aujourd'hui tranquille.

« Les peuples de Bologne, de Ferrare, mais sur-tout celui de Milan, ont, pendant notre retraite, montré le plus grand courage et le plus grand attachement à la liberté. A Milan, tandis que l'on disait que les ennemis étaient à Cassano, et que nous étions en déroute, le peuple demandait des armes, et l'on entendait dans les rues, sur les places, et dans les spectacles, l'air martial : *Allons, enfans de la patrie.*

« Le général de brigade Victor, à la tête de la dix-huitième demi-brigade, a montré la plus grande bravoure au combat de Peschiera. »

Mantoue se trouvait débloquée depuis le 12 thermidor; sa garnison avait pu renverser les travaux de l'attaque des Français, faire entrer dans la place cent quarante pièces de siège qu'ils avaient laissées dans leurs tranchées, et se pourvoir de vivres pour un long temps : mais ces moyens de résistance qu'elle acquérait avaient coûté bien cher à la puissante armée qui avait tenté infructueusement de la délivrer.

— A la nouvelle des succès momentanés des Autrichiens, leurs partisans, qui ne doutaient plus que la victoire n'eût irrévocablement abandonné les drapeaux républicains, s'empressèrent de seconder de tous leurs moyens des événemens dont ils espéraient qu'une contre-révolution complète serait la suite. Dans les villes, dans les campagnes, leurs émissaires se montrèrent chargés de fausses nouvelles et des écrits les plus propres à fanatiser le peuple, et à le rendre l'instrument et même le provocateur des vengeances les plus atroces, et les répandirent avec profusion. Parmi ces écrits, on distingua les lettres d'un dominicain, adressées à une religieuse, dans lesquelles on retrouve la doctrine sanguinaire de la sainte inquisition. Ils parvinrent à produire quelque agitation, et à former quelques rassemblemens, particulièrement à Crémone, à Casal-Maggiore, et à deux villages des environs de cette dernière ville. A Crémone, après la surprise de Brescia, on proposa de garder l'arbre de la liberté pour y pendre ceux qui l'avaient planté et *solemnisé*; des listes de proscription qui désignaient les victimes dont le sang devait célébrer l'arrivée des Autrichiens, circulèrent; ceux qui ne quittèrent point la cocarde furent maltraités; les patriotes qui cherchaient à se sauver furent poursuivis jusqu'au Pô.

A Casal Maggiore, le commandant allant s'embarquer est insulté, et l'on entend en même temps des coups de fusil; on s'oppose avec violence à son embarquement : pour échapper, il s'élance dans le fleuve, et y trouve la mort. Sa fille et sa femme l'imitèrent; mais des patriotes parvinrent à les sauver.

Cependant il paraît que les agitateurs n'avaient rassemblé qu'un petit nombre de ces brigands, qui par-tout se rallient au cri du désordre et du carnage. Le peuple en général, ami des Français, ne s'est point montré disposé à partager les fureurs des amis de l'Autriche. Mais quelques jours de plus d'incertitude sur la fortune de l'armée française auraient peut-être suffi pour pervertir ses dispositions, et étendre au loin les mouvemens séditieux.

— Le pape, qui ne compte pas parmi ses vertus la prudence et la modération, s'est distingué dans plusieurs circonstances par des actes d'obstination et d'emportement qui n'ont pas amélioré les affaires du saint siège. Tel est l'envoi précipité, au moment où l'on apprit à Rome la levée du siège de Mantoue, d'un vice-légat pour reprendre possession de Ferrare, malgré les représentations du chevalier Azzara, qui désapprouvait hautement cette démarche, et déclarait qu'elle était contraire au traité d'armistice.

Ce fut le 31 juillet (vieux style) que la garnison française, qui était dans la citadelle de cette ville, en sortit tout-à-coup, après avoir encloué ses canons, et jeté dans le fleuve les munitions qu'elle ne put emporter. On sut que les Français avaient essuyé quelque échec qui les obligeait de réunir toutes leurs forces. Mais ce brusque départ n'occasionna aucun désordre; il ne se manifesta aucun mouvement qui pût faire soupçonner que les Ferrarois, à l'exception des prêtres, eussent le moindre desir de retourner sous leur ancien gouvernement, qui est généralement détesté: la plus parfaite tranquillité s'y maintint jusqu'à l'arrivée du vice-légat, dont on fut aussi surpris que du départ des troupes françaises. On ne s'opposa point à son entrée, qui fut assez modeste; mais ayant replacé sur la porte du palais public les armes papales, la vue de ce monument excita une grande fermentation. La municipalité, la garde nationale, accoururent aussitôt; les armes papales furent de nouveau renversées et remplacées par celles de la république. A la première nouvelle des victoires des Français, le vice-légat a sagement cru devoir terminer sa mission, et repartir pour Rome.

— Le 7 août (vieux style), trois commissaires français étant allés prendre l'air dans le jardin Medicis, où il y avait beaucoup de monde, furent entourés par une foule de curieux, parmi lesquels se trouvèrent des mal-intentionnés qui les insultèrent par des huées et des paroles injurieuses. Dans l'après-dîner du jour suivant, le secrétaire de la commission, et un peintre qui y est aussi attaché, se promenant dans la ville, s'arrêtèrent dans la place Colonne pour regarder la colonne trajane : ils prirent des rassemblemens pour des grouppes de curieux, et continuèrent à observer tranquillement ; mais dans ce moment une troupe d'enfans fit pleuvoir sur eux une grêle de pierres. Ils cherchèrent alors à se sauver en prenant la première rue ; mais ils furent suivis par beaucoup de gens qui criaient : *Tuez-les, ce sont des Français, ce sont des commissaires.* Alors ceux-ci se virent assaillis par une populace furieuse, armée de pierres et de bâtons. L'un des commissaires voyant venir sur lui un homme le couteau à la main, lui présenta un pistolet, et parvint à tenir éloigné l'assassin. Son compagnon, n'ayant pas d'armes pour se défendre, découvrit sa poitrine en disant : *Frappez, mais sachez qu'il est lâche d'attaquer en grand nombre un homme seul et désarmé.* Heureusement pour lui, passa dans ce moment le lieutenant Dandini, qui parvint, avec beaucoup de peine, à conduire les deux Français à l'hôtel du gouverneur. Celui-ci voulait excuser le peuple de Rome, en disant que les nouvelles fâcheuses pour les Français avaient occasionné cette insulte.

Le commissaire demanda au gouverneur s'il croyait que les nouvelles victoires remportées par les Français leur donnaient le droit de ne point observer leurs traités avec le pape. Il fut ensuite reconduit chez lui, mais toujours suivi par la populace, qui lui disait des injures.

Le troisième commissaire, après avoir essuyé de mauvais traitemens, fut sauvé par un particulier, qui rassembla quelques soldats, et l'accompagna jusqu'à l'auberge. Les commissaires assurent que les plus acharnés à les poursuivre étaient des moines et des abbés.

Depuis ce jour-là le gouvernement a fait doubler les patrouilles, sur-tout dans le quartier habité par les Français. On a arrêté plusieurs personnes qui ont eu part à ces désordres, et l'on croit qu'elles seront sévèrement punies.

Le 9, vers midi, arriva un courier expédié par le général Berthier au citoyen Miot, à Florence, et envoyé par celui-ci à Rome au chevalier Azzara : il portait des nouvelles très-favorables aux Français. Mais telle était la prévention générale, que l'on crut que c'était un homme qu'on avait fait arriver des environs de Rome, afin d'empêcher qu'on n'ajoutât foi aux rapports précédens, et que le peuple n'inquiétât les Français.

L'après-dîner il arriva ce qu'on avait prévu : deux Français furent insultés de nouveau. Le ministre Cacault voulait expédier un courier à Paris, pour rendre compte au directoire de ces indignes procédés contre le droit des gens et la parole de sa sainteté; mais le chevalier Azzara le pria instamment de n'en rien faire, et lui promit de mettre tout en usage pour obtenir du pape une juste satisfaction.

Sa sainteté avait de la peine à croire que son peuple fût si insolent, et c'est pour cela qu'il négligeait de prendre les mesures nécessaires pour le contenir. Cependant le secrétaire d'état donna ordre qu'on fît de nombreuses patrouilles près de la maison des commissaires, qui ressembla bientôt à un quartier-général.

Le chevalier Azzara écrivit au pape un billet dans lequel il lui disait qu'il prévenait sa sainteté, pour la dernière fois, que le bien public exigeait le renvoi du fiscal Barberi; que c'était le seul moyen de contenir le peuple; qu'autrement il aurait à craindre les conséquences les plus fâcheuses. Le pape ne répondit rien à ce billet; mais fit dire au cardinal Busca, Milanais, qu'il l'avait fait secrétaire d'état à la place du cardinal Zelada. Il semble que le pape, en choisissant pour ministre un cardinal attaché à l'Espagne, veuille suivre les conseils du chevalier Azzara.

Le ministre Cacault demanda avec beaucoup d'instance que le gouvernement fît punir ceux qui avaient insulté les commissaires français. Le chef de ces brigands, un piqueur du cardinal Altieri, se sauva. Le gouvernement parut décidé à faire condamner à mort le seigneur, et ses complices aux galères, et en même temps à maintenir la rigueur de l'édit publié pour garantir la sûreté des Français.

— On n'avait pas manqué de profiter à Gênes de la levée du siège de Mantoue, et des avantages remportés par les Autrichiens, pour expliquer les nouveaux miracles opérés par la sainte Vierge. C'étaient ces évènemens qu'ils annonçaient : « Le terme des succès des armées républicaines est « enfin arrivé, disait-on ; elles vont être expulsées de l'Italie. « Dieu, qui, en permettant qu'elles y entrassent, ne s'en « était servi que comme d'un moyen pour rappeler les en- « fans de l'Église à la pénitence et aux autres vertus chré- « tiennes, les a proscrites ». Ces discours, dans l'esprit d'une populace fanatique, pouvaient légitimer les plus cruels excès envers les Français, et en faire même une espèce de devoir. On a vu dans la relation précédente qu'ils avaient commencé à produire ce terrible effet.

Ces mouvemens au reste n'avaient pas été généraux : les Italiens amis de l'Autriche eurent à peine le temps de se réjouir des revers de l'armée française, et ceux qui comptaient déjà le nombre de jours qu'il fallait à Wurmser pour arriver à Milan, n'eurent pas même le temps d'achever leurs calculs, et de la joie et des menées qu'ils s'étaient impudemment permises, passèrent subitement à la consternation et à l'obéissance. Leurs compatriotes amis de la France et de la liberté n'avaient point perdu courage, et les Milanais sur-tout, s'étant prononcés courageusement dans ce moment difficile, reçurent la récompense de leur zèle, en lisant cette lettre de Buonaparte à la municipalité de Milan.

« Lorsque l'armée battait en retraite, que les partisans de l'Autriche et les ennemis de la liberté la croyaient perdue sans ressource, lorsqu'il était impossible à vous-mêmes de soupçonner que cette retraite n'était qu'une ruse, vous avez montré de l'attachement pour la France, de l'amour pour la liberté ; vous avez déployé un zèle et un caractère qui vous ont mérité l'estime de l'armée, et vous mériteront la protection de la république française.

« Chaque jour votre peuple se rend davantage digne de la liberté ; il acquiert chaque jour de l'énergie ; il paraîtra sans doute un jour avec gloire sur la scène du monde. Recevez le témoignage de ma satisfaction, et du vœu sincère que fait le peuple français pour vous voir libres et heureux. »

L'armée française n'avait pas l'habitude de ne pas suivre vivement ses succès, et l'on s'attendait à la voir inquiéter vigoureusement la retraite de Wurmser. En effet, Buonaparte apprit bientôt au directoire qu'elle continuait sa marche triomphante.

« L'ennemi, après sa retraite, occupait en force la Corona et Montebaldo ; il paraissait vouloir s'y soutenir. Massena y a marché le 24 thermidor, s'est emparé de Montebaldo, de la Corona, de Preabolo, a pris sept pièces de canon, et fait quatre cents prisonniers. Il se loue beaucoup de la dix-huitième demi-brigade d'infanterie légère, de son aide-de-camp Rey, et de son adjudant-général Chabran.

« Le 25, j'ai ordonné au général Soret et au général de brigade Saint-Hilaire de se rendre à la Roque d'Anfonce, où l'ennemi paraissait vouloir tenir. Cette opération a réussi ; nous avons forcé la Roque d'Anfonce, rencontré l'ennemi à Lodron : après un léger combat, nous avons pris les bagages, six pièces de canon, et onze cents prisonniers.

« Augereau a passé l'Adige, a poussé l'ennemi sur Roveredo, et a fait quelques centaines de prisonniers.

« L'ennemi a dans Mantoue quatre mille malades. »

Wurmser, dès le 2 fructidor, avait porté son quartier-
général deux lieues au-delà de Trente, après avoir brûlé une
partie de la flotille qu'il avait établie sur le lac de Garda,
et évacué Riva. Cette fuite rapide de l'armée autrichienne
donna le temps aux Français de remettre de l'ordre et de
l'ensemble dans les divisions de leur armée, et d'échanger
le petit nombre de prisonniers que les succès éphémères
de leurs ennemis leur avaient procurés, et qui montaient
à deux mille trois cents individus dont ils se trouvèrent
bientôt renforcés. Le blocus de Mantoue recommença après
quelques combats, dont Buonaparte informait le directoire,
de son quartier-général de Milan, le 9 fructidor.

« La division du général Sahuguet bloque Mantoue.

« Le 7, à trois heures du matin, nous avons à la fois attaqué le pont de Governolo et Borgoforte, pour faire rentrer
la garnison dans ses murs. Après une vive canonnade, le
général Sahuguet, *en personne*, s'est emparé du pont de
Governolo, dans le temps que le général Dallemagne s'emparait de Borgoforte. L'ennemi a perdu cinq cents hommes
tués, blessés ou prisonniers. La douzième demi-brigade et
le citoyen Lahos se sont distingués.

« Nos demi-galères sont sorties de Peschiera, où elles ont
pris dix grosses barques et deux pièces de canon apparte-
nantes aux ennemis.

« Tout est ici dans une position satisfaisante. »

Dans sa séance publique du 10 du même mois, le directoire reçut les drapeaux enlevés par l'armée d'Italie. Le citoyen Dutaillis, aide-de-camp du général divisionnaire
Berthier, chargé de les présenter, prononça le discours
suivant :

« CITOYENS DIRECTEURS,

« Vous voyez les étendards arrachés aux ennemis par les républicains en Italie.

« Les Autrichiens, après avoir reçu des renforts considérables, attaquèrent quelques-uns de nos postes, et s'en emparèrent : fiers de ces premières tentatives, ils annoncent à toute l'Italie que bientôt on n'y comptera plus un seul républicain ; mais quatre jours seulement ils connurent les succès. Les Français réunis attaquent à leur tour cette armée un instant victorieuse, formidable par le nombre, et dernier espoir de l'Autriche. En quatre autres jours elle est entièrement défaite, toute son artillerie perdue ; et Wurmser, ainsi que Beaulieu, trouva en Italie les braves qui en 1792 les défirent tous deux à Jemmappe.

« Ces succès, éternellement glorieux, sont dus à la bravoure et à l'intrépidité de nos soldats, et aussi aux savantes dispositions et à l'infatigable activité de leur jeune général ; nuit et jour à leur tête, partageant leurs dangers, leurs fatigues, leurs privations, il conduit leurs attaques, dirige leur courage, et leur ouvre par-tout le chemin de la victoire.

« Citoyens directeurs, nous avons à regretter la perte de braves et intrépides camarades ; mais ils sont morts dignes de la cause sacrée qu'ils défendaient. J'en ai vu au lit d'honneur, sur le champ de bataille, blessés à mort et près d'expirer, arrêter le dernier soupir pour crier à leurs camarades : *Courage, mes amis ! la victoire est à nous.* Un autre, grièvement blessé, porté par ses camarades, et voyant passer le général, suspendit le cri que lui arrachait la douleur, pour faire entendre celui de *Mon général, vive la république.*

« Citoyens directeurs, que ces drapeaux, que ces trophées, scellés du sang républicain, soient le gage de l'assurance que la seule et noble ambition de l'armée d'Italie, et du général qui la commande, est d'anéantir, jusqu'au dernier, les ennemis de la république, et leur plus douce récompense sera d'avoir acquis quelques droits à la reconnaissance nationale. »

Le citoyen Revellière-Lépeaux, président du directoire, y répondit ainsi :

« Brave guerrier,

« C'est avec la joie la plus vive que le directoire exécutif reçoit les trophées de vos victoires.

« L'intrépidité et le dévouement des soldats républicains, le courage et l'habileté des généraux, ont porté la gloire des armes françaises au plus haut degré, et affermi pour jamais le gouvernement républicain.

« Les prodiges qu'ils ont opérés ont donné de la vraisemblance à ceux qu'on nous raconte de l'antiquité, puisqu'ils les ont surpassés.

« Puissent tant de constance et de succès forcer un ennemi opiniâtre à renoncer enfin au projet insensé de renverser la république, et le rendre accessible à la voie de la paix ! la paix, objet constant de nos vœux et de nos travaux ! Qu'ils apprennent au surplus, les ennemis de la France, que s'il fallait de nouveaux triomphes pour les y contraindre, ils ne coûteront rien à nos guerriers ; ils sauront achever leur ouvrage. Ils feront plus : après avoir donné l'exemple des vertus guerrières dans les camps, ils donneront dans leurs foyers celui des vertus civiques et du respect dû aux lois.

« Brave guerrier, retournez auprès de vos compagnons d'armes ; dites-leur que la reconnaissance nationale est égale à leurs services, et qu'ils peuvent compter sur la gratitude de leurs concitoyens autant que sur l'admiration de la postérité. »

COMBAT DE SERRAVALLE,

ET

BATAILLE DE ROVEREDO.

L'armée autrichienne, malgré ses échecs, ayant derrière elle un pays rempli de positions extrêmement fortes, et qui lui est depuis long-temps entièrement dévoué, s'apprêtait à venger ses défaites; mais sa bravoure et les bonnes dispositions de son général devaient céder au génie de la république. Buonaparte annonçait de Trente, le 20 fructidor, de ce quartier-général de Wurmser, les combats qui le lui avaient fait abandonner.

« La division du général Massena a passé l'Adige, le 16, au pont de Golo : suivant le grand chemin du Tyrol, elle est arrivée à Alla le 17. Le même jour, à deux heures après-midi, notre cavalerie a sabré les avant-postes ennemis, et leur a pris six chevaux.

« La division du général Augereau est partie de Vérone dans le même temps, et s'est portée sur les hauteurs qui séparent les états de Venise du Tyrol.

« La division du général Vaubois est partie dans le même temps de Storo. A la gauche du lac de Garda, son avant-garde est arrivée à Torbole, où elle a été jointe par la brigade du général Guieux, qui s'était embarquée à Salo, sur le lac de Garda; son avant-garde, commandée par le général de brigade Saint-Hilaire, a culbuté l'ennemi, qu'il a rencontré au pont de la Sarca, et lui a fait cinquante prisonniers.

« Le 17, au soir, le général Pigeon, commandant l'infanterie légère de la division du général Massena, me donne avis que l'ennemi tient en force le village de Serravalle; il reçoit et exécute l'ordre d'attaquer : il force l'ennemi, et lui fait trois cents prisonniers.

« Le 18, à la pointe du jour, nous nous trouvons en présence : une division de l'ennemi gardait les défilés inexpugnables de Marco ; une autre division, au-delà de l'Adige, gardait le camp retranché de Mori. Le général Pigeon, avec une partie de l'infanterie légère, gagne les hauteurs de la gauche de Marco : l'adjudant-général Sornet, à la tête de la dix-huitième demi-brigade d'infanterie légère, attaque l'ennemi en tirailleurs ; le général de brigade Victor, à la tête de la dix-huitième demi-brigade d'infanterie de bataille en colonne serrée par bataillons, perce par le grand chemin. La résistance de l'ennemi est long-temps opiniâtre : au même instant le général Vaubois attaque le camp retranché de Mori ; après deux heures de combat très-vif, l'ennemi plie par-tout. Le citoyen Marois, mon aide-de-camp, capitaine, porte l'ordre au général Dubois de faire avancer le premier régiment de hussards, et de poursuivre vivement l'ennemi. Ce brave général se met lui-même à la tête, et décide de l'affaire ; mais il reçoit trois balles qui le blessent mortellement. Un de ses aides-de-camp venait d'être tué à ses côtés. Je trouve, un instant après, ce général expirant : *Je meurs pour la république : faites que j'aie le temps de savoir si la victoire est complète.* (Il est mort).

« L'ennemi se retire à Roveredo ; j'ordonne au général de brigade Rampon de passer avec la trente-deuxième entre cette ville et l'Adige. Le général Victor, pendant ce temps, entre au pas de charge dans la grande rue ; l'ennemi se replie encore, en laissant une grande quantité de morts et de prisonniers. Pendant ce temps, le général Vaubois force le camp retranché de Mori, et poursuit l'ennemi sur l'autre rive de l'Adige. Il était une heure après-midi : l'ennemi, battu par-tout, profitait des difficultés du pays, nous tenait tête à tous les défilés, et exécutait sa retraite sur Trente ; nous n'avions encore pris que trois pièces de canon et fait mille prisonniers.

« Le général Massena fait rallier toutes les demi-brigades, donne un moment de repos à sa division. Pendant ce temps, nous allons, avec deux escadrons de cavalerie, reconnaître les mouvemens de retraite de l'ennemi : il s'est rallié en avant de Calliano pour couvrir Trente, et donner le temps à son quartier-général d'évacuer cette ville. S'il a été battu pendant toute la journée, il a devant Calliano une position inexpugnable. L'Adige touche presque à des montagnes à pic, et forme une gorge qui n'a pas quarante toises de largeur, fermée par un village, un château élevé, une bonne muraille qui joint l'Adige à la montagne, et où il a placé toute son artillerie. Il faut de nouvelles dispositions : le général Dammartin fait avancer huit pièces d'artillerie légère pour commencer la canonnade; il trouve une bonne position, d'où il prend la gorge en écharpe. Le général Pigeon passe avec l'infanterie légère sur la droite; trois cents tirailleurs se jettent sur les bords de l'Adige pour commencer la fusillade, et trois demi-brigades, en colonne serrée et par bataillon, l'arme au bras, passent le défilé. L'ennemi, ébranlé par le feu vif de l'artillerie, par la hardiesse des tirailleurs, ne résiste pas à la masse de nos colonnes; il abandonne l'entrée de la gorge. La terreur se communique dans toute sa ligne : notre cavalerie le poursuivit. Le citoyen Marois, mon aide-de-camp, capitaine, à la tête de cinquante hussards, veut gagner la tête, et arrêter toute la colonne ennemie; il la traverse, et est lui-même enveloppé, jeté par terre, et blessé de plusieurs coups : une partie de l'armée ennemie lui a marché sur le corps; il a plusieurs blessures, dont aucune n'est mortelle. Le chef de brigade du premier régiment de hussards est tué. Le citoyen Baissière, capitaine de ma compagnie des guides, voit deux pièces de canon sur le point de s'échapper : il s'élance avec cinq ou six guides, et, malgré les efforts des ennemis, arrête les pièces.

« Six ou sept mille prisonniers, vingt-cinq pièces de canon, cinquante caissons, sept drapeaux; tel est le fruit de la bataille de Roveredo, une des plus heureuses de la campagne. La perte de l'ennemi doit avoir été considérable.

« Le 19, à huit heures du matin, le général Massena est entré dans Trente. Wurmser a quitté cette ville la veille pour se réfugier du côté de Bassano.

« Le général Vaubois, avec sa division, marche aussitôt à la poursuite des ennemis; son arrière-garde s'était retranchée à Lavis, derrière la rivière de Lavisio, et gardait le débouché du pont, qu'il fallait cependant passer. Le général Dallemagne, non sans beaucoup de peine, passe sous le feu de l'ennemi, retranché dans le village, et à la tête de la vingt-cinquième demi-brigade. Le général Murat passe au gué à la tête d'un détachement du dixième de chasseurs, portant un nombre égal de fantassins, pour poursuivre l'ennemi. L'adjudant-général Leclerc, avec trois chasseurs, et le citoyen Desaix, chef de brigade des Allobroges, accompagné de douze carabiniers ou grenadiers, étaient parvenus à tourner l'ennemi, et s'étaient embusqués à une demi-lieue en avant. La cavalerie ennemie, se sauvant au galop, se trouve tout d'un coup arrêtée. L'adjudant-général Leclerc est légèrement blessé de quelques coups de sabre. Les ennemis cherchent à s'ouvrir un passage; mais les douze carabiniers, secondés des trois chasseurs, croisent la baïonnette et forment un rempart inexpugnable. La nuit était déjà obscure : cent hussards ennemis et trois à quatre cents hommes d'infanterie sont faits prisonniers; un étendard du régiment de Wurmser, hussards, est pris.

« L'adjudant-général Chabran s'est parfaitement bien conduit à la bataille de Roveredo. Le capitaine Magot, commandant les carabiniers de la dix-huitième demi-brigade d'infanterie légère, et le citoyen Ducos, adjoint, se sont également bien conduits.

« Je vous demande le brevet d'adjudant-général pour le citoyen Sornet, et de l'avancement pour les autres officiers.

« J'en demande pour le citoyen Marigny, capitaine depuis

cinq ans, qui a marché en avant des grenadiers à l'attaque du camp retranché de Mori. Ce brave officier s'est déja distingué dans plusieurs affaires.

« Les divisions rivalisent entre elles de gloire. Les généraux, officiers et soldats, sont tous animés du desir de concourir à l'affermissement de la république, et d'assurer la gloire de ses armées.

« Vous devez vous attendre bientôt à une bataille plus sanglante et plus décisive.

« Le citoyen Chasseloup, commandant du génie, a eu son habit percé de balles : cet officier joint à l'intrépidité des connaissances réelles. Je suis aussi très-content du général Lespinasse, commandant l'artillerie : il est un des généraux d'artillerie que je connaisse qui aime le plus à se trouver à l'avant-garde. »

On relève de la lettre suivante du général Berthier quels avaient été les mouvemens des Français les trois jours qui précédèrent la bataille de Roveredo, et le but de leurs opérations.

« Le 15, nous nous rendîmes à Vérone, où nous apprîmes que l'ennemi portait les deux tiers de ses forces sur Bassano, et que l'autre tiers occupait Alla. Pour exécuter les vues du gouvernement, il fallait battre ce dernier corps, l'anéantir, s'emparer de Trente, y prendre position, pour ensuite marcher, avec la plus grande partie de nos forces, sur le corps ennemi de Bassano, où se trouve le général Wurmser.

« Le général en chef ordonna en conséquence les mouvemens ci-après :

« La division du général Vaubois partit de Store le 16, pour Torbose, où il devait se réunir à une partie de sa division, embarquée à Salo.

« La division du général Massena se mit en mouvement le même jour pour marcher sur Alla.

« La division du général Augereau partit de Vérone pour se porter sur les hauteurs entre Zugo et Rovère.

« L'avant-garde de la division du général Massena rencontra, le 17, une avant-garde de l'ennemi à Alla, et la culbuta. L'ennemi se reploya sur la forte position de Marco, où il annonça le dessein de vouloir faire une vigoureuse résistance. Il occupait des positions formidables sur les deux rives de l'Adige. Celles de la rive droite se trouvaient précisément au point où aboutit le chemin par lequel la division du général Vaubois devait faire sa jonction et passer l'Adige : ses instructions lui prescrivaient d'arriver le 18 vis-à-vis Serravalle, qui était le point de l'avant-garde des troupes occupant San-Marco. Cela décida le général en chef à faire enlever Serravalle le 17 au soir; ce qui réussit complètement.

« La division du général Massena reçut ordre, le 18, de se mettre en mouvement pour attaquer San-Marco à l'heure que nous avions calculé que la tête de la division du général Vaubois devait arriver sur l'Adige, vis-à-vis Marco. Le général Augereau, pendant ce temps, devait occuper les hauteurs qui conduisaient sur Roveredo; ce qui avait le double avantage de venir au secours de la division du général Massena, si elle en eût eu besoin, de couvrir notre droite, et de donner des inquiétudes à l'ennemi sur Vicence.

« Vers les six heures du matin, le combat s'est engagé avec la division du général Massena, et au même instant la tête de la colonne du général Vaubois, qui venait de Torbose, attaqua l'ennemi dans sa position de la rive droite de l'Adige. Le combat fut terrible de part et d'autre. Les deux divisions, séparées par l'Adige, semblaient lutter d'émulation; infanterie, cavalerie, artillerie, officiers de l'état-major, aides de camp, enfin tout ce qui tient à l'armée, firent des prodiges de valeur. L'ennemi, forcé dans sa position de Marco, à la gauche de l'Adige, et en même temps sur celle de la droite de cette rivière, fit sa retraite sur Roveredo, profitant de toutes les positions de défense presque inexpugnables que les localités présentent à chaque pas ; mais par-tout il fut battu, et on lui tua une grande quantité de monde.

« Arrivées à Roveredo, les divisions Massena et Augereau prirent position. Dans ce moment, le général en chef s'apperçut que l'ennemi établissait un point de défense à la position du château de la Pietra ou Coliano, appuyant sa gauche à une montagne inaccessible, et sa droite à l'Adige, par une forte muraille crenelée, et où il établit plusieurs pièces d'artillerie. L'objet de cette défense était de couvrir la retraite, et de nous empêcher d'enlever son artillerie et d'arriver à Trente en même temps que lui.

« Le général Buonaparte, avec cette audace réfléchie et cette précision de tact militaire qui dans toutes les circonstances importantes ont décidé nos grands succès, sentit que c'était le moment de profiter de tous les avantages qu'on pouvait attendre des glorieux combats qui s'étaient succédé pendant toute la journée, et ces avantages étaient annoncés par l'importance que l'ennemi paraissait apporter à défendre ce point : il jugeait que si on laissait l'ennemi y passer la nuit, il emploierait ce temps à rendre ce poste inexpugnable, et que ce serait pour l'armée une seconde bataille.

« La division du général Massena, qui était en avant de Roveredo, était excédée de fatigue : mais un mot du général en chef lui fait oublier qu'elle marchait depuis deux jours et demi, et se battait continuellement ; et nos braves, confians dans les dispositions de Buonaparte, animés par l'exemple du général Massena, brûlent du desir de joindre l'ennemi. Ils arrivent devant la position qu'il défend : c'est là que notre artillerie, placée avec avantage, que des colonnes disposées, l'une pour gravir quelques parties de rocher à peine accessibles, l'autre tournant par l'Adige, forcent l'ennemi, frappé de terreur, à fuir de sa position. La porte du retranchement est enfoncée : notre cavalerie s'élance à la poursuite de l'ennemi ; l'infanterie, oubliant toute sa fatigue, la suit au pas de course. L'ennemi fuyant est atteint ; il est culbuté et renversé, et poursuivi jusqu'à trois milles de Trente, où les troupes sont obligées de faire halte par l'épuisement de leurs forces. Cette dernière action, qui termine la journée, laisse en notre pouvoir cinq mille prisonniers, vingt-cinq pièces de canon, une quantité immense de fourgons, sept drapeaux, et beaucoup de chevaux tant de cavalerie que d'artillerie.

« Pendant la nuit, la division de Vaubois passe l'Adige et fait sa jonction. Massena laisse reposer un instant ses troupes pendant la nuit, se remet à la poursuite de l'ennemi, entre dans la ville de Trente, après avoir essuyé quelques coups de canon de l'arrière-garde de l'ennemi : sa division a la gloire d'être le premier corps d'armée français qui eût jamais pénétré jusqu'à ce point. La division de Massena prend position : celle du général Vaubois avait reçu ordre d'accélérer sa marche ; elle arrive dans l'après-midi. Le général en chef, prévenu que l'ennemi tient une position formidable à Lavis sur la route de Botzen, sent combien il est important de le forcer dans cette position pour l'exécution de ses mouvemens ultérieurs : il fait activer la marche du général Vaubois ; il marche lui-même avec l'avant-garde, qui attaque l'ennemi à six heures du soir. L'avant-garde est arrêtée par la défense opiniâtre de l'ennemi ; mais la tête de la division arrive : le général ordonne le passage du pont et l'attaque du village au pas de charge et l'arme au bras, et aussitôt le pont de Lavis est passé et le village forcé, et par une manœuvre hardie, quelques hussards et quelques hommes d'infanterie, cent hussards de Wurmser, un guidon et trois cents hommes d'infanterie, sont faits prisonniers. La nuit mit fin à la poursuite de l'ennemi.

« La division du général Augereau, pendant ce temps, trouva des difficultés insurmontables sur les hauteurs ; et étant redescendue dans la vallée de l'Adige, elle reçut l'ordre de marcher sur Levico, route de Trente à Bassano. »

Suivant son usage, le général français avait fait précéder

son entrée dans le Tyrol d'un manifeste adressé aux Tyroliens.

Buonaparte, général en chef de l'armée d'Italie, aux habitans du Tyrol.

Au quartier-général de Brescia,
le 13 fructidor, an 4.

« Vous sollicitez la protection de l'armée française ; il faut vous en rendre dignes. Puisque la majorité d'entre vous est bien intentionnée, contraignez ce petit nombre d'hommes opiniâtres à se soumettre : leur conduite insensée tend à attirer sur leur patrie les fureurs de la guerre.

« La supériorité des armes françaises est aujourd'hui constatée. Les ministres de l'empereur, achetés par l'or de l'Angleterre, le trahissent ; ce malheureux prince ne fait pas un pas qui ne soit une faute.

« Vous voulez la paix ! les Français combattent pour elle. Nous ne passons sur votre territoire que pour obliger la cour de Vienne de se rendre au vœu de l'Europe désolée, et d'entendre les cris de ses peuples. Nous ne venons pas ici pour nous agrandir : la nature a tracé nos limites au Rhin et aux Alpes, dans le même temps qu'elle a posé au Tyrol les limites de la maison d'Autriche.

« Tyroliens, quelle qu'ait été votre conduite passée, rentrez dans vos foyers ; quittez les drapeaux tant de fois battus, et impuissans pour les défendre. Ce n'est pas quelques ennemis de plus que peuvent redouter les vainqueurs des Alpes et d'Italie ; mais c'est quelques victimes de moins que la générosité de ma nation m'ordonne de chercher à épargner.

« Nous nous sommes rendus redoutables dans les combats, mais nous sommes les amis de ceux qui nous reçoivent avec hospitalité.

« La religion, les habitudes, les propriétés des communes qui se soumettront, seront respectées.

« Les communes dont les compagnies de Tyroliens ne seraient pas rentrées à notre arrivée, seront incendiées; les habitans seront pris en otage et envoyés en France.

« Lorsqu'une commune sera soumise, les syndics seront tenus de donner à l'heure même la note de ceux de ses habitans qui seraient à la solde de l'empereur; et s'ils font partie des compagnies tyroliennes, on incendiera sur-le-champ leurs maisons, et on arrêtera leurs parens jusqu'au troisième degré, lesquels seront envoyés en ôtage.

« Tout Tyrolien faisant partie des compagnies franches, pris les armes à la main, sera sur le-champ fusillé.

« Les généraux de division sont chargés de la stricte exécution du présent arrêté. »

Arrivé dans leur capitale, il organisa son gouvernement par l'arrêté suivant.

Arrêté du général Buonaparte, portant règlement pour l'administration de la ville de Trente.

« ARTICLE PREMIER. Le conseil de Trente, appelé ci-devant conseil aulique, continuera toutes les fonctions civiles, juridiques et politiques, que lui accordent les usages et le gouvernement du pays.

« II. Toutes les attributions que l'empereur conservait sur la principauté de Trente, seront conférées au conseil de Trente.

« III. Les receveurs du prince, de quelques noms que ce soit, et de quelque nature que soit l'imposition directe ou indirecte, rendront compte au conseil de Trente.

« IV. Le conseil de Trente rendra compte à la république de tous les revenus du prince et de l'empereur; il veillera en conséquence à ce que rien ne soit distrait.

« v. Tous les actes se feront au nom de la république française.

« vi. Le conseil de Trente prêtera serment d'obéissance à la république, et le fera prêter à toutes les autorités civiles et politiques du pays.

« vii. Tous les étrangers, de quelque pays qu'ils soient, qui auraient des emplois publics, seront obligés de quitter les états des Trentins dans les vingt-quatre heures. Le conseil de Trente les remplacera par des naturels du pays.

« viii. Tous les chanoines de Trente qui ne sont pas natifs de Trente, sortiront sur-le-champ de son territoire. Les chanoines de Trente se réuniront et nommeront aux places vacantes, par une liste triple qui sera présentée au général en chef, qui choisira.

« ix. Le général commandant la place tiendra lieu de capitaine de la ville.

« x. Le conseil de Trente est chargé de l'exécution du présent ordre sur sa responsabilité. ».

Dans les différentes actions qui avaient eu lieu depuis le 11 thermidor jusqu'à la prise de Trente, les Autrichiens avaient perdu

Tués et blessés, ... 8,000
Prisonniers, ... 13,661   } 24,661 hommes.
Désertés, de 2 à 3000

Cent cinq pièces de canon.
Deux cent dix caissons.
Quatre cents chevaux de houlans.

Tel fut le sort de cette colonne forte de trente bataillons tirés de l'armée du Rhin, et l'élite des troupes autrichiennes, destinée à reconquérir l'Italie.

Si le dessein de Wurmser et ses instructions l'obligeaient à empêcher que le théâtre de la guerre ne se transférât de l'Italie sur le Danube, on ne peut nier qu'il n'eût manœuvré avec habileté au moment où, après la bataille de Roveredo, il songea à diviser ses forces, et à en jeter brusquement la majeure partie sur la gauche. Il était plus que douteux en effet que, même en rassemblant tout son monde, et défendant successivement les diverses positions qui s'offriraient entre Trente et Bolzano, il ne les vit pas emportées par cette ardeur française à laquelle rien ne semblait pouvoir résister, et que, chassé vers Brixen, il n'arrivât à Inspruck ayant perdu son armée dans cette longue vallée que forme et parcourt l'Adige. Dans la suite de revers qu'il éprouvait, c'était beaucoup que d'essayer de ramener son ennemi en plaine, de l'obliger à revenir sur ses pas malgré ses victoires, et d'augmenter par l'espérance la résistance des défenseurs de Mantoue, dont la prise seule pouvait terminer le destin du Milanais, et décider les résolutions du cabinet de Vienne sur l'Italie.

Fidèle à ce plan, que la raison ne désapprouve point, Wurmser, malgré ses malheurs continuels, l'a suivi avec constance et courage, et l'a couronné par une défense opiniâtre, qui lui a mérité plus de gloire qu'à tous les généraux allemands qui l'avaient précédé ou qui l'ont suivi en Italie.

COMBAT DE COVELO

ET

PASSAGE DES GORGES DE LA BRENTA.

« La division du général Augereau s'est rendue, le 20, à Borgo du Val di Sugana, Martello et Val Soiva; la division du général Massena s'y est également rendue par Trente et Levico.

« Le 21 au matin, l'infanterie légère faisant l'avant-garde du général Augereau, commandée par le général Lanus, rencontre l'ennemi, qui s'est retranché dans le village de Priémolan, la gauche appuyée à la Brenta, et la droite à des montagnes à pic : le général Augereau fait sur-le-champ ses dispositions; la brave cinquième demi-brigade d'infanterie légère attaque l'ennemi en tirailleurs; la quatrième demi-brigade d'infanterie de bataille, en colonnes serrées et par bataillons, marche droit à l'ennemi, protégée par le feu de l'artillerie légère; le village est emporté.

« Mais l'ennemi se rallie dans le petit fort de Covelo, qui barrait le chemin, et au milieu duquel il fallait passer : la cinquième demi-brigade d'infanterie légère gagne la gauche du fort, et établit une vive fusillade dans le temps où deux ou trois cents hommes passent la Brenta, gagnent les hauteurs de droite, et menacent de tomber sur les derrières de la colonne. Après une résistance assez vive, l'ennemi évacue ce poste : le cinquième régiment de dragons, auquel j'ai fait restituer les fusils, soutenu par un détachement des chasseurs du dixième régiment, se met à sa poursuite, atteint la tête de la colonne, qui par ce moyen se trouve toute prisonnière.

« Nous avons pris dix pièces de canon, quinze caissons, huit drapeaux, et fait quatre mille prisonniers : la nuit et les fatigues des marches forcées et des combats continuels que soutient notre troupe, m'ont décidé à passer la nuit à Cismone; demain au matin nous traverserons le reste des gorges de la Brenta.

« Les citoyens Stock, capitaine au deuxième bataillon de la cinquième demi-brigade d'infanterie légère; Milhaud, chef de brigade du cinquième régiment de dragons; Lauvin, adjudant-sous-lieutenant du même régiment; Durac, capitaine d'artillerie, qui a eu son cheval tué sous lui; Jullien, aide-de-camp du général Saint-Hilaire; le frère du général Augereau et son aide-de-camp, se sont particulièrement distingués. L'ardeur du soldat est égale à celle des généraux et des officiers : il est cependant des traits de courage qui méritent d'être recueillis par l'historien, et que je vous ferai connaître. »

BATAILLE DE BASSANO.

« Une marche rapide et inattendue de vingt lieues en deux jours a déconcerté entièrement l'ennemi, qui avait calculé que nous nous rendrions droit sur Inspruck, et avait en conséquence envoyé une colonne sur Vérone pour menacer cette place, et nous faire craindre pour nos derrières. Wurmser voulait nous couper, et il l'était lui-même. Je vous ai rendu compte de notre marche, et des évènemens qui l'ont accompagnée jusqu'au 21 au soir, où nous avons couché au village de Cismone, près du débouché des gorges de la Brenta; il ne me reste plus qu'à vous rendre compte de la bataille de Bassano.

« Le 22, à deux heures du matin, nous nous mîmes en marche; arrivés au débouché des gorges, près le village de Solagna, nous rencontrâmes l'ennemi. Le général Augereau se porta, avec sa division, sur la gauche, et envoya à sa droite la quatrième demi-brigade. J'y fis passer également toute la division du général Massena. Il était à peine sept heures du matin, et le combat avait commencé. Forts de leur bonne position, et encouragés par la présence de leurs généraux, les ennemis tinrent quelque temps ; mais, grace à l'impétuosité de nos soldats, à la bravoure de la cinquième demi-brigade légère et de la quatrième demi-brigade de ligne, l'ennemi fut par-tout mis en déroute. Le général Murat envoya des détachemens de cavalerie à la poursuite de l'ennemi. Nous marchâmes aussitôt sur Bassano : Wurmser et son quartier-général y étaient encore. Le général Augereau y entrait par la gauche, au pas de charge, dans le temps que le général Massena y entra par la droite à la tête de la quatrième demi-brigade, dont une partie à la course, et une partie en colonnes serrées, fonce sur les pièces qui défendent le pont de la Brenta, enlève ces pièces, passe le pont, et pénètre dans la ville malgré les efforts des bataillons de grenadiers, élite de l'armée autrichienne, chargés de protéger la retraite du quartier général.

« Nous avons dans cette journée fait cinq mille prisonniers, trente-cinq pièces de canon tout attelées avec leurs caissons, deux équipages de pont de trente-deux bateaux tout attelés, plus de deux cents fourgons également tout attelés, portant une partie des bagages de l'armée. Nous avons pris cinq drapeaux : le chef de brigade Lasnes en a pris deux de sa main. Le général Wurmser et le trésor de l'armée n'ont été manqués que d'un instant. Une escouade de ma compagnie des guides, qui était à ses trousses, l'ayant poursuivi vivement, a eu deux hommes tués, et le citoyen Guerin, lieutenant de la compagnie, blessé.

« Le général Verdier, le général Saint-Hilaire, le chef de bataillon de la quatrième demi-brigade Frère, qui a été blessé ; les citoyens Cassaut et Gros, capitaines des grenadiers de la même demi-brigade ; le citoyen Stock, capitaine de la cinquième demi-brigade d'infanterie légère ; le citoyen Pélard, carabinier de la cinquième demi-brigade (ce brave homme traversa trois pelotons ennemis, et arrêta l'officier-général qui les commandait ; il a lui seul tué treize hommes), se sont couverts de gloire.

« Nous sommes dans ce moment à la poursuite d'une division de huit mille hommes, que Wurmser avait fait marcher sur Vicence, et qui est le seul reste de cette armée formidable qui menaçait, il y a un mois, de nous enlever l'Italie. En six jours nous avons livré deux batailles et quatre combats ; nous avons pris à l'ennemi vingt-un drapeaux ; nous lui avons fait seize mille prisonniers, parmi lesquels plusieurs généraux : le reste a été tué, blessé ou éparpillé. Nous avons dans les six jours, toujours nous battant dans des gorges inexpugnables, fait plus de quarante cinq lieues, pris soixante-dix pièces de canon, avec leurs caissons, leurs attelages, une grande partie du grand parc de l'armée, et des magasins considérables répandus sur toute la ligne que nous avons parcourue.

« Je vous prie d'accorder le grade de général de brigade au chef de brigade Lasnes : il est le premier qui ait mis en déroute les ennemis à Dego, qui ait passé le Pô, le pont de Lodi, et qui soit entré dans Bassano; à l'adjudant-général Chabran, qui s'est particulièrement distingué à la bataille de Roveredo, comme il l'avait précédemment fait à celle de Lonado et à la retraite de Rivoli. Je vous demande de nommer à la place de chef de brigade de la quatrième demi-brigade le chef de bataillon Frère, et de l'avancement pour les officiers qui se sont distingués dans les affaires différentes dont je vous ai rendu compte. »

« Le général Wurmser, obligé d'abandonner Bassano, s'était porté, de sa personne, avec les débris de deux bataillons de grenadiers, à Montebello, entre Vicence et Vérone, où il avait rejoint la division qu'il avait fait marcher sur Vérone, forte de quatre mille cinq cents hommes de cavalerie et cinq mille d'infanterie, au premier instant qu'il arait su que je me portais sur Trente.

« Le 23, la division du général Augereau se rendit à Padoue; elle ramassa les débris des bagages de l'armée autrichienne, et quatre cents hommes qui les escortaient. Celle de Massena se rendit à Vicence. Wurmser se trouvait entre l'Adige et la Brenta : il lui était impossible de franchir la Brenta, puisque deux divisions de l'armée lui en fermaient le passage; il ne lui restait d'autre ressource que de se jeter dans Mantoue : mais ayant prévu, dès mon départ pour Trente, le mouvement que ferait le général Wurmser, j'avais laissé dans Vérone le général de division Kilmaine, et fait garnir d'artillerie les remparts de cette place. Le général Kilmaine, avec sa sagacité ordinaire, a su en imposer à l'ennemi, et le tenir pendant quarante-huit heures en respect, le repoussant par le feu de son artillerie toutes les fois qu'il a essayé de pénétrer. Je n'avais pu lui laisser que des forces très-peu considérables pour contenir une ville populeuse, et repousser un corps d'armée qui avait autant de raisons de ne rien épargner pour se rendre maître de cette place importante. Il se loue beaucoup du chef de bataillon Muiron, qui y commandait l'artillerie.

« Le 23 au soir, le général Wurmser apprit l'arrivée de la division du général Massena à Vicence; il sentit qu'il n'avait plus un moment à perdre. Il fila toute la nuit le long de l'Adige, qu'il passa à Porto-Legnago.

« Le 24 au soir, la division du général Massena passa l'Adige à Ronco, dans le temps que la division du général Augereau marchait de Padoue sur Porto Legnago, ayant bien soin d'éclairer sa gauche pour que l'ennemi ne cherchât pas à se sauver par Castel-Baldo.

« Le 25, à la pointe du jour, je donnai ordre à la division du général Massena de se porter à Sanguinetto, afin de barrer le passage à Wurmser; le général Sahuguet, avec une brigade, se porta à Castellaro, et eut ordre de couper tous les ponts sur la Molinella. »

COMBAT DE CEREA.

« Pour se rendre de Ronco à Sanguinetto, il y a deux chemins: l'un, qui part de Ronco, passe par la gauche en suivant l'Adige, et rencontre le chemin de Porto-Legnago à Mantoue; le second conduit directement de Ronco à Sanguinetto: c'était celui qu'il fallait prendre; au contraire, on prit le premier. Le général Murat, à la tête de quelques centaines de chasseurs, arrivé à Cerea, rencontra la tête de la division de Wurmser; il culbuta plusieurs escadrons de cavalerie. Le général Pigeon, commandant l'avant-garde du général Massena, sentant sa cavalerie engagée, se précipite, avec son infanterie légère, pour la soutenir; il passe le village, et s'empare du pont sur lequel l'ennemi devait passer. Le corps de la division du général Massena était encore éloigné. Après un moment d'étonnement et d'alarme donné à la division de Wurmser, ce général fit ses dispositions, culbuta notre avant'garde, et reprit ce pont et le village de Cerea. Je m'y étais porté au premier coup de canon que j'avais entendu; mais il n'était plus temps : il faut faire à l'ennemi qui fuit un pont d'or, ou lui opposer une barrière d'acier. Il fallut se résoudre à laisser échapper l'ennemi, qui, selon tous les calculs et toutes les probabilités, devait être ce jour-là obligé de poser les armes et de se rendre prisonnier. Nous nous contentâmes de rallier notre avant-garde, et de retourner à mi-chemin de Ronco à Cerea. Nous avons trouvé le lendemain sur le champ de bataille plus de cent hommes tués de l'ennemi, et nous lui avons fait deux cent cinquante prisonniers. Nous sommes redevables au courage du huitième bataillon de grenadiers, et au sang-froid du général de brigade Victor, d'être sortis à si bon marché de ce combat inégal. »

COMBAT DE CASTELLARO.

« WURMSER fila toute la nuit du 25 au 26 sur Mantoue, avec une telle rapidité qu'il arriva le lendemain de bonne heure à Nogara. Il apprit que les ponts de la Molinella étaient coupés, et qu'une division française l'attendait à Castellaro. Il sentit qu'il ne fallait pas essayer de forcer Castellaro, puisque, dès la pointe du jour, nous nous étions mis à sa poursuite. J'espérais encore le trouver se battant avec le général Sahuguet; mais malheureusement celui-ci n'avait pas coupé le pont de Villa-Impenta sur la Molinella, à une lieue de sa droite. Wurmser avait filé par-là. Dès l'instant que le général Sahuguet avait su son passage, il avait envoyé quelques chasseurs pour le harceler et retarder sa marche; mais il avait trop peu de monde pour pouvoir y réussir. Le général Charton, avec trois cents hommes, fut enveloppé par un régiment de cuirassiers: au lieu de se poster dans les fossés, ces braves soldats voulurent payer d'audace et charger les cuirassiers; mais après une vigoureuse résistance ils furent enveloppés. Le général

Charton a été tué dans ce combat, et trois cents hommes faits prisonniers, parmi lesquels le chef de brigade Dugoulot, chef de la douzième demi-brigade d'infanterie légère. »

PRISE DE PORTO-LEGNAGO.

« Le général Augereau, arrivé le 24 devant Porto-Legnago, investit la place; le général Massena y envoya la brigade du général Victor pour l'investir du côté de l'Adige : après quelques pourparlers, la garnison, forte de mille six cent soixante-treize hommes, se rendit prisonnière de guerre le 27. Nous y trouvâmes vingt-deux pièces de canon de campagne, tout attelées, ainsi que leurs caissons, et les cinq cents hommes que Wurmser nous avait faits prisonniers au combat de Cerea, et qui par ce moyen furent délivrés. »

Copie de la capitulation offerte par le commandant des troupes autrichiennes à Porto-Legnago, et des réponses du général divisionnaire Augereau.

« *Demande.* La garnison autrichienne demande de sortir libre avec les honneurs de la guerre.

« *Réponse.* La garnison autrichienne sortira de la place avec les honneurs de la guerre, et sera envoyée prisonnière en France.

« *D.* De garder tous les drapeaux, canons, munitions et armes quelconques, avec chariots, chevaux et trains.

« *R.* Les drapeaux, canons, munitions et armes quelconques, avec chariots, chevaux et trains, seront remis à l'armée française.

« *D.* Tous les bagages et chevaux, tant appartenans aux officiers qu'aux communs.

« *R.* Tous les bagages, chevaux, appartenans tant aux officiers qu'aux communs, leur seront rendus.

« D. D'être conduite au premier poste autrichien.

« R. Les officiers seuls seront, sur leur parole, conduits où bon leur semblera.

« D. Qu'il soit fourni pendant la marche logement, vivres et fourrages.

« R. Accepté.

« D. Que les officiers et communs malades soient compris dans la capitulation, et après leur guérison d'être conduits sous sauve-garde à leur destination.

« R. Les officiers et communs malades jouiront des mêmes conditions que les autres.

« D. De permettre que l'on puisse d'abord donner avis de la reddition de la place au général en chef feld-maréchal comte de Wurmser.

« R. On pourra donner avis de la reddition de la place au général commandant en chef, mais ce ne sera qu'après avoir été consommée. »

Copie de la lettre écrite au commandant autrichien, en lui renvoyant la capitulation.

« Je viens de recevoir, monsieur, les conditions auxquelles vous offrez de capituler, et je vous envoie ma réponse à chaque article. Vous verrez que je n'abuse pas de mes avantages; mais il est bon de vous avertir qu'il est inutile de chicaner là-dessus, et que ce que je vous propose est irrévocable. Je n'attends pas votre dernière réponse au-delà d'une demi-heure. »

COMBAT DE DUE CASTELLI.

« LE 18, la division du général Massena partit à la pointe du jour de Castellaro, se porta sur Mantoue par la route de Due Castelli, afin d'obliger l'ennemi à rentrer dans la place, en s'emparant du fauxbourg Saint-George. Le combat s'engagea à midi. Il fut encore engagé trop promptement : la cinquième demi-brigade se trompa de chemin, et n'arriva pas à temps. La nombreuse cavalerie ennemie étonna notre infanterie légère; mais la brave trente-deuxième soutint le combat jusqu'à la nuit, et nous restâmes maîtres du champ de bataille, éloigné de deux milles du fauxbourg Saint-George. Le général Sahuguet, après avoir investi la citadelle, s'est porté sur la Favorite : déja il avait obtenu les plus grands succès, il avait pris à l'ennemi trois pièces de canon; mais il fut obligé de prendre une position en arrière, et d'abandonner l'artillerie qu'il venait de prendre à l'ennemi. »

BATAILLE DE SAINT-GEORGE.

« Cependant les hulans, les hussards et les cuirassiers ennemis, fiers de ces petits succès, inondaient la campagne; le général Massena leur fit tendre des embuscades qui obtinrent un succès d'autant plus heureux, qu'elles mirent aux prises notre infanterie légère avec eux. Nous en tuâmes ou prîmes environ cent cinquante. Les cuirassiers ne sont pas à l'abri de nos coups de fusil. L'ennemi a eu au moins trois cents blessés. C'est dans ces petits chocs que le général Massena a montré beaucoup de fermeté à rallier sa troupe, et à la reconduire au combat. Le général Kilmaine, à la tête du vingtième de dragons, a contenu l'ennemi, et par là a rendu un grand service. Ces combats, qui, dans la réalité, n'étaient que des échauffourées, donnèrent beaucoup de confiance à nos ennemis. Il fallait l'accroître par tous les moyens possibles; car nous ne pouvions pas avoir de plus grand bonheur que de porter l'ennemi à engager une affaire sérieuse hors de ses remparts.

« Le général Massena prit, la nuit du 28 au 29, une position en arrière; le lendemain, à la pointe du jour, nous apprîmes que les ennemis avaient fait sortir presque toute leur garnison pour défendre la Favorite et Saint-George, et par-là se conserver les moyens d'avoir des fourrages pour nourrir leur nombreuse cavalerie. A deux heures après midi, le général Bon, commandant provisoirement la division du général Augereau, qui est malade, arriva de Governolo, longeant le Mincio, et attaqua l'ennemi, placé en avant de Saint-George, sur notre gauche ; le général la Salcette se porta pour couper la communication de la Favorite à la citadelle ; le général Pigeon passant par Villa Nova, alla pour tourner une plaine où la cavalerie ennemie pouvait manœuvrer, et pour couper les communications de la Favorite à Saint-George. Lorsque ces différentes attaques furent commencées, le général Victor, avec la dix-huitième demi-brigade de bataille, en colonne serrée par bataillon et à hauteur de division, marcha droit à l'ennemi ; la trente-deuxième demi-brigade, soutenue par le général Kilmaine, à la tête de deux régimens de cavalerie, marcha par la droite pour acculer les ennemis, et les pousser du coté où était le général Pigeon. Le combat s'engagea de tous cotés avec beaucoup de vivacité ; le huitième bataillon de grenadiers, placé à l'avant-garde, et conduit par l'adjudant-général Leclerc et mon aide-de camp Marmont, fit des prodiges de valeur.

« La quatrième demi-brigade de bataille, qui avait sur la gauche commencé le combat, avait attiré la principale attention de l'ennemi, qui se trouvait percé par le centre ; nous enlevâmes Saint-George : un escadron de cuirassiers chargea un bataillon de la dix-huitième, qui le reçut baïonnette en avant, et fit prisonniers tous ceux qui survécurent à cette charge.

« Nous avons fait dans cette bataille deux mille prisonniers, parmi lesquels un régiment entier de cuirassiers et une division de hulans. L'ennemi doit avoir au moins deux mille cinq cents hommes tués ou blessés : nous avons pris vingt-cinq pièces de canon avec leurs caissons tout attelés. Parmi nos blessés dans les journées du 28 et du 29, sont le général Victor, le général Bertin, le général Saint Hilaire ; le général Mayer, blessé en allant au secours d'un soldat chargé par un cuirassier ennemi ; le général Murat, blessé légèrement ; le chef de brigade Lasnes; le chef de bataillon Tailand. Le chef de brigade du dixième régiment de chasseurs à cheval, Leclerc, a été blessé chargeant à la tête de son régiment, à l'affaire du 25. Le chef de brigade de la dix-huitième, qui a eu son cheval tué sous lui à l'affaire de Bassano, s'est particulièrement distingué. Suchet, chef de bataillon de la dix-huitième, a été blessé à la journée du 25, en combattant courageusement à la tête de son bataillon. Aucun des officiers-généraux n'est blessé dangereusement, et j'espère que nous ne serons pas long-temps privés de leurs services.

« L'adjudant-général Béliard, officier de distinction, et qui a eu un cheval tué sous lui dans l'une des précédentes affaires, s'est parfaitement bien conduit. Les adjoints aux adjudans-généraux, Charles et Sulkoski, se sont parfaitement conduits.

« Je vous demande le grade de général de brigade pour le citoyen Leclerc, chef de brigade du dixième régiment de chasseurs à cheval, et de l'avancement pour les adjoints Damour et Ducos, qui ont été blessés.

« Je demande le grade de chef d'escadron d'artillerie légère pour les citoyens Rozet et Coindet, tous deux capitaines d'artillerie légère.

« J'ai nommé adjudant-général de cavalerie l'ex-adjudant-général provisoire Roize, officier très-instruit, qui s'est conduit parfaitement dans différentes affaires. J'ai nommé chef de brigade au premier régiment de hussards l'adjudant-général Picard, officier de la plus grande distinction. Le chef de brigade du septième régiment de hussards, le citoyen Paym, a été blessé à la tête de son régiment. Le quinzième de dragons s'est conduit, dans toutes les circonstances, avec le plus grand courage.

« Ainsi, si la garnison de Mantoue a été renforcée à peu près par cinq mille hommes d'infanterie, je calcule que la bataille de Saint-George doit à peu près les lui avoir fait perdre. Quant à la cavalerie, c'est un surcroît d'embarras et de consommation : je ne doute pas que Wurmser ne tente toute espèce de moyens pour sortir de Mantoue avec elle.

« Depuis le 16 de ce mois, nous sommes toujours nous battant, et toujours les mêmes hommes contre de nouvelles troupes. L'armée que nous venons presque de détruire était encore très-formidable ; aussi il paraît qu'elle avait des projets hostiles : mais nous l'avons prévenue et surprise dans le temps où elle faisait son mouvement.

« Je vous envoie mon aide-de-camp Marmont, porteur de vingt-deux drapeaux pris sur les Autrichiens. »

Tout ce que la prudence, la vigilance et l'activité, pouvaient tenter pour cerner Wurmser, et le forcer à se rendre prisonnier avec le reste de son armée, fut entrepris par Buonaparte. Ses infatigables divisions n'eurent pas un instant de repos, et les quatre jours qui suivirent la bataille de Bassano ne furent qu'une suite perpétuelle de mouvemens et de combats. Si une grande chasse, dans laquelle des meutes ardentes poursuivent un vieux et terrible sanglier, peut jamais être une image de la guerre, ce serait sur-tout à cette époque de la campagne d'Italie qu'elle ressemblerait.

Si le pont de Villa Impenta se fût trouvé coupé, si les guides eussent mieux dirigé la route de Ronco à Sanguinetto, il n'y a pas de doute que Buonaparte n'eût eu la gloire de faire mettre bas les armes au reste de l'armée impériale et à son général. La campagne était finie de ce moment, car Mantoue aurait capitulé, tandis que les Français auraient achevé de nettoyer le Tyrol et le Frioul du peu de troupes autrichiennes qui y étaient restées. Dès lors le sort de l'Italie était décidé, tandis que le bonheur qu'eut Wurmser d'échapper et de se jeter dans Mantoue le rendit encore pour quelque temps équivoque, et força Buonaparte d'éprouver de nouvelles difficultés, qui augmenteront sa gloire. On l'eût jugée arrivée au comble s'il avait pris

Wurmser avant sa fuite et son entrée dans Mantoue, et les événemens vont prouver qu'elle pouvait s'accroître par les obstacles nouveaux que cet évènement fera naître, et qu'il saura surmonter. *

---

* Les détails sur ce moment décisif de la campagne seront un jour si précieux, que nous croyons devoir insérer ici ceux que contient une lettre, du 30 fructidor, du général Berthier.

« Le 23, la division du général Massena devait sortir de Vicence pour se porter sur l'Adige, et la passer, à Ronco, à un bac dont nous étions assurés; la division du général Augereau marchait sur Padoue, pour couper la retraite à Wurmser sur Trieste. Ces dispositions ne laissaient plus à l'ennemi d'autre espoir que de passer l'Adige à Porto-Legnago, pour se jeter dans la place de Mantoue; quelques autres corps, reste de son armée, étant épars dans le Tyrol, et échappés vers Trieste. Wurmser prit donc ce parti, et sauva, par une marche forcée, la colonne qu'il avoit portée, tant devant Vérone, où elle avait été repoussée, qu'à Montebello, en se jetant dans Porto-Legnago, dont il s'empara. Le général en chef ordonna en conséquence au général Augereau, qui était à Padoue, où il avait déja enlevé cinquante voitures de bagages à l'ennemi, de marcher sur Porto-Legnago pour cerner la place par la rive gauche, et en même temps de porter un corps sur Castel-Baldo, dans le cas où l'ennemi voulût filer le long de l'Adige pour s'échapper du côté de Venise en tournant Padoue.

« La division du général Massena, quoiqu'ayant fait une marche forcée, reçut l'ordre de passer l'Adige pendant toute la nuit du 23 au 24, pour se porter dans la journée à Sanguinetto, couper la route de Porto-Legnago à Mantoue, mettre l'ennemi entre deux feux, et enlever Wurmser avec toute son armée. Des ordres avaient été expédiés à la division du général Sahuguet, qui était devant Mantoue, de détacher cinq mille hommes, pour s'emparer 1°. de Governolo, point par où l'ennemi aurait encore pu échapper, en laissant Sanguinetto sur sa droite; 2°. pour occuper Castellara, avec ordre de faire couper tous les ponts sur la rivière Tayone, qui y passe, jusqu'à Ponte-Molino. Ce corps arriva au poste qui lui était ordonné, par marche forcée.

« L'ennemi, qui ne pouvait présumer que le corps d'armée qui l'avait battu à Trente et à Bassano les 18 et 22 fructidor, fût en mesure de lui couper la route de Porto-Legnago à Mantoue, après avoir passé l'Adige dans des bateaux, se mit en route le 25 pour s'évader sur Mantoue. La division du général Massena, excédée de fatigues, n'exécuta pas moins l'ordre qui lui avait été donné de se porter sur Sanguinetto; mais le guide qui la conduisait la mena sur Cerea, où la tête de l'avant-garde se trouva en même temps que celle de

La garnison de Mantoue, renforcée par les troupes qu'y avait conduites Wurmser et par sa présence, exigeait que

l'ennemi; et l'attaque commença, sans que l'avant-garde ait eu le temps d'attendre la queue de la colonne. Le combat fut vif, et ne se termina qu'au moment où la queue de la colonne rejoignit. L'ennemi profita de la nuit qui survint, pour passer avec tous ses équipages, laissant une garnison assez forte à Porto-Legnago.

« Le 26 au matin, la division de Massena marcha sur Cerea, pour suivre l'ennemi et l'attaquer par derrière, tandis qu'il serait arrêté sur le Tartaro et Tayone. Deux demi-brigades furent portées sur la partie de Legnago, qui est à la rive droite de l'Adige, tandis que la division du général Augereau l'entourait par la partie de la rive gauche. La colonne de Massena marcha toute la journée jusqu'à deux milles de Mogara, sans pouvoir joindre l'arrière-garde de l'ennemi; ce qui nous fit présumer qu'il avoit passé le Tartaro. Effectivement nous apprîmes qu'ayant trouvé le pont de Castellara coupé et occupé, il s'était jeté sur celui de Villa-Impenta, au moment où le général Charton y arrivait avec un corps pour s'en emparer et le couper. Il s'engagea un combat très-vif, dans lequel le général Charton ayant été tué, ses troupes se replièrent sur Castellara; et Wurmser continua sa marche sur Mantoue. Le général Augereau qui, pendant ce temps, avoit sommé la garnison de Porto-Legnago de se rendre, la fit prisonnière de guerre après quelques coups de canon. Nous y trouvâmes dix-sept cents hommes, trois drapeaux, et vingt-trois pièces d'artillerie avec leurs chevaux.

« Le 27, nous apprîmes que l'ennemi était arrivé dans Mantoue avec sa cavalerie et environ quatre mille hommes d'infanterie, débris de son armée. La division du général Massena se mit en route pour prendre une position en avant de Castellara; celle du général Augereau reçut l'ordre de se porter sur Governolo, point très-important sur le Mincio, pour avoir l'entrée du Seraglio.

« Le 28, la division du général Massena reçut l'ordre de prendre position à due Castelli, pendant que l'on reconnaîtrait la position de l'ennemi en avant de Borgo-San-Giorgio.

« Le 29, à deux heures après midi, la division du général Saluguet porta une colonne pour masquer la citadelle de Mantoue, et une seconde pour attaquer la Favorita. La division du général Massena porta également une colonne sur ce point, et, avec la seconde, composée de la plus grande partie de sa division, marcha sur San-Giorgio par la grande route, en même temps qu'une colonne de la division du général Augereau, partie de Governolo, remontant la rive gauche du Mincio, prenait l'ennemi par son flanc droit. La colonne de la gauche, où était le général Massena lui-même, attaqua les Français restassent en force devant elle, qu'ils se bornassent à empêcher ses communications avec ses environs, et s'attachassent plus à la réduire aux dernières extrémités du besoin, dont sa trop nombreuse garnison devait accélérer le moment, qu'à l'attirer dans des sorties où elle pouvait prodiguer des hommes plus à charge qu'utiles à la conservation de cette forteresse. Si ce ne fut point là le plan auquel on s'arrêta d'abord, ce fut celui auquel on ne tarda pas de revenir; mais dans les premiers jours il im-

---

l'ennemi avec une telle impétuosité, qu'elle le culbuta de poste en poste, enleva le village de San-Giorgio, prit la tête du pont, et coupa alors la retraite à tout ce qui ne s'était pas sauvé par le pont. Les colonnes de droite trouvèrent une résistance plus opiniâtre; mais notre cavalerie, qui se porta sur cette aile, et la prise de San-Giorgio, rendirent les succès égaux dans cette partie.

« L'ennemi, dans une déroute complète, était rentré dans Mantoue avec les débris qu'il a pu sauver. Le résultat de cette journée a été d'environ mille prisonniers, dont quatre cents chevaux de cuirassiers, avec le colonel, le lieutenant-colonel de ce corps, environ cent cinquante hussards de Wurmser, environ vingt pièces de canon, et la position importante de la tête du pont de San-Giorgio, qui conduit dans Mantoue.

« Je ne parlerai pas des traits de valeur et de l'intrépidité des braves qui composent l'armée : on ne pourrait que répéter ce qu'ils méritent à chaque combat.

« La terreur est dans la ville de Mantoue, où Wurmser est enfermé. Encore un mouvement vers le Seraglio, et Wurmser, et tout ce qui reste de l'armée autrichienne en Italie, se trouvera renfermé dans les murs de la place, et bloqué de manière à n'en rien pouvoir sortir.

« Il résulte que, depuis le 16 de ce mois, nous avons fait environ dix-sept mille prisonniers, mis hors de combat deux ou trois mille hommes, pris vingt-deux drapeaux, une artillerie immense, détruit un tiers de la cavalerie ennemie, renfermé le général Wurmser dans Mantoue, et n'ayant plus en opposition, dans le Tyrol et à Trieste, que quelques corps épars et répandus.

« L'histoire nous a présenté les traits des généraux les plus célèbres; mais jamais on n'a vu de troupes exécuter une marche aussi pénible que celle que nous venons de faire dans les gorges de l'Adige et de la Brenta, entre des rochers escarpés : marches forcées, combats continuels et opiniâtres, tels ont été les obstacles vaincus par nos braves frères d'armes. »

portait encore de diminuer dans des combats la force de cette garnison, de manière seulement qu'elle fût réduite au point d'être trop forte en dedans et cependant trop faible pour hasarder des sorties qui lui permissent de tenir un peu de campagne en avant de ses murs.

Mantoue ne devait pas seule occuper l'attention de Buonaparte : il prévoyait que les Autrichiens feraient les derniers efforts pour la débloquer, et qu'il aurait à recommencer avec une nouvelle armée tout ce qu'il avait fait pour détruire celle de Wurmser.

Ses forces paraissaient à peine suffisantes pour vaincre une résistance si opiniâtre. En vain il anéantissait les armées entières; elles renaissaient de leurs cendres : l'or des Anglais réalisait la fable des dents du dragon de Cadmus. Mais, malgré cet or, qui leur livrait les malheureux sujets de l'Autriche, et les faisait massacrer sur le champ de bataille, tandis que leurs soudoyeurs, indifférens sur le sort et le nombre des victimes dévouées à leur avarice, ravissaient à ces gouvernemens insensés l'empire des mers et tous les moyens de commerce, en ayant l'air de soutenir leur cause, ils allaient perdre dans la Méditerranée un des fruits de leurs ordinaires trahisons, cette Corse dont le roi George s'était fait présenter la vénale couronne.

Pendant que l'Autriche s'occupe à recréer une armée dans le Tyrol et dans la Carinthie, nous anticiperons sur les événemens, et dirons ce qui se passait devant Mantoue et dans les gorges de l'Adige et de la Brenta, et apprendrons comment la Corse redevint française.

Buonaparte annonçait de Milan, le 10 vendémiaire an 5 et jours suivans, les détails du blocus de Mantoue.

« Après la bataille de San-Giorgio, nous cherchâmes à attirer Wurmser à une seconde affaire, afin d'affaiblir, dans des affaires *extrà muros*, sa garnison. Nous nous gardâmes donc bien d'occuper le Seraglio; j'espérais qu'il s'y répandirait. Nous continuâmes seulement à occuper le pont de Governolo, afin de nous faciliter le passage du Mincio.

« Le quatrième jour complémentaire, l'ennemi se porta avec quinze cents hommes de cavalerie à Castellocio. Nos grand'gardes se replièrent, comme elles en avaient l'ordre. L'ennemi ne passa pas outre. Le 2 vendémiaire, il se porta sur Governolo, en suivant la rive droite du Mincio. Après une canonnade très-vive et plusieurs charges de notre infanterie, il fut mis en déroute, et eut onze cents hommes faits prisonniers, et pris cinq canons et caissons tout attelés.

« Le général Kilmaine, auquel j'ai donné le commandement des deux divisions qui assiègent Mantoue, resta dans ses mêmes positions jusqu'au 8, espérant toujours que l'ennemi, porté par l'envie de faire entrer des fourrages, chercherait à sortir; mais l'ennemi s'était campé à la Chartreuse devant la porte Pradella, et à la Chapelle devant la porte Cereze. Le général Kilmaine fit ses dispositions d'attaque, se porta par plusieurs points sur ces deux camps, que l'ennemi évacua à son approche, après une légère fusillade d'arrière-garde.

« Les avant-postes du général Vaubois ont rencontré la division autrichienne qui défend le Tyrol; ils ont fait aux ennemis cent dix prisonniers.

Du 10. — « Nous occupons la porte Pradella, celle de Cereze, et nous bloquons la citadelle de Mantoue.

Du 17. — « Cent cinquante hommes de la garnison de Mantoue étaient sortis le 8, à dix heures du matin, de la place, avaient passé le Pô à Borgoforte pour chercher des fourrages. Cependant, à cinq heures après-midi, nous achevâmes le blocus de Mantoue, en nous emparant des portes de Pradella et Cereze, comme j'ai eu l'honneur de vous en instruire par mon dernier courrier. Ce détachement se trouvant par-là séparé de Mantoue, chercha à se retirer à Florence. Arrivé à Reggio, les habitants en furent instruits, coururent aux armes, et les empêchèrent de passer; ce qui les obligea à se retirer dans le château de Montechiarugolo sur les états du duc de Parme. Les braves habitans de Reggio les poursuivirent, les investirent, et les firent prisonniers par capitulation.

« Dans la fusillade qui a eu lieu, les gardes nationales de Reggio ont eu deux hommes tués. Ce sont les premiers qui ont versé leur sang pour la liberté de leur pays. »

« L'ennemi, ayant été inquiété par le feu que l'on a fait mettre aux meules de foin qui se trouvent entre nos postes et la citadelle, a fait une sortie dans le dessein de prendre du bois et du fourrage; il est venu par la route de la citadelle à Soave, et a attaqué le château de Prada, défendu par le chef de bataillon Dislons, à la tête de trois cents hommes de la soixante-neuvième demi-brigade. Un bataillon de la onzième demi-brigade et une pièce de canon étant arrivés pour renforcer ce poste, l'ennemi a été mis en déroute, et poursuivi jusques sur les glacis de la citadelle. Les républicains lui ont fait environ deux cents prisonniers, et lui ont tué une quinzaine d'hommes et de chevaux. Du côté des Français, il y a eu quelques hommes de blessés.

« Parmi les officiers qui se sont distingués, on doit remarquer le citoyen Magne, capitaine à la soixante-neuvième demi-brigade, qui a fait cent dix-sept prisonniers avec un petit détachement de sa demi-brigade. »

Du 18. — « Il s'est fait aujourd'hui dans la place de Mantoue une explosion très-forte. D'après les rapports qu'on a reçus dans les divisions, il paraît que c'est un magasin à poudre qui a sauté. La commotion a été si vive, qu'elle a ouvert plusieurs croisées du château de Borgoforte, éloigné de sept milles de Mantoue. »

Du 19. — « L'ennemi s'est présenté aujourd'hui à midi

entre Prada et Saint-Antoine : il a été repoussé après une légère fusillade. »

Ces escarmouches sous Mantoue préludaient à sa réduction ; et en attendant les nouveaux trophées qu'elle promettait aux républicains, le directoire reçut, dans son audience publique du 10 vendémiaire, ceux que venaient de fournir les succès de l'armée d'Italie.

« Le citoyen Marmont, chef de brigade d'artillerie, aide-de-camp du général Buonaparte, envoyé par ce général pour apporter vingt-deux drapeaux pris sur les ennemis par l'armée d'Italie, a été présenté au directoire par le ministre de la guerre, en présence d'une foule de citoyens que cette cérémonie avait attirés.

« Le ministre de la guerre a prononcé le discours suivant :

« CITOYENS DIRECTEURS,

« L'armée d'Italie, toujours triomphante, vous présente les trophées de ses nouvelles victoires.

« Les ennemis, vaincus à Castiglione, avaient reçu des renforts considérables ; ils préparaient en silence une nouvelle attaque, avec l'espoir de réparer leurs défaites : mais ils étaient attendus par une armée accoutumée à vaincre, et la bataille de Saint-George a mis un dernier terme à leurs efforts.

« La postérité croira avec peine au témoignage de l'histoire, lorsqu'elle apprendra que, dans le cours d'une seule campagne, l'Italie entière a été conquise ; que trois armées ont été successivement détruites ; que plus de cinquante drapeaux sont restés entre les mains des vainqueurs ; que quarante mille Autrichiens ont déposé les armes ; enfin, que trente mille Français, et un guerrier de vingt-cinq ans, ont opéré tous ces prodiges.

« L'armée d'Italie n'a plus de triomphes à obtenir ; elle

a rempli la plus glorieuse et la plus étonnante carrière : qu'elle renvoie donc la victoire aux armées du Rhin, et qu'un ennemi, trop prompt à s'enorgueillir de quelques avantages éphémères, apprenne bientôt que les Français sont par-tout les mêmes, et que lorsqu'ils combattent pour la liberté, rien ne peut résister à leur courage. »

Le citoyen Marmont a ensuite prononcé le discours qui suit :

« CITOYENS DIRECTEURS,

« L'armée d'Italie, après avoir conquis la plus belle contrée de l'Europe, n'avait pas fait assez pour sa patrie et pour sa gloire ; ses phalanges guerrières devaient, avant de se livrer au repos, anéantir l'ennemi qui leur restait à combattre.

« Une expédition est projetée : la sagesse des dispositions, l'infatigable constance des troupes, la confiance entière de chaque soldat dans le général qui le commande, tout promet un heureux succès. L'armée part ; elle renverse tout ce qui s'oppose à sa marche, et, pour la première fois depuis l'existence de la nation, les Français voient les sources de la Brenta, et pénètrent dans l'antique ville de Trente : alors, changeant subitement de direction, l'armée arrive, avec la rapidité de l'éclair, sur les derrières de l'armée autrichienne, et le général Buonaparte force le général Wurmser à recevoir bataille dans son quartier-général même.

« L'armée de la liberté devait être celle de la victoire ; les Autrichiens sont défaits, et le peu qui échappe au fer des Français n'a d'autre espoir que de se jeter dans Mantoue. Des circonstances le favorisent, il pénètre jusqu'à cette place : c'est alors que Wurmser, fort de quelques troupes fraîches qu'il y trouve, veut encore tenter la fortune. Mais un combat est une nouvelle occasion de gloire pour les Français : nos troupes marchent dans le plus bel ordre ; et, grace à l'excellente combinaison de nos forces, la victoire ne chancelle pas un moment. Les Autrichiens rentrent en foule par le seul passage qu'ils possèdent : nous nous en rendons maîtres; et ce qui reste, ne pouvant ni fuir ni se défendre, se confie à notre générosité.

« Ainsi Wurmser, qui a cherché, avec les débris de son armée, un asyle dans Mantoue, et qui avait conçu l'espérance de prolonger la défense de cette place, assure au contraire sa reddition, et en rapproche même l'époque.

« Les vingt-deux drapeaux que j'ai l'honneur de vous présenter, sont les témoignages éclatans de ces succès. Ils ont été pris en quatorze jours, aux combats de Serravalle, de Lavis, des gorges de la Brenta, et aux batailles de Roveredo, de Bassano et Saint-George.

« L'armée d'Italie, pendant cette brillante campagne, a détruit deux armées, pris quarante-sept mille hommes, deux cent quatre-vingts pièces de canon, et quarante-neuf drapeaux. Ces victoires vous sont un sûr garant, citoyens directeurs, de son amour constant pour la république; elle sait défendre les lois et leur obéir, comme elle a su battre les ennemis extérieurs. Veuillez la considérer comme une des plus fermes colonnes de la liberté, et croyez que tant que les soldats qui la composent existeront, le gouvernement aura d'intrépides défenseurs.

« J'ai l'honneur de vous présenter aussi deux drapeaux pris sur les troupes du pape : nous y ajoutons peu de prix, parce que nous avons eu peu de peine à les obtenir; mais ils sont au moins un monument qui atteste l'activité de l'armée d'Italie, et l'étendue de pays qu'elle a parcourue pendant cette campagne. »

Le citoyen Reveillière-Lépeaux, président du directoire, a répondu :

« Plus rapide que la renommée, l'armée d'Italie vole de

triomphes en triomphes. Par elle chaque jour est marqué d'un succès éclatant.

« Tant de faits héroïques, tant d'heureux résultats, l'ont rendue également chère aux amans de la gloire et aux amis de l'humanité; car si ses victoires ont honoré à jamais les armes françaises, elles doivent aussi forcer nos ennemis à la paix.

« Graces soient donc rendues à la brave armée d'Italie et au génie supérieur qui la dirige. Le directoire exécutif, au nom de la république française, reçoit avec la plus vive satisfaction les trophées qui attestent tant d'actions étonnantes; il vous charge de porter à vos braves frères d'armes les témoignages de la reconnaissance nationale.

« Et vous, jeune guerrier, dont le général atteste la bonne conduite et le courage, recevez ces armes * comme une marque de l'estime du directoire, et n'oubliez jamais qu'il est tout aussi glorieux de les faire servir au-dedans pour le maintien de notre constitution républicaine, que de les employer à anéantir ses ennemis extérieurs; car le règne des lois n'est pas moins nécessaire au maintien des républiques que l'éclat de la victoire. »

Le projet de Buonaparte, en mettant garnison française à Livourne, avait été non seulement d'interdire ce port au commerce anglais, mais de s'ouvrir un moyen de communication avec les patriotes des départemens du Liamone et du Golo. Tous ceux qui, fidèles à la république, avaient cherché, contre la tyrannie anglaise ou paoliste, un asyle en Italie, se réunirent bientôt à Livourne, et commencèrent, par de fréquentes communications, avec leurs concitoyens du Liamone, à organiser dans ce département les moyens de le délivrer de la domination britannique. Le prudent Paoli, qui avait prévu cet orage, s'y était soustrait

---

* Le citoyen Marmont a reçu une paire de pistolets.

d'avance, et était repassé, quelques semaines auparavant, à Florence, d'où il poursuivit sa route sur Hambourg, avec le dessein d'ensevelir à Londres les restes d'une vie déshonorée par ses dernières trahisons. Ce personnage, qui avait mérité un moment d'estime, et acquis quelque célébrité lorsqu'il avait défendu son pays contre la tyrannie génoise et l'avait bien gouverné, avait dû perdre de cette estime et de sa réputation, lorsque, plus occupé de sa vie et de sa fortune que de sa patrie, il l'avait mal défendue lors de la conquête qu'en avaient faite les Français en 1769. Devenu à cette époque gagiste de l'Angleterre, dont le gouvernement lui payait une pension, que la fortune qu'il s'était faite en Corse pendant son généralat eût pu le dispenser d'accepter s'il avait eu plus de vertu que d'amour de l'argent, il vit, après vingt ans de temps qui l'avaient facilement fait oublier, le moyen d'abuser de la générosité d'un décret de l'assemblée constituante, et de trahir la France en faveur du cabinet britannique qui le payait. C'est ici que sa conduite cesse de pouvoir trouver des excuses, et qu'il va perdre dans un jour le fruit d'une vie laborieuse, et qui n'avait pas toujours été sans gloire.

Ce décret abolissait les proscriptions contre les Corses qui, en 1769, avaient été les compagnons de sa fuite, et les réintégrait dans leurs biens, s'ils avaient été confisqués. Paoli, en le lisant, dit que sa patrie lui était restituée; qu'elle avait, comme la France, recouvré sa liberté; que n'ayant combattu que pour la lui procurer, il allait retourner jouir de celle qu'une grande nation lui assurait. Il passe en conséquence de Londres à Paris, y excite un moment de cet enthousiasme dont les Français ne savent point se défendre et sont toujours dupes. Cet enthousiasme s'exalte lorsqu'il demande à prêter son serment civique au sein même de l'assemblée nationale, qui, sur ce simple acte, le croyant un martyr de la monarchie abolie, et devenu cordialement citoyen français, se hâta de le combler d'honneur, et de l'envoyer commander en Corse. Biron, qui venait d'en obtenir le gouvernement, est tacitement invité à ne pas s'y rendre, afin que Paoli y jouisse pleinement de toute l'autorité que l'extrême confiance lui accorde.

La seule imprudence de cette conduite eût, par son excès de générosité, ramené vers la France un homme capable de reconnaissance et doué de quelque vertu; ou, s'il eût senti son ame nourrie de sentimens peu compatibles avec ceux que de pareils traitemens devaient y faire naître, il n'eût du moins pas accepté les dignités qui lui conféraient un pouvoir dont il pouvait abuser.

Le premier usage qu'il se hâta d'en faire à son retour en Corse, devait apprendre au gouvernement à le juger: mais le gouvernement français, occupé alors d'intérêts bien autrement importans, n'y songea guère; et Paoli put à son aise n'écouter que ses anciennes passions, relever son parti, éloigner ou persécuter tout ce qui n'avait pas jadis suivi sa bannière, ou l'avait abandonnée pour se soumettre à la France victorieuse. Se créer un parti, était en donner un à l'Angleterre; et prévoyant que, dans les convulsions de la révolution qui agitait la France, il se présenterait une occasion de rompre avec elle, tous ses soins tendirent à se mettre en mesure de la trahir sans danger. Il est facile d'imaginer qu'il parvint, sans beaucoup de peine, à ce but honteux. Les Anglais furent appelés, les ports leur furent ouverts, et bientôt ses agens furent offrir au roi d'Angleterre le titre et la couronne de ce royaume de Corse, que les rois de France avaient dédaigné d'ajouter à leur titre, même en la possédant, mais que le monarque anglais crut pouvoir unir au chimérique titre de roi de France, dont il se pavanait si ridiculement. On flatta les Corses du bonheur de posséder l'inappréciable constitution anglaise, et bientôt on y créa un parlement, où l'on voulut bien des communes et non pas des pairs, mais seulement des nobles; ce qui probablement trompa l'une des espérances du pair Paoli, près duquel on envoya un vice-roi, que probablement il n'attendait guère, et sur le titre et les fonctions duquel son ambition pouvait avoir compté. S'il trouva dans cet instant les Anglais moins confians et moins généreux que les Français, il aurait dû d'abord réfléchir qu'un peuple de marchands sait calculer, et que l'abus qu'il venait de faire en leur faveur des graces et de la confiance de la France, leur apprenait à ne pas s'exposer à lui faire commettre une seconde fois le même crime.

La légèreté des Français dans le choix qu'ils avaient fait de Paoli pour lui confier la Corse, est d'autant moins pardonnable, qu'ils étaient avertis de son caractère, tracé par un de leurs écrivains dans l'*Histoire de la Corse*, qu'un des membres de l'assemblée constituante connaissait assez bien pour y avoir copié sur cette isle un long rapport, auquel elle avait décerné les honneurs de l'impression.

Malgré les appuis que Paoli y avait ménagés aux Anglais, ce n'était cependant pas sans combat qu'ils s'y étaient établis, et le général Lacombe Saint-Michel, alors représentant du peuple, y avait déployé toute l'énergie républicaine, et des talens militaires qui les avaient long-temps arrêtés devant des places dont son courage et son habileté étaient la principale et presque la seule défense. Calvi ne s'était rendu qu'après être devenu un monceau de ruines; Bastia avait opposé une longue et vigoureuse résistance. Ces efforts des patriotes ne les avaient pas tous fait disparaître; et, après la soumission de l'isle, les exactions des Anglais, leur avarice et l'insolente hauteur de leur domination, ne tardèrent pas de ramener aux Français beaucoup de ceux même d'entre les Corses qui, par l'inconstance dont leurs concitoyens ont trop souvent donné des preuves, s'étaient momentanément tournés du côté de leurs ennemis. A ce nombre de patriotes, la seule gloire dont venait de se couvrir le général Buonaparte, qui était né parmi eux à Ajaccio, ajouta bien vite la foule de ceux qui croyaient voir rejaillir sur eux une partie de cet éclat que la vaillance du vainqueur de l'Italie répandait au loin. Chacun de ses triomphes y affaiblissait le parti anglais, et l'on peut dire qu'il les battait en Corse toutes les fois qu'il battait les alliés sur le continent.

Depuis plusieurs mois, les garnisons anglaises étaient réduites à n'oser sortir de leurs quartiers. Le vice roi, dans une tournée de l'isle, avait été arrêté et renvoyé, à condition de retirer ses troupes de l'intérieur, et l'on avait cessé d'y payer les impositions et d'y reconnaître l'autorité britannique. Les patriotes qui y passaient successivement de Livourne, y portaient des secours et des instructions, et l'on n'attendait que le moment d'une explosion générale, que l'annonce faite par les Anglais de leur prochain embarquement put seule empêcher d'avoir lieu.

La correspondance suivante apprend comment la Corse rentra dans le sein de la république.

Buonaparte, général en chef de l'armée d'Italie, au directoire exécutif.

Au quartier-général de Modène,
le 26 vendémiaire, an 5.

« Vous trouverez ci-jointe, citoyens directeurs, la lettre que je viens de recevoir du général Gentili. Il paraît, d'après elle, que la Méditerranée va devenir libre. La Corse, restituée à la république, offrira des ressources à notre marine, et même un moyen de recrutement à notre infanterie légère. Le commissaire du gouvernement, Salicetti, part ce soir pour Livourne pour se rendre en Corse.

« Le général Gentili va commander provisoirement les troupes. Je l'autorise à mettre en réquisition plusieurs colonnes mobiles, pour pouvoir donner force au commissaire du gouvernement, et occuper les forteresses jusqu'à l'arrivée des troupes françaises. J'y envoie un officier d'artillerie et de génie pour y organiser la direction.

« L'expulsion des Anglais de la Méditerranée a une grande influence sur le succès de nos opérations militaires en Italie. »

Gentili, général de division, commandant l'expédition, au général Buonaparte, commandant en chef l'armée d'Italie.

Livourne, le 24 vendémiaire, an 5.

« Citoyen général,

« Vive la république! notre pays est rendu à la liberté.

« Le vice-roi ayant annoncé qu'il allait évacuer la Corse, la commune de Bastia a formé de suite un comité qui a fait mettre en liberté tous les prisonniers républicains, et a nommé une députation qui vient d'arriver avec celle de Casinca et d'autres cantons, pour renouveler, au nom de tous nos concitoyens, le serment de fidélité à la république.

« Je n'attendais pour mettre à la voile que le vent favorable, et je profiterai du premier qu'il fera pour aller assurer à la république les places les plus intéressantes de l'isle.

« Bastia, ses forts, et Saint-Florent, sont déja gardés par leurs habitans, conjointement aux Anglais, qui vont en partir dans trois jours.

« On me flatte que nous trouverons de l'artillerie et des magasins. Je m'emparerai du tout, et je vous rendrai des comptes détaillés. »

Les commissaires du directoire exécutif près l'armée d'Italie, au directoire exécutif.

Au quartier-général à Modène,
le 26 vendémiaire, an 5.

« CITOYENS DIRECTEURS,

« Nous vous avons rendu compte, il y a quelques jours, de l'arrivée en Corse d'une partie des patriotes destinés à l'expédition que vous avez ordonnée, des mouvemens que les républicains de l'intérieur faisaient, et du prochain départ du général Gentili avec le restant des Corses réfugiés, qui s'étaient réunis à Livourne.

« Nous nous empressons aujourd'hui de vous apprendre l'heureuse nouvelle que les Anglais, dans l'impossibilité de tenir plus long-temps, ont évacué l'isle. La lettre du général Gentili, dont nous vous envoyons copie, vous fera connaître que déja des députés de la ville de Bastia sont arrivés à Livourne pour prêter, entre les mains de vos commissaires, le serment de fidélité à la république.

« Le général en chef va donner des ordres pour y faire passer des troupes, et le citoyen Salicetti, l'un de nous, va s'y rendre pour faire procéder à la convocation des assemblées primaires et à l'acceptation de la constitution.

« Nous regardons l'évacuation de la Corse comme l'avant-coureur de la délivrance de la Méditerranée; et cet évènement, auquel ont concouru le traité avec l'Espagne, l'occupation de Livourne, la clôture des ports de Gênes aux Anglais, et l'énergie des républicains qui se sont jetés dans l'isle, va rendre au commerce de Marseille son premier éclat, et la prospérité au midi de la république.

« Que ceux des habitans de Corse qui ont eu le malheur de se laisser séduire par les Anglais, servent d'exemple aux hommes qui seraient encore tentés de se fier à la parole de ces insulaires. »

Le général divisionnaire Gentili, aux citoyens Salicetti et Garrau, commissaires du gouvernement français près l'armée d'Italie.

Livourne, le 24 vendémiaire, an 5.

« Citoyens commissaires,

« Le projet, décidé depuis long-temps par nos compatriotes, de délivrer la Corse de la tyrannie anglaise ; les mouvemens de l'intérieur, préparés par les républicains ; les dispositions qui avaient été prises ici par les patriotes pour les soutenir ; le débarquement déja effectué dans l'isle, d'un grand nombre de nos concitoyens, et le prochain départ de ce qui en restait ici, ont porté la frayeur dans le cœur des Anglais. Ils ont senti qu'ils ne pourraient se conserver long-temps dans un pays conquis par la trahison. Elliot vient d'évacuer l'isle de Corse, et de faire embarquer toutes les troupes anglaises.

« Au moment où nous allions mettre à la voile, une nombreuse députation des communes de Bastia et autres vient d'arriver, et de nous donner cette heureuse nouvelle. Nous nous empressons de vous la transmettre.

« La ville de Bastia, fidèle à ses vœux, à son attachement à la France, a formé un comité provisoire, qui a nommé une députation pour venir offrir le serment de fidélité à la république française. Des députés d'autres communes de l'intérieur se sont joints à cette députation. Bastia et ses forts, ainsi que la place de Saint-Florent, sont gardés par les citoyens. On nous assure que dans trois jours il n'y aura plus un Anglais dans le pays. Hâtez-vous de nous donner des ordres pour aller l'occuper, et le rendre à la mère patrie. Ignorant où vous vous trouvez, nous avons engagé la députation à attendre ici votre détermination. »

Le commissaire du directoire exécutif près les armées d'Italie et des Alpes, au directoire exécutif.

Livourne, le brumaire, an 5.

« CITOYENS DIRECTEURS,

« Aussitôt qu'on eut connaissance des dispositions que faisaient les Anglais pour évacuer la Corse, le général Gentili prit le parti d'y faire passer le général de brigade Casatta avec la vingt-huitième division de la gendarmerie nationale. Il partit le 26 vendémiaire par un gros temps; et, malgré la croisière très-serrée que les Anglais tenaient près de Livourne et sur les parages de la Corse, il parvint à se jeter dans l'isle le 27.

« Le lendemain, il fut joint par un nombre assez considérable de patriotes du pays, et, avec cette force, il se porta rapidement sur Bastia, où il arriva le 29 au matin.

« Maître des hauteurs, et fortement appuyé par les citoyens de la ville, il somma les Anglais, qui tenaient encore le fort, de se rendre dans le délai d'une heure. Ils étaient au nombre de trois mille; ils avaient sur la rade quelques vaisseaux qui menaçaient de foudroyer la ville: mais la peur de voir couper le passage qui les conduisait à la mer précipita leur fuite: ils se jetaient en désordre sur leurs vaisseaux, lorsque le général Casatta fondit sur eux avec les forces qu'il avait réunies; il parvint à leur faire huit à neuf cents prisonniers, parmi lesquels presque tout le régiment de Dillon, composé d'émigrés. Il leur a pris une très-grande partie de leurs magasins, qu'ils n'ont pas eu le temps d'embarquer.

« Maître de Bastia, il a marché, le jour d'après, avec deux pièces de canon, sur Saint-Florent, que les Anglais occupaient encore. Il a trouvé les gorges de San-Germano gardées par l'ennemi, qui, après une résistance assez vive, a été forcé ; et, malgré le feu de deux vaisseaux embossés donnant sur le chemin qui conduit à la ville, les républicains sont parvenus à s'en emparer : ils y ont fait prisonnière une partie de la garnison, et pris quelques mortiers et des pièces de canon, que l'ennemi n'a pas pu enclouer.

« L'escadre, qui se trouve encore dans la baie de Saint-Florent, s'est retirée hors de la portée du canon, et le vice-roi, avec les troupes qu'il a sauvées de Bastia, s'est réfugié à Porto-Ferraio.

« La garnison de Boniface a été faite prisonnière par les républicains.

« Je sais que le chef de bataillon Bonelli, avec un grand nombre de patriotes, a marché sur Ajaccio ; mais je n'ai pas encore reçu le rapport des évènemens qui ont pu avoir lieu dans cette partie.

« Le général Gentili, avec tous les réfugiés Corses qui restaient encore sur le continent, a mis à la voile hier au soir ; et quoique les Anglais aient beaucoup de bâtimens en croisière pour nous empêcher de passer, j'espère qu'il parviendra heureusement à sa destination.

« Dans trois jours je compte partir pour me rendre à Bastia : dès mon arrivée, j'aurai soin de vous rendre compte plus en détail de la situation du pays, ainsi que des mesures que je serai dans le cas de prendre pour le maintien de l'ordre.

« Il est certain que les Anglais manquent de vivres, que leurs vaisseaux sont mal équipés, et que toute leur armée se trouve dans le dénuement le plus complet.

« Je viens d'apprendre à l'instant qu'une frégate anglaise, qui croisait sur les côtes de la Corse, a échoué au Cap Corse. Je n'ai pas encore de détails pour pouvoir vous instruire si l'équipage est tombé au pouvoir des républicains. »

Trois semaines ne s'écoulèrent pas sans que les Anglais ne se vissent totalement chassés de la Corse, et forcés d'abandonner le golfe de San-Fiorenzo, station d'où ils avaient fait beaucoup de mal à la France. Ils ne purent même sauver quelques bâtimens de guerre, qu'on brûla dans le port d'Ajaccio. Un ministre de la république s'y transporta ensuite pour y organiser le gouvernement constitutionnel.

C'est à cette époque de l'évacuation de la Corse que Naples, entraînée par les Anglais dans cette coalition qui ne pouvait jamais lui être utile, et qui l'a exposée à des dangers auxquels elle aura peine à échapper, se hâta de signer son traité de paix avec la république française. Il est probable que l'extrême modération qui s'y laisse voir n'est due qu'au desir de ne pas créer de nouveaux embarras pour l'armée d'Italie, à celui d'isoler la cour de Rome, et de terminer sans inquiétude le siège de Mantoue.

Traité de paix conclu entre la république française et sa majesté le roi des deux Siciles.

« La république française et sa majesté le roi des deux Siciles, également animés du desir de faire succéder les avantages de la paix aux malheurs inséparables de la guerre, ont nommé; savoir, le directoire exécutif, au nom de la république française, le citoyen Charles Delacroix, ministre des relations extérieures, et sa majesté le roi des deux Siciles, le prince de Belmonte Pignatelli, son gentilhomme de la chambre, et son envoyé extraordinaire et ministre plénipotentiaire près sa majesté catholique, pour traiter en leur nom des clauses et conditions propres à rétablir la bonne intelligence et amitié entre les deux puissances, lesquels, après avoir échangé leurs pleins pouvoirs respectifs, ont arrêté les articles suivans :

« ARTICLE PREMIER. Il y aura paix, amitié et bonne intelligence entre la république française et sa majesté le roi des deux Siciles. En conséquence, toutes hostilités cesseront définitivement, à compter du jour de l'échange des ratifications du présent traité.

« En attendant, et jusqu'à cette époque, les conditions stipulées par l'armistice conclu le 17 prairial an 4 (5 juin 1796, vieux style) continueront d'avoir leur plein et entier effet.

« II. Tout acte, engagement ou convention antérieurs, de la part de l'une ou de l'autre des deux parties contractantes, qui seraient contraires au présent traité, sont révoqués, et seront regardés comme nuls et non avenus : en conséquence, pendant le cours de la présente guerre, aucune des deux puissances ne pourra fournir aux ennemis de l'autre aucun secours en troupes, vaisseaux, armes, munitions de guerre, vivres ou argent, à quelque titre et sous quelque dénomination que ce puisse être.

« III. Sa majesté le roi des deux Siciles observera la plus exacte neutralité vis-à-vis de toutes les puissances belligérantes : en conséquence elle s'engage à interdire indistinctement l'accès dans ses ports à tous vaisseaux armés en guerre appartenans auxdites puissances, qui excéderont le nombre de quatre au plus, d'après les règles connues de la susdite neutralité. Tout approvisionnement de munitions ou marchandises connues sous le nom de contrebande leur sera refusé.

« IV. Toute sûreté et protection envers et contre tous seront accordées, dans les ports et rades des deux Siciles, à tous les vaisseaux marchands français, en quelque nombre qu'ils se trouvent, et à tous les vaisseaux de guerre de la république qui n'excéderont pas le nombre porté par l'article précédent.

« V. La république française et sa majesté le roi des deux Siciles s'engagent à donner main-levée du séquestre de tous effets, revenus, biens saisis, confisqués et retenus sur les citoyens et sujets de l'une et l'autre puissance par suite de la guerre actuelle, et à les admettre respectivement à l'exercice légal des actions et droits qui pourraient leur appartenir.

« VI. Tous les prisonniers faits de part et d'autre, y compris les marins et matelots, seront rendus réciproquement dans un mois, à compter de l'échange des ratifications du présent traité, en payant les dettes qu'ils auraient contractées pendant leur captivité : les malades et les blessés continueront à être soignés dans les hôpitaux respectifs ; ils seront rendus aussitôt après leur guérison.

« VII. Pour donner une preuve de son amitié à la république française, et de son desir sincère d'entretenir une parfaite harmonie entre les deux nations, sa majesté le roi des deux Siciles consent à faire mettre en liberté tout citoyen français qui aurait été arrêté et serait détenu dans ses états à cause de ses opinions politiques relatives à la révolution française ; tous les biens et propriétés, meubles et immeubles, qui pourraient leur avoir été séquestrés ou confisqués pour la même cause, leur seront rendus.

« VIII. Par les mêmes motifs qui ont dicté l'article précédent, sa majesté le roi des deux Siciles s'engage à faire faire toutes les recherches convenables pour découvrir par la voie de la justice, et livrer à la rigueur des lois, les personnes qui volèrent à Naples, en 1793, les papiers appartenans au dernier ministre de la république française.

« IX. Les ambassadeurs ou ministres des deux puissances contractantes jouiront, dans les états respectifs, des mêmes prérogatives et préséances dont ils jouissaient avant la guerre, à l'exception de celles qui leur étaient attribuées comme ambassadeurs de famille.

« X. Tout citoyen français, et tous ceux qui composeront la maison de l'ambassadeur ou ministre, et celle des consuls et autres agens accrédités et reconnus de la république française, jouiront, dans les états de sa majesté le roi des deux Siciles, de la même liberté de culte que celle dont y jouissent les individus des nations non catholiques les plus favorisées à cet égard.

« XI. Il sera négocié et conclu, dans le plus court délai, un traité de commerce entre les deux puissances, fondé sur des bases d'une utilité mutuelle, et telles qu'elles assurent à la nation française des avantages égaux à tous ceux dont jouissent, dans le royaume des deux Siciles, les nations les plus favorisées. Jusqu'à la confection de ce traité, les relations commerciales et consulaires seront réciproquement rétablies telles qu'elles étaient avant la guerre.

« XII. Conformément à l'article VI du traité conclu à la Haye le 27 floréal de l'an 3 de la république (16 mai 1795, vieux style), la même paix, amitié et bonne intelligence, stipulées par le présent traité, entre la république française et sa majesté le roi des deux Siciles, aura lieu entre sa majesté et la république batave.

« XIII. Le présent traité sera ratifié et les ratifications échangées dans quarante jours pour tout délai, à compter du jour de la signature. »

Ce traité contient quelques articles séparés, par l'un desquels Naples s'oblige de payer à la république française la somme de huit millions, et de lui livrer des munitions navales dont la valeur serait déduite de cette somme.

Il est vraiment remarquable que les traités les plus promptement faits, les plus généreusement accordés par la république française aux membres de cette coalition qui avait conspiré sa ruine, soient ceux qu'elle a faits avec les princes même de cette maison de Bourbon dont elle avait précipité le chef de son trône. Son indulgence pour les souverains de cette famille prouvait deux choses essentielles: la première, qu'elle n'avait voulu que la liberté de la France, et non exercer des vengeances contre ses anciens dominateurs; la seconde, que les coalisés, qui s'étaient armés pour maintenir, disaient-ils, la royauté en France et le trône des Bourbons, avaient évidemment un autre motif, puisqu'après la reconnaissance de la république française par tous les Bourbons, ils ne pouvaient plus invoquer ce prétendu prétexte de leurs hostilités; mais laissaient à découvert les motifs d'envahissement et de partage qui les avaient réunis, et prouvaient qu'aucune véritable et sincère envie de maintenir les Bourbons ne les avait animés.

L'armistice que Buonaparte avait d'abord accordé au duc de Parme, fut donc converti dans le traité formel qui suit.

Traité de paix conclu entre la république française et son altesse royale l'infant duc de Parme, Plaisance et Guastalla, sous la médiation de sa majesté le roi d'Espagne, exercée par le marquis del Campo, son ambassadeur près la république française.

« La république française et son altesse royale l'infant duc de Parme, Plaisance et Guastalla, desirant rétablir les liaisons d'amitié qui ont précédemment existé entre les deux états, et faire cesser, autant qu'il est en leur pouvoir, les calamités de la guerre, ont accepté avec empressement la médiation de sa majesté catholique le roi d'Espagne, et ont nommé pour leurs plénipotentiaires; savoir, le directoire exécutif, au nom de la république française, le citoyen Charles Delacroix, ministre des relations extérieures; et son altesse royale l'infant duc de Parme, MM. le comte Pierre Politi et dom Louis Bolla; lesquels, après avoir échangé leurs pleins pouvoirs respectifs, ont arrêté et conclu définitivement les articles suivans, sous la médiation de sa majesté catholique, exercée par M. le marquis del Campo, son ambassadeur près la république française, qui a également justifié de ses pleins pouvoirs.

« ARTICLE PREMIER. Il y aura paix et amitié entre la république française et son altesse royale l'infant duc de Parme. Les deux puissances s'abstiendront soigneusement de ce qui pourra altérer la bonne harmonie et réunion rétablies entre elles par le présent traité.

« II. Tout acte, engagement ou convention antérieurs de

la part de l'une ou de l'autre des deux puissances contractantes, qui seraient contraires au présent traité, seront regardés comme nuls et non avenus. En conséquence, pendant le cours de la présente guerre aucune des deux puissances ne pourra fournir aux ennemis de l'autre aucun secours en troupes, armes, munitions de guerre, vivres ou argent, à quelque titre et sous quelque dénomination que ce puisse être.

« III. L'infant duc de Parme s'engage à ne point permettre aux émigrés ou déportés de la république française de s'arrêter ou de séjourner dans ses états.

« IV. La république française et son altesse royale l'infant duc de Parme s'engagent à donner main-levée du séquestre de tous effets, revenus ou biens qui pourraient avoir été saisis, confisqués, détenus ou vendus sur les citoyens ou sujets de l'autre puissance relativement à la guerre actuelle, et à les admettre respectivement à l'exercice légal des actions ou droits qui leur appartiennent.

« V. Les contributions stipulées dans la convention d'armistice signée à Plaisance le 20 floréal dernier, entre le général Buonaparte, au nom de la république française, et MM. les marquis Pallavicini et Philippo della Rosa, au nom de l'infant duc de Parme, seront acquittées en leur entier. Il n'en sera levé ni exigé aucune autre : s'il avait été levé quelque contribution en argent, ou exigé quelques fournitures en denrées en sus de ce qui est réglé par ladite convention, les contributions en argent seront remboursées, et les fournitures en nature payées au prix courant des lieux lors de la livraison. Il sera nommé de part et d'autre, s'il y a lieu, des commissaires pour l'exécution du présent article.

« VI. A compter de la signature du présent traité, les états de son altesse royale l'infant duc de Parme seront traités comme ceux des puissances amies et neutres : s'il est fait quelques fournitures aux troupes de la république par son altesse royale ou par ses sujets, elles leur seront payées au prix convenu.

« VII. Les troupes de la république jouiront du libre passage dans les états de l'infant duc de Parme.

« VIII. L'une des puissances contractantes ne pourra accorder passage aux troupes ennemies de l'autre.

« IX. La république française et son altesse royale l'infant duc de Parme desirant rétablir et augmenter, par des stipulations réciproquement avantageuses, les relations commerciales qui existaient entre leurs citoyens et sujets respectifs, conviennent de ce qui suit:

« X. Les soies en trame, les grains, riz, huile d'olive, bestiaux, fromages, vins, huile de pétrole, et autres denrées et produits bruts des états de son altesse royale, pourront en sortir, pour être introduits dans le territoire de la république, sans aucunes restrictions que celles que rendraient nécessaires les besoins du pays. Lesdites restrictions ne pourront jamais frapper uniquement et spécialement sur les citoyens français. Il leur sera même accordé toute préférence pour la traite des objets mentionnés ou désignés au présent article, dont quelques circonstances feraient suspendre ou restreindre la sortie.

« XI. Tous les produits du territoire de la république, des colonies et pêches françaises, pourront être introduits librement dans les états de son altesse royale, et sortir pour cette destination du territoire de ladite république, sauf les restrictions que ses propres besoins pourraient rendre nécessaires

« XII. Tous les produits des manufactures françaises pourront également être introduits dans les états de son altesse royale. Si elle juge nécessaire pour la prospérité de ses manufactures d'ordonner quelques restrictions ou prohibitions, elles ne pourront jamais être particulières aux manufactures françaises, auxquelles son altesse royale promet même d'accorder toutes les préférences qui pourraient se concilier avec la prospérité des manufactures de ses états.

« Le présent article sera exécuté avec la plus exacte réciprocité pour l'introduction en France des produits des manufactures des états de son altesse royale.

« XIII. Il sera statué par une convention séparée sur les droits d'entrée et de sortie à percevoir de part et d'autre: dans le cas où ladite convention séparée ne serait point acceptée par la république, il est expressément convenu que lesdits droits seront respectivement perçus et payés comme ils le sont par les nations les plus favorisées.

« XIV. Les produits du territoire de la république, des manufactures, colonies et pêches françaises, pourront traverser librement les états de son altesse royale, ou y être entreposés, pour être ensuite conduits dans d'autres états d'Italie, sans payer aucuns droits de douane, mais seulement un droit de transit ou passage, pour subvenir à l'entretien des routes, lequel droit sera très-incessamment réglé sur un pied modéré, de concert entre les parties contractantes, etc. etc. à raison de tant par quintal et par lieue; il sera payable au premier bureau d'entrée.

« Le présent article sera exécuté réciproquement dans l'étendue du territoire de la république française, pour les denrées et marchandises provenantes des états de son altesse royale l'infant duc de Parme.

« Et attendu que le droit ci-dessus mentionné n'a été réservé que pour faire face aux dépenses d'entretien des ponts et chaussées, il est expressément convenu que les denrées et marchandises transportées en transit par les rivières et fleuves navigables jouiront réciproquement de l'exemption de tous droits.

« Les parties contractantes prendront respectivement les mesures nécessaires pour éviter tout abus dans l'exécution du présent article et des précédens.

« XV. En exécution de l'article VI du traité conclu à la Haye le 22 floréal de l'an 3, la paix conclue par le présent traité est déclarée commune avec la république batave.

« XVI. Le présent traité sera ratifié, et les ratifications échangées au plus tard dans un mois, à compter de ce jour. »

Article séparé.

« Son altesse royale s'oblige à accorder une remise d'un quart des droits d'entrée sur les denrées et marchandises provenantes du sol de la république, de ses colonies, pêcheries et manufactures, destinées pour la consommation intérieure de ses états, et de sortie sur les denrées et marchandises tirées de ses états, et destinées pour le territoire de la république, pourvu que réciproquement il soit accordé par la république française une égale diminution de droit :

« 1°. Sur les denrées et marchandises provenantes des états de son altesse royale, à leur entrée sur le territoire de la république ;

« 2°. Sur les denrées et marchandises provenantes du territoire de la république, à leur sortie pour le territoire de son altesse royale. »

Le pape était beaucoup moins heureux dans ses négociations, qu'il était difficile à des prêtres de conduire avec la franchise nécessaire. Après le renvoi de ses agens Petrarchi et Vangelisti, il avait essayé de renouer des conférences à Florence. Une congrégation de cardinaux avait trouvé qu'il y fallait envoyer le prélat Galeppi et le moine dominicain Soldati, avec le chevalier Azzara, ce ministre espagnol qui avait ménagé l'armistice dont Rome était si mécontente, et qu'elle avait si imprudemment violé en chargeant le prélat la Greca de tenter de reprendre possession de Ferrare au moment où les succès éphémères de Wurmser lui avaient laissé penser qu'elle pourrait se montrer impunément perfide. Ces agens du pape se présentèrent en effet aux commissaires français, et la conférence fut rompue dès la première proposition. Galeppi retourna vers

Rome chercher de plus amples pouvoirs, et on lui accorda sept jours de répit. L'aveuglement et un véritable esprit de vertige s'était emparé du sacré collège; la faction qui le dominait détermina le pape à refuser les conditions imposées par les Français, à rompre en effet l'armistice, à arrêter et faire rétrograder les sommes d'argent et les statues déjà parties, et à courir enfin aux armes avec une inconséquence qui tenait véritablement du délire. Une nouvelle alliance fut contractée avec Naples, une nouvelle persécution commença contre tout ce qui était soupçonné d'adhérer aux maximes françaises; les taxes les plus vexatoires furent imposées; rien de ce qui pouvait conduire ce malheureux état à sa ruine ne fut oublié. Aux spectacles des miracles qu'on avait fait faire à toutes les madones, aux processions propres à enflammer l'esprit de la multitude contre les Français, commencèrent à succéder des armemens non moins désastreux, mais plus bouffons encore. Le connétable Colonne promit un régiment, le prince Giustiniani de la cavalerie, le banquier Tortonia son trésor et ses services. Rome la sainte devenait la Rome guerrière, tandis que ses moyens s'épuisaient, que ses cédules baissaient plus rapidement que n'avaient fait en France les assignats, et que les opinions françaises y gagnaient autant que perdaient ses cédules. En vain la sagesse du ministre français Cacault cherchait à tempérer ces saillies extravagantes du gouvernement pontifical; l'espoir du retour prochain d'une armée impériale, et celui qu'elle serait enfin plus heureuse que les précédentes, et les suggestions de l'Autriche et de l'Angleterre prévalurent.

Cependant les symptômes de l'esprit de la liberté se manifestaient en Italie d'une manière effrayante pour les souverains. Reggio, déjà illustrée pour avoir donné le jour au plus grand poëte de l'Italie et à l'un des premiers du monde, à l'Arioste, venait d'ajouter à sa gloire en osant la première faire éclater ses nobles sentimens.

Dès le 11 fructidor de l'an 4, elle s'était levée en armes,

et avait chassé les troupes du duc de Modène, qui formaient sa garnison ; Ferrare et Bologne leur avaient envoyé des députés la féliciter et lui offrir leur appui. La régence qui gouvernait les états du duc de Modène depuis sa fuite, s'occupa aussitôt de remettre en état les fortifications de sa capitale : c'était avertir les Français de s'y porter ; ils y entrèrent en effet le 17 vendémiaire, déclarèrent l'armistice rompu pour n'avoir pas été observé par le souverain de Modène, et prirent sous leur protection le peuple de Modène et de Reggio. Le conseil de régence supprimé fut remplacé par un comité de gouvernement, composé des citoyens Canuti, Medici Valdrighi, Cavedoni, Testi, Cavichioli et Luosi. Ce comité prêta serment de fidélité à la république française, dut gouverner en son nom, et recevoir le serment de toutes les autres autorités secondaires. Les membres de l'ancienne régence ducale furent arrêtés et conduits à la citadelle de Tortone C'étaient Montecuculli, Scagninelli, Cuodrini, Cumpoti et Prandini. Une garde nationale fut aussitôt organisée dans tout l'état, et une assemblée pour l'union des peuples de Bologne, Ferrare, Modène et Reggio, fut convoquée à Modène.

— Le comité de gouvernement, au nom de la république française, a adressé au peuple modénois une proclamation où il expose que la suppression des droits féodaux étant nécessaire pour le bien général et la félicité publique, il s'est déterminé, avec la participation des citoyens commissaires du directoire exécutif, à décréter ce qui suit :

« ARTICLE PREMIER. Toute espèce de juridiction féodale est dès ce moment abolie.

« II. Les officiers féodaux de tout genre et de tout grade seront confirmés jusqu'à nouvel ordre par le comité de gouvernement, qui les conservera ensuite ou les supprimera, d'après les informations prises sur eux.

« III. Tous les droits et revenus féodaux perçus sous

l'ancien gouvernement, ou à percevoir, demeureront, jusqu'à nouvel ordre, remis à la caisse nationale.

« IV. Quant aux priviléges odieux de chasse et de pêche, le comité publiera incessamment une proclamation pour satisfaire à l'impatience générale de les voir supprimer.

« V. Les biens allodiaux resteront aux feudataires en propriété absolue.

« VI. Ce qui regarde l'abolition instantanée des fiefs et de toute juridiction féodale, s'étendra aux inféodations faites à un titre onéreux. »

— Le principal objet des délibérations prises par l'assemblée des députés des quatre provinces, a été d'établir la conservation des droits respectifs. En conséquence l'assemblée a déclaré permanente et indissoluble l'union des quatre peuples de Bologne, Ferrare, Modène et Reggio. Pour cet effet, considérant qu'il est nécessaire de protéger la sûreté publique et la liberté commune par la défense la plus énergique, elle a décrété :

« 1°. L'organisation d'une garde sédentaire dans toutes les populations confédérées ;

« 2°. La formation d'une légion composée de cinq cohortes, à la formation de l'une desquelles les étrangers seront invités ;

« 3°. L'établissement d'une junte ou commission militaire de cinq membres ;

« 4°. Une députation à Milan, capitale des villes libres transpadanes (au-delà du Pô), pour entretenir l'amitié et la fraternité ;

« 5°. La convocation pour le 27 décembre d'une autre assemblée à Reggio : le tout avec l'autorité du général en chef et des commissaires français. »

Bologne s'occupait du travail de sa régénération.

— Les commissaires chargés de rédiger un projet de

constitution n'ont point perdu de vue qu'une démocratie sage et raisonnée devait en être la base fondamentale, et que le bienfait de la liberté s'accroîtrait encore de tout ce qui pourrait rapprocher ce projet de constitution de la constitution française. Il paraît qu'ils ont atteint ce double but; mais une disposition particulière de ce même projet vient d'occasionner une détermination juste sans doute, mais non moins généreuse de la part du sénat. Dans le plan des commissaires, les présidens de chacun des vingt départemens qui doivent se partager le pouvoir législatif et le pouvoir exécutif devaient être choisis par le peuple dans le nombre des ex-sénateurs. Le sénat s'est refusé à cette distinction qui portait atteinte aux lois de l'égalité, ainsi-qu'au premier droit du peuple, et a déclaré que les fonctions et l'estime publiques étaient indistinctement le patrimoine de tous les citoyens. Cette conduite a fait beaucoup d'honneur au sénat, qui a justifié dans cette occasion délicate l'idée qu'on s'était faite depuis long-temps de sa sagesse et de sa modération, et qui ambitionne aujourd'hui une gloire bien chère à de vrais patriotes, celle de faire, sans orage et sans secousse, le bonheur de leur patrie, en assurant sa liberté.

Dans une séance du sénat, il fut décidé à l'unanimité qu'on abandonnerait l'ancien formulaire et les anciens titres, et que le sénat, ainsi que ses membres, ne recevraient et ne prendraient que le titre de citoyens.

— Le 16 octobre, vers les cinq heures du soir, écrivait-on alors de Bologne, une multitude incroyable de citoyens et de soldats s'est portée dans la grande place, et y a planté l'arbre de la liberté au son des instrumens guerriers, et au milieu des applaudissemens et des cris de *viva la republica francese!* La soirée a été animée par des danses et une grande illumination.

La junte de police, ayant appris que plusieurs ouvriers étrangers se sont permis de ne faire aucune démarche pour légaliser leur demeure, a ordonné par une proclamation à tous maîtres de boutique et chefs d'ateliers de déclarer le nombre et les noms de leurs ouvriers, tant nationaux qu'étrangers.

Par un autre édit, le sénat a défendu, sous des peines graves, l'exportation de toute espèce d'armes.

Nos concitoyens, qui s'étaient transportés à Modène pour assister à l'assemblée italique, étaient de retour ici mardi dernier, jour où l'on a planté l'arbre de la liberté. Cependant quelques personnes s'étant permis des reproches et des menaces envers d'autres, cela donna lieu à un tumulte dans lequel la fureur populaire se livra à différens excès. Les *birichini* vinrent ensuite dans différentes maisons exiger du vin en récompense de la fatigue qu'ils avaient éprouvée. Le général en chef Buonaparte étant alors arrivé, et ayant appris les délits qui avaient été commis, les désapprouva, et fit publier la proclamation suivante :

« J'ai vu avec plaisir, en entrant dans votre ville, l'enthousiasme qui anime les citoyens, et la ferme résolution où ils sont de conserver leur liberté. La constitution et votre garde nationale seront promptement organisées; mais j'ai été affligé de voir les excès auxquels se sont portés quelques mauvais sujets, indignes d'être Bolonais.

« Un peuple qui se livre à des excès est indigne de la liberté : un peuple libre est celui qui respecte les personnes et les propriétés. L'anarchie produit la guerre intestine et toutes les calamités publiques. Je suis l'ennemi des tyrans; mais, avant tout, l'ennemi juré des scélérats, des brigands qui les commandent lorsqu'ils pillent. Je ferai fusiller ceux qui, renversant l'ordre social, sont nés pour l'opprobre et le malheur du monde.

« Peuple de Bologne, voulez-vous que la république française vous protège? voulez-vous que l'armée française vous estime et s'honore de faire votre bonheur? voulez-vous que je me vante quelquefois de l'amitié que vous me témoignez?

réprimez ce petit nombre de scélérats ; faites que personne ne soit opprimé : quelles que soient ses opinions, nul ne peut être arrêté qu'en vertu de la loi..... Faites sur-tout que les propriétés soient respectées. »

Un pillard arrêté a été pris et condamné aux galères sur-le-champ.

Le sénat a ensuite publié deux déclarations. La première invite les citoyens à regarder l'arbre de la liberté avec enthousiasme, mais en même temps avec respect. « Il est le signe de ce sentiment noble et auguste que nous donne la nature, que le despotisme avait si long-temps endormi dans nos cœurs, et qu'après cinq siècles entiers l'invincible nation française a réveillé parmi nous. L'audacieux qui oserait l'outrager d'action ou de parole, est déclaré coupable de lèse-nation, et sera puni de mort. Cependant, que les citoyens se gardent d'attribuer à cet arbre l'idée fausse de la licence et du libertinage : il représente la liberté, l'égalité civile, qui nous met tous également sous l'autorité et la protection de la loi. Celui qui osera troubler la tranquillité et l'ordre public, insulter le gouvernement et les autorités constituées, sera sur-le-champ fusillé pour l'exemple public. »

La seconde déclaration annonce que le général en chef Buonaparte était inquiet sur le bon ordre. Le sénat a cru devoir organiser une garde civique provisoire pour la défense des citoyens, tirée du corps des arts et métiers. Chacun est invité à la respecter ; et si quelqu'un osait lui faire la moindre insulte, il subirait les punitions les plus rigoureuses, et même la peine de mort.

Hier soir la garde nationale a été provisoirement établie ; elle fait son service dans les corps-de-garde, et forme des patrouilles dans la ville pour empêcher le désordre.

Le même sénat a publié un édit pour ordonner à tous les religieux étrangers de sortir sous trois jours de la ville et de l'état de Bologne. L'argent nécessaire pour leur voyage leur sera fourni par la caisse de leur communauté. Les supérieurs veilleront à ce qu'ils n'emportent ni argent, ni meubles, ni livres, etc. appartenans à leur monastère.

Les supérieurs, procureurs, comptables, syndics et autres administrateurs, ne pourront partir qu'après avoir rendu un compte exact. On suspend aussi le départ des curés, vicaires, pères de l'Oratoire, infirmiers, hospitaliers, etc.

Sous huit jours, les supérieurs présenteront la note active et passive de leurs communautés. Aucun religieux étranger ne pourra, à titre de passage, séjourner plus de trois jours. Aucune communauté ne cessera les paiemens par an ou par mois, les aumônes ordinaires, et les fonctions publiques du culte.

Ferrare s'unissait à toutes ces mesures prises pour l'établissement du régime républicain, et secondait avec zèle la marche de l'esprit public.

L'oligarchie de Gênes, au contraire, s'opposait de tout son pouvoir à son développement, quoiqu'elle eût vu, à l'occasion du meurtre d'un Français, qu'elle ne pouvait se dispenser de fermer son port aux Anglais. Si l'oligarchie n'était pas favorable à la république française, le peuple génois s'y montrait moins contraire, et c'était là le vrai motif des terreurs de son gouvernement. Malgré le déplaisir qu'en pouvait ressentir cette faction, les Français y solemnisèrent avec beaucoup de pompe le premier jour de la cinquième année républicaine. Tous les bâtimens français qui étaient dans le port l'annoncèrent dès le matin par des salves d'artillerie, qui furent répétées à midi et le soir. Le pavillon tricolor et ceux des puissances amies flottaient de tous côtés.

Le citoyen ministre Faypoult donna le soir, dans son hôtel, une fête où le goût, la simplicité et le patriotisme régnaient également. Les salles, les appartemens et le jardin, étaient ornés d'emblêmes et de trophées. On a remarqué que les quatre pavillons génois, batave, espagnol et français étaient réunis par un ruban tricolor, sur lequel était écrit en lettres d'or ALLIANCE. Dans le jardin, éclairé à jour, on voyait l'arbre de la liberté et l'autel de la patrie, sur lequel était la statue de la Liberté. Deux orchestres exécutaient tour à tour des marches ou des chansons patriotiques. On chanta aussi l'hymne italienne que le peuple chante à Milan :

> Del despotico potere,
> Ite al loco, iniqui editti;
> Son dell' uomo i primi dritti
> Eguaglianga e liberta.

A neuf heures commencèrent les danses républicaines, qui furent interrompues à minuit par un souper qu'assaisonnait l'esprit d'égalité et de liberté.

Il y avait à cette fête un concours très-nombreux de spectateurs. Le ministre du roi de Sardaigne, le chevalier de Nomis, y a aussi assisté; mais il s'est retiré de très-bonne heure.

— Les fanatiques et les émissaires de l'Autriche, écrivait-on de Gênes le 31 octobre, excitent, par des discours et des réclamations, les habitans des ci-devant fiefs impériaux à s'insurger contre les Français, qui sont rentrés dans ces fiefs au nombre de mille hommes. Cependant la paix de Naples et l'abandon de la Méditerranée par les Anglais ont consterné tout-à-fait les ennemis de la France.

Dans le temps que le comte Girola, ministre de l'empereur, protestait contre le refus du gouvernement de Gênes de communiquer avec lui, parce qu'il a violé le droit des gens en soulevant les fiefs, il était occupé à organiser un autre soulèvement.

Le fief de Sainte-Marguerite, situé dans la vallée de Scrivia, et où il y a sur une hauteur un château susceptible de défense, était le point de réunion qu'il avait choisi. Il faisait enrôler des Allemands, prisonniers de guerre, qui désertent par la négligence des Français, et les envoyait par le chemin de Torriglia à Ste. Marguerite. Il avait établi sur la route des agens qui fournissaient des étapes à ces déserteurs. Une partie de ces recrues prenait le chemin de Sestri, de Levante, passait par Sala, où demeure la duchesse de Parme, et retournait à l'armée autrichienne dans l'état de Venise. Les émigrés des fiefs se rendaient à Sainte-Marguerite, et ils devaient y être joints par d'autres mécontens, dès que tout aurait été prêt pour le soulèvement. Plusieurs agens connus, et entre autres Sisto Quaglia, Pallestrieri, dit Piccare, d'Arquata, et le prêtre Coirazza, rodaient dans les fiefs, y répandaient des manifestes de Wurmser. Ce général était instruit de ce plan; il avait même envoyé de Mantoue le colonel Mercantini, qui a demeuré plusieurs jours caché à Gênes, dans la maison du comte Girola, où il a concerté ce plan, aidé de quelques officiers allemands prisonniers de guerre, et relâchés sur leur parole.

Les menées de tous ces agens, le transport des poudres et d'autres munitions de guerre dans les fiefs ont donné des soupçons, et bientôt le complot a été découvert. Le ministre Faypoult envoya un exprès au général Buonaparte pour lui faire part de tout ce qui se tramait : celui-ci donna aussitôt au gouverneur de Tortone l'ordre d'envoyer un détachement à Sainte-Marguerite et dans les autres fiefs. Il y avait dans le château de Sainte-Marguerite près de trois cents personnes, qui ont pris la fuite à l'approche des Français. Le seigneur du fief, qui est un Malaspina, s'est aussi sauvé avec sa famille. On ne sait pas encore les détails de l'expédition; mais l'on a arrêté beaucoup de gens armés et découvert des dépôts d'armes et de munitions. On assure que les muletiers les chargeaient pendant la nuit dans un village tout près de Gênes, où les émissaires du comte Girola les portaient secrètement. On dit qu'un homme au service du gouvernement de Gênes, dans une place de confiance, est compromis dans cette affaire.

Les assassinats n'avaient presque jamais cessé dans la

partie montueuse du Montferrat : ils avaient souvent dispersé les convois destinés aux armées françaises, et tué, il y avait plusieurs mois, le général d'artillerie Dujard.

La lettre suivante dut calmer les inquiétudes de Buonaparte sur la sûreté de cette importante communication.

Lettre du général Gaunier au général en chef.

De Tende, le 10 octobre.

« Les Barbets ont été par-tout battus et mis en fuite : Ferrous, un de leurs chefs, a été tué à Roccabigliera. Un autre chef, nommé Contin, a été atteint d'un coup de fusil, qui l'a fait tomber du haut d'une montagne. Beaucoup de leurs compagnons viennent demander grace, en promettant de déclarer leurs asyles et leurs complices.

« Citoyen général, regardez ces assassins comme dispersés et peu dangereux ; je connais les chemins autant qu'eux, ayant commandé pendant deux ans cette portion de l'armée d'Italie. Il ne se passe pas de jour où l'on ne fusille un grand nombre de ces scélérats. »

Mais Milan était sur-tout la ville dans laquelle les principes républicains se montraient avec le plus d'éclat.

On écrivait de cette ville que le 22 septembre la fête de la fondation de la république française y fut célébrée avec une pompe et une solemnité dignes de la grandeur de l'événement, et du sentiment qu'il inspire à un peuple amoureux de la liberté, et qui veut témoigner sa reconnaissance à ses libérateurs.

Au point du jour, les canons du château annoncèrent le retour de ce jour glorieux pour les Français et mémorable pour l'univers, et les citoyens se disposèrent avec joie à le célébrer. A huit heures, le congrès général d'état, le conseil suprême et les deux autres tribunaux de justice se rendirent à la municipalité, où se trouva une garde nationale nombreuse, mêlée aux troupes françaises, et rangée avec elles en file dans les vastes cours du palais commun, et dans la rue qui conduit à la cathédrale. En même temps le corps des officiers français s'était assemblé au palais Serbelloni, où logent M. et madame Buonaparte. A neuf heures on vit défiler le cortège, précédé d'un détachement d'artilleurs avec deux canons; un détachement de grenadiers français venait ensuite, puis un bataillon de la garde nationale avec beaucoup de musique. La municipalité et les tribunaux de justice marchaient en grouppes sans aucune de ces vaines distinctions qui étaient jadis une si sérieuse affaire, et ne s'occupant que d'une seule, la célébration d'une fête républicaine, nouvelle pour notre grande cité. Arrivés sur la place publique, on vit bientôt arriver le général en chef et sa brillante escorte de généraux et d'officiers de l'état major. Cette troupe se rangea sur le côté droit de la place; la municipalité, le congrès, et les autres autorités, sur une double estrade en face de la cathédrale. A gauche étaient les troupes françaises et la garde nationale également à pied. Les deux côtés de l'entrée étaient également garnis de musiciens. Le canon, disposé sur l'avant-place du ci-devant palais archiducal, annonça le commencement des réjouissances. On planta un arbre de la liberté plus grand et plus beau que le premier: ou prononça plusieurs discours relatifs à la circonstance. Le général en chef Buonaparte, le commissaire Garreau, les officiers majors, tous à cheval, étaient le principal ornement du spectacle. Les troupes françaises et nationales défilèrent par pelotons devant eux, et, faisant le tour de la place, s'acheminèrent vers le cours de la porte d'Orient, où se rendit de son côté le général et son cortège, pour retourner au palais Serbelloni: les autorités constituées s'y rendirent à pied avec tous leurs officiers. Madame Buonaparte jouissait du coup-d'œil de la fête de dessus la grande loge du *Casino di recreazioni*; toutes les fenêtres étaient garnies de spectateurs.

Au fond de la place, on avait élevé un temple avec la statue de la liberté. La déesse elle-même parut bientôt sur un superbe char triomphal traîné par six beaux coursiers : c'était une jeune femme vêtue à la grecque, et agitant un drapeau tricolor. Six jeunes garçons folâtraient autour d'elle, ornés de guirlandes de fleurs et de feuillages, et portant des emblêmes de la liberté victorieuse, de la tyrannie vaincue, de la coalition foudroyée. Entre les guirlandes et les fleurs on lisait sur une large inscriptions les noms des armées qui ont bien mérité de la patrie; d'autre part, celui de la Lombardie présenté à la déesse par un génie qui l'implorait en faveur de nos belles contrées. Ce char, après avoir comparu au palais du général, parcourut la ville, puis retourna à la place du palais national pendant le dîner, dont le général fit les honneurs.

Au sortir du dîner, le cortège se rendit, au bruit du canon, au cours de la porte d'Orient, et assista à des jeux qui rappelaient les beaux jours de la Grèce. Il y eut des courses à pied et à cheval, exécutées par des officiers français, ainsi que par nos citoyens ; le soir, des représentations théâtrales, des danses, et une joie dont nous éprouvons encore les douces et enivrantes sollicitations, en nous écriant : *Vive la république française! vive le jour de sa fondation! et puisse la cinquième époque de son anniversaire devenir la première de notre république lombarde et italique.*

On ne se bornait pas à y exciter les peuples par le spectacle des fêtes : l'administration * y publiait des adresses non moins encourageantes, parmi lesquelles nous remarquons celle *à tous les bons citoyens et amis de la patrie*, dont voici la traduction littérale.

---

* Cette administration était l'assemblée représentative qui exerçait le gouvernement provisoire établi en Lombardie depuis la conquête, sous la protection de la république française.

« Le premier élément des vertus sociales est l'instruction publique : elle annonce toujours aux nations leur bonheur prochain ; et par-tout où l'on en voit briller l'aurore, le soleil de la liberté ne tarde pas à se montrer sur l'horizon. La Grèce est également fameuse comme guerrière et comme savante, et la renommée de ses philosophes le dispute à celle de ses capitaines. Ceux-ci ont abattu les tyrans : mais les premiers ont élevé un cri qui a été répété de génération en génération ; un cri au son duquel tous les cœurs ont été ébranlés ; un cri dont le ressentiment a toujours fait trembler les puissans ; un cri enfin qui, malgré les obstacles de tout genre, a fait résonner aux oreilles des nations le nom sacré de liberté.

« De nos jours la France, rivale de la gloire des Grecs, a secoué le joug ; elle a réveillé la terreur dans l'ame des tyrans et l'espérance dans celle des peuples : mais le flambeau de la philosophie avait précédé l'éclair de son invincible épée. Avec les armes de la raison elle a persuadé au peuple qu'il devait être libre, et le peuple a voulu être libre. Elle a prédit qu'un peuple libre briserait les forces de tous les despotes de la terre, et le peuple a vu les satellites des oppresseurs du monde s'enfuir humiliés devant les drapeaux républicains.

« L'Italie ouvrit la première un asyle aux sciences et aux arts de la Grèce ; et si jusqu'à ce moment elle n'a pas donné ces preuves d'énergie qu'on devait attendre d'une nation placée par la nature dans un pays que sa situation, ses ressources, sa population, semblaient avoir destiné à la liberté, il faut en chercher la première cause dans les obstacles éternels que l'union de la tyrannie et du fanatisme a opposés à l'instruction publique, en étouffant par d'odieux moyens le germe d'indépendance que cet heureux climat avait mis dans le cœur de ses habitans.

« Notre premier devoir, dans les favorables circonstances où nous nous trouvons, est donc d'ouvrir au génie italien une vaste carrière, où, en traitant des grands intérêts de la nation entière, il puisse rendre familiers aux peuples les principes éternels de la liberté et de l'égalité, leur faire connaître l'étendue de leurs droits et la facilité de les reconquérir, et leur indiquer en même temps les écueils où peuvent aller se briser ceux qui passent de la servitude à la liberté.

« Tel est l'objet que nous avons en vue en établissant un prix pour celui qui aura le mieux traité l'importante question * que nous proposons.

« O vous qui cultivez en paix les lettres, que l'amour de la patrie et celui de la gloire vous réveillent! Si vous avez été condamnés à étouffer vos pensées sous l'ancienne tyrannie, lorsque c'était un crime que de dire la vérité, venez en ce moment, sous les heureux auspices d'une armée victorieuse et d'un général non moins invincible qu'ami de l'humanité : ne craignez pas d'élever la voix, et offrez à la patrie commune l'hommage de vos lumières et de vos talens.

« Et vous qui gémissez encore sous le joug des tyrans, bannissez toute crainte ; vous avez dans les mains le moyen le plus prompt de les renverser de leurs trônes usurpés : écrivez, montrez-les au peuple dans toute leur nudité, et ils n'exciteront plus que la haine : faites-lui connaître sa force, et il sortira de l'avilissement où l'ont retenu tant de siècles de servitude : racontez-lui les victoires de ses libérateurs, le bonheur des cités qui se sont déjà soustraites à l'esclavage ; rappelez-lui l'antique gloire de l'Italie et celle qui s'ouvre devant elle ; mettez-lui sous les yeux l'oppression que lui préparent les tyrans, si, après avoir été menacés d'une chûte prochaine, ils se raffermissaient sur leurs trônes chancelans ; faites retentir à ses oreilles les lamentations de ses enfans condamnés à une éternelle servitude, et les malé-

---

* L'adresse que nous rapportons ici était le programme d'un prix que l'administration lombarde proposait pour le meilleur discours sur cette question : *Quel est le gouvernement libre qui convient le mieux au bonheur de l'Italie ?*

dictions dont les générations futures chargeront la génération présente, si elle laisse échapper le moment heureux qui se présente au front chauve, qui peut-être ne reviendra plus; et alors la nation prendra l'attitude majestueuse qui lui convient. Elle méprisera ou renversera tous les obstacles: les despotes les plus lointains pâliront à son nom, et vous aurez la gloire d'avoir provoqué de si grandes choses par vos écrits. Ni les difficultés ni les dangers ne doivent vous arrêter : tout est facile à qui veut être libre. Osez, écrivez; l'heure de la liberté est prête à sonner. »

Elle en recueillait le prix par les pétitions suivantes.

A l'administration générale de la Lombardie.

« CITOYENS,

« Vous êtes chargés de notre administration; vous remplirez les devoirs qu'elle vous impose : mais la nation attend de vous sur-tout que vous vous occupiez essentiellement de celui de tous qui est le plus sacré ; que vous lui procuriez sa liberté, en faisant connaître au général en chef notre ardent desir de concourir par tous les moyens possibles au triomphe de la cause commune.

« En attendant, obtenez de lui que nous puissions prendre les armes, et que, réunis à ses phalanges victorieuses, il nous oppose aux efforts insensés des tyrans qui nous ont si long-temps opprimés : obtenez qu'on arme une légion lombarde. Nous confondrons ainsi nos perfides ennemis, qui nous dépeignent comme des hommes efféminés et incapables de porter les armes. Nous montrerons alors que nous ne sommes pas indignes de l'amitié de la république française, et que nous méritons son appui : c'est de cette manière que notre sort sera irrévocablement décidé, puisque la république française, juste et généreuse, n'abandonnera jamais, quelle que puisse être la vicissitude des évènemens, un peuple qui volontairement a pris les armes pour défendre une cause qui est la sienne. »

Suivaient plusieurs milliers de signatures.

L'administration générale de la Lombardie au général en chef Buonaparte.

Milan, le 15 vendémiaire, an 5.

« CITOYEN GÉNÉRAL,

« Nous venons de recevoir une pétition signée d'un nombre considérable de patriotes, dans laquelle ces braves citoyens demandent la formation d'une légion lombarde, pour l'unir à la glorieuse armée républicaine, marcher ensemble contre le commun ennemi, et défendre ainsi notre liberté et notre indépendance.

« Nous sommes informés qu'il se prépare des pétitions semblables de la part des citoyens qui n'ont pas été à temps de participer à celle-ci, ainsi que dans les diverses provinces de notre Lombardie, qui toutes forment les mêmes vœux. Ainsi, excités à remplir le plus sacré de nos devoirs, nous le faisons avec zèle et transport.

« L'administration espère, citoyen général, que vous voudrez bien seconder le desir d'un peuple qui veut être libre, et que vous ne vous opposerez pas à ce qu'il soit armé pour défendre sa patrie, et pour combattre des ennemis qui sont aussi les vôtres. »

— L'administration générale de l'état de Milan a obtenu l'agrément du général en chef Buonaparte pour former encore plusieurs bataillons, dont un sera composé de patriotes tirés de différens pays de l'Italie. En conséquence le citoyen la Hoz, chef de la légion lombarde, a publié une circulaire aux militaires licenciés, Piémontais, Niçards et Savoyards, ainsi qu'à tous les patriotes d'Italie, pour les inviter à prendre du service dans ces nouveaux bataillons, où ils seront employés conformément à leurs talens. Le motif qu'on leur propose est de se mettre en état de défendre par la force des armes leurs droits communs, et d'assurer la liberté de la nouvelle république.

Attentif à diriger l'opinion publique, Buonaparte, craignant qu'on ne l'égarât, et qu'on ne trompât le peuple de Gênes, fit rendre publique à Milan la lettre suivante, qu'il adressait au général Berthier :

« J'apprends, citoyen général, que plusieurs négocians génois, en conséquence d'une intrigue, sont sortis avec grand fracas de Gênes, et se sont réfugiés à Milan, faisant semblant de savoir que les Français doivent bombarder Gênes. Vous leur ordonnerez de sortir à l'instant de la Lombardie, et de retourner chez eux. J'ai à cœur d'ôter aux malveillans tous les moyens d'inquiéter le brave peuple génois, auquel l'armée d'Italie a des obligations essentielles, tant pour le grain qu'il nous a procuré dans le temps de disette, que pour l'amitié qu'il a toujours manifestée pour la république.

« Au moment où les Génois ont fermé leurs ports aux Anglais, et chassé le ministre de l'empereur, qui avait excité des soulèvemens dans les fiefs impériaux, ils ont des droits plus particuliers à la protection de la république française. »

C'est dans cet esprit qu'il donna la même publicité à la lettre qu'il avait adressée au cardinal Mattei.

« MONSIEUR LE CARDINAL,

« Les circonstances où vous vous êtes trouvé étaient vraiment difficiles, et absolument nouvelles pour vous. C'est à cette seule raison que je veux attribuer les fautes essentielles que vous avez commises. Les vertus morales et chrétiennes que tout le monde s'accorde à reconnaître en vous, me font desirer vivement que vous vous rendiez dans votre diocèse. Assurez tous les ministres du culte, et tous les religieux des différentes congrégations, de la protection spéciale que je leur accorderai, lorsque toutefois ils ne se mêleront point des affaires politiques des peuples. Je vous prie d'être persuadé des sentimens d'estime avec lesquels, etc. »

— Le général Buonaparte a arrêté que l'uniforme des légions que vont former les villes cispadanes, sera le même que celui des Milanais. Il s'est expliqué d'une manière non équivoque à ce sujet, en disant qu'il n'y en aurait qu'un seul pour tous les pays qui seront indépendans.

— Un édit sorti le 28 octobre ordonne à tous les étrangers, tant prêtres que séculiers, employés aux offices ci-devant royaux, et à ceux qui ont été au service de l'archiduc et de l'empereur, de sortir du Milanais sous quinze jours, à moins qu'ils n'aient été employés plus de quinze ans. La congrégation d'état laissera à leur poste, s'ils lui sont agréables, ceux qui ont été occupés dans les siennes.

L'administration générale de la Lombardie a publié un arrêté des commissaires du directoire, portant que le libre passage par la Lombardie est rétabli ; tous indistinctement en jouiront comme par le passé, en payant les mêmes droits et observant les mêmes précautions et réglemens que ci-devant. Cependant l'administration générale de la Lombardie sera responsable de tous les effets, vivres et autres objets, que des malveillans, profitant du présent arrêté, tenteraient de faire passer aux armées ennemies.

La confédération cispadane (en deçà du Pô) a adressé aux peuples de la Romagne une proclamation dans laquelle, avec l'approbation du commandant pour la république française, elle leur parle en ces termes:

« Peuples qui, situés sur nos frontières, êtes inquiets du sort que nous vous préparons, ou du parti que vous devez prendre à notre égard, que les résolutions d'un peuple libre ne vous inspirent aucune crainte. L'enthousiasme qui nous anime, le lien sacré qui nous enchaîne, ne nous feront jamais oublier que la première loi est celle de respecter les droits d'autrui....

« Nous ne savons que trop que parmi vous-mêmes se mêlent des gens qui sèment des discours mal intentionnés, et qui vous conseillent de nous regarder, sinon avec horreur, du moins avec mépris.

« On nous représentera à vos yeux comme des rebelles à la religion : venez parmi nous, et vous verrez que nous en sommes aussi zélés observateurs que vous, mais que nous sommes aussi les défenseurs de nos droits et de la liberté.

« Connaissez donc une fois les sentimens qui nous animent, et croyez-les dignes de vous-mêmes. Jouissez de la tranquillité qui est accordée à un peuple, mais ne vous laissez pas séduire par le chimérique projet de troubler notre liberté : elle est le but sacré où tendent tous nos vœux ; elle est le drapeau majestueux que nous défendrons jusqu'à la dernière goutte de notre sang ; elle est la couronne incorruptible que nous brûlons de transmettre à nos enfans, dignes à la fois de l'admiration des vivans et des suffrages de la postérité, qui n'est jamais injuste. »

Le comité de gouvernement a publié, au nom de la république française, une proclamation qui abolit pour toujours la noblesse dans cet état. Nul ne pourra porter aucun titre de noblesse ; on ne pourra avoir que celui de citoyen, ou celui de sa charge ou de sa profession. Toutes les armoiries, livrées, et autres marques distinctives de noblesse, disparaitront sous huit jours ; toute corporation exigeant preuve de noblesse est abolie. Les contrevenans seront déclarés ennemis de la constitution et de la patrie, et punis sévèrement comme tels.

La junte de défense générale, établie par le congrès fédératif, a adressé une proclamation aux gouvernemens provisoires des quatre peuples, pour les inviter à presser la levée des troupes. « Déja, dit-elle, déja le feu guerrier est allumé ; que les autorités constituées l'alimentent : que vos soins s'étendent sur les soldats, les spectacles militaires, les évolutions et les ornemens guerriers : qu'il devienne agréable et glorieux, le nom de défenseur de la liberté ; ses enfans les plus chéris seront ceux qui prendront les armes pour l'établir et assurer son triomphe. Bientôt on exécutera le plan que nous a donné le général Buonaparte, et qui devra servir de règle générale. Conspirez pour la cause commune de la liberté, en lui faisant de nombreux soldats ; que par-tout on crie *aux armes!* que les canons, les fusils, les cohortes, les légions, préparent de concert notre gloire, notre triomphe, et la conservation de la liberté et de l'égalité. »

Tant de détails sur les évènemens qui amenaient en Italie un si nouvel ordre de choses nous ont fort éloignés des opérations militaires de Buonaparte. On peut craindre de ne le peindre que de profil en ne retraçant que ses exploits guerriers. D'autres hommes n'obligeraient pas comme lui à les présenter à la postérité sous les divers aspects de guerriers, de politiques, de législateurs, de négociateurs, d'administrateurs, et le tableau qu'on ferait de leurs campagnes serait loin de fournir matière à tant de différentes digressions. Mais puisqu'ici le sujet se complique, et qu'enfin le récit des premiers efforts que fait un peuple célèbre pour revenir à la liberté porte naturellement quelque sorte d'intérêt ; nous avons voulu du moins rassembler les matériaux, qui procureront à un écrivain plus capable le moyen d'en former un jour des tableaux plus attachans. Revenons donc aux nouveaux triomphes du vainqueur de l'Italie.

Les Autrichiens profitaient de la résistance qu'opposait Mantoue, et de l'obligation où les Français se trouvaient de tenir la majeure partie de leurs forces devant cette place, pour refaire une nouvelle armée, et renforcer les débris de celle de Wurmser, cantonnés au-delà du Lavisio et de la Piave. Venise leur donnait sur son territoire toutes les facilités qui pouvaient ne pas paraître une protection éclatante et décidée, et suffire cependant à leurs besoins.

Un parti autrichien s'étant hasardé à passer la Piave, et à s'établir à Castel-Franco, Massena fit partir de son quartier-général de Bassano le chef de brigade Leclerc, qui fit évacuer le 20 vendémiaire Castel-Franco, et contint les ennemis au-delà de la Piave.

Le général Vaubois fit de son côté repasser le Lavisio à tous les ennemis, qui tentèrent de le franchir; mais leurs troupes s'étant fort augmentées, et une nouvelle armée se trouvant formée et rassemblée sous les ordres du général Alvinzi, l'infériorité des Français ne tarda pas de les forcer à se concentrer, et à abandonner Trente, Roveredo, Bassano, Vicence, et à se reporter sur la ligne de l'Adige.

COMBATS DE SAINT-MICHEL

ET DE SEGONZANO.

LE 12 brumaire, le général Guieux se porta sur le poste de Saint-Michel; il parvint, malgré une très-opiniâtre résistance de l'ennemi, à s'en emparer, brûla les ponts qu'il y avait jetés sur l'Adige, et lui fit trois cent cinquante prisonniers.

Pendant cette attaque, l'ennemi, afin de faire une diversion favorable à ses défenseurs de Saint-Michel, se mit en marche, de ses postes de Segonzano et Cembrea, pour se porter sur Lavis, et couper la retraite du général Guieux. Le général Vaubois, sur l'avis de leur mouvement, envoya à leur rencontre le général Fiorella, qui les battit vigoureusement, les repoussa jusques dans Segonzano, leur fit une centaine de prisonniers; en sorte que cette journée leur coûta environ douze cents hommes tués ou blessés, et quatre cent cinquante prisonniers.

COMBAT DE CALDERO.

« Je fus informé, le 10, qu'un corps autrichien s'avançait et était déjà campé sur la Piave : j'envoyai aussitôt le général Massena, avec un corps d'observation, à Bassano, sur la Brenta, avec ordre de se retirer sur Vicence du moment que l'ennemi aurait passé la Piave ; j'ordonnai au général Vaubois d'attaquer les postes ennemis dans le Trentin, et sur-tout de le chasser de ses positions entre le Lavisio et la Brenta. L'attaque eut lieu le 12 : la résistance fut vive. Le général Guieux emporta Saint-Michel, et brûla le pont des ennemis ; mais ceux-ci rendirent nulle notre attaque sur Segonzano, et la quatre-vingt-cinquième demi-brigade y fut maltraitée, malgré sa valeur. Nous avons fait cinq cents prisonniers, et tué beaucoup de monde à l'ennemi.

« Le 13, j'ordonnai que l'on recommençât l'attaque sur Segonzano, qu'il fallait avoir ; et en même temps, instruit que l'ennemi a passé la Piave, je pars avec la division Augereau : nous nous joignons à Vicence avec la division Massena, et nous marchons, le 15, au devant de l'ennemi, qui avait passé la Brenta. Il fallait étonner comme la foudre, et balayer, dès son premier pas, l'ennemi. La journée fut vive, chaude et sanglante : l'avantage fut à nous ; l'ennemi repassa la Brenta, le champ de bataille nous resta : nous fîmes cinq cents prisonniers, et tuâmes considérablement de monde ; nous enlevâmes une pièce de canon. Le général Lanus a été blessé d'un coup de sabre. Toutes les troupes se sont couvertes de gloire.

« Cependant, le 13, l'ennemi avait attaqué le général Vaubois sur plusieurs points, et menaçait de le tourner ; ce qui obligea ce général à faire sa retraite sur la Pietra, sa droite adossée à des montagnes, sa gauche à Mori. Le 16, l'ennemi ne se présenta point ; mais, le 17, le combat fut des plus opiniâtres. Déja nous avions enlevé deux pièces de canon et fait treize cents prisonniers, lorsqu'à l'entrée de la nuit, une terreur panique s'empara d'une partie des troupes.

« La division prend, le 18, sa position à Rivoli et à la Corona, par un pont que j'avais fait jeter exprès. La perte de l'ennemi doit avoir été considérable.

« Ayant appris une partie de ce qui s'était passé dans le Tyrol, je m'empressai de partir le 17 à la pointe du jour, et nous arrivâmes le 18 à midi à Vérone.

« Le 21, à trois heures après-midi, ayant appris que l'ennemi était parti de Montebello, et avait campé à Villa-Nova, nous partîmes de Vérone; nous rencontrâmes son avant-garde à Saint-Martin : Augereau l'attaqua, la mit en déroute, et la poursuivit trois milles; la nuit le sauva.

« Le 22, à la pointe du jour, nous nous trouvâmes en présence : il fallait battre l'ennemi de suite; nous l'attaquâmes avec intelligence et bravoure. La division Massena attaqua la gauche, le général Augereau la droite. Le succès était complet; le général Augereau s'était emparé du village de Caldero, et avait fait deux cents prisonniers; Massena s'était emparé de la hauteur qui tournait l'ennemi, et avait pris cinq pièces de canon : mais la pluie, qui tombait à seaux, se change brusquement en une petite grêlasse froide, qu'un vent violent portait au visage de nos soldats, et favorise l'ennemi; ce qui, joint à un corps de réserve qui ne s'était pas encore battu, lui fait reprendre la hauteur. J'envoie la soixante-quinzième demi-brigade, qui était restée en réserve, et tout se maintint jusqu'à la nuit. Les deux armées gardèrent leur position.

« Le temps continue à être mauvais : aujourd'hui, repos aux troupes; demain, selon les mouvemens de l'ennemi, nous agirons. »

Ces petits combats, et la nécessité où la division de Vaubois allait se trouver d'abandonner successivement toutes les positions du Tyrol, annonçaient assez une lutte plus importante et plus décisive : elle ne se fit pas attendre, et Arcole vit se renouveler les prodiges de Lodi, et les surpassa peut-être. C'est ainsi que Buonaparte en rendit compte au directoire.

BATAILLE D'ARCOLE.

Au quartier-général de Vérone,
le 29 brumaire, an 5.

« Je suis si harassé de fatigue, citoyens directeurs, qu'il ne m'est pas possible de vous faire connaître tous les mouvemens militaires qui ont précédé la bataille d'Arcole, qui vient de décider du sort de l'Italie.

« Informé que le feld-maréchal Alvinzi, commandant l'armée de l'empereur, s'approchait de Vérone, afin d'opérer sa jonction avec les divisions de son armée qui sont dans le Tyrol, je filai le long de l'Adige avec les divisions d'Augereau et de Massena ; je fis jeter, pendant la nuit du 24 au 25, un pont de bateaux à Ronco, où nous passâmes cette rivière. J'espérais arriver dans la matinée à Villa-Nova, et par là enlever les parcs d'artillerie de l'ennemi, ses bagages, et attaquer l'armée ennemie par le flanc et ses derrières. Le quartier-général du général Alvinzi était à Caldero. Cependant l'ennemi, qui avait eu avis de quelques mouvemens, avait envoyé un régiment de croates et quelques régimens hongrois dans le village d'Arcole, extrêmement fort par sa position au milieu des marais et des canaux.

« Ce village arrêta l'avant-garde de l'armée pendant toute la journée. Ce fut en vain que tous les généraux, sentant l'importance du temps, se précipitèrent à la tête, pour obliger nos colonnes à passer le petit pont d'Arcole : trop de courage nuisit, ils furent presque tous blessés ; les généraux Verdier, Bon, Verne, Lasnes, furent mis hors de combat. Augereau empoignant un drapeau, le porta jusqu'à l'extrémité du pont; il resta là plusieurs minutes sans produire aucun effet. Cependant il fallait passer ce pont, ou faire un détour de plusieurs lieues, qui nous aurait fait manquer toute notre opération. Je m'y portai moi-même: je demandai aux soldats s'ils étaient encore les vainqueurs de Lodi. Ma présence produisit sur les troupes un mouvement qui me décida encore a tenter le passage. Le général Lasnes, blessé déjà de deux coups de feu, retourna, et reçut une troisième blessure plus dangereuse. Le général Vignole fut également blessé. Il fallut renoncer à forcer le village de front, et attendre qu'une colonne commandée par le général Guieux, que j'avais envoyé par Albaredo, fût arrivée: il n'arriva qu'à la nuit, il s'empara du village, prit quatre pièces de canon, et fit quelques centaines de prisonniers. Pendant ce temps là le général Massena attaquait une division que l'ennemi faisait filer de son quartier-général sur notre gauche; il la culbuta et la mit dans une déroute complète.

« On avait jugé à propos, pendant la nuit, d'évacuer le village d'Arcole, et nous nous attendions, à la pointe du jour, à être attaqués par toute l'armée ennemie, qui se trouvait avoir eu le temps de faire filer ses bagages, ses parcs d'artillerie, et de se porter en arrière pour nous recevoir.

« A la petite pointe du jour, le combat s'engagea de partout avec la plus grande vivacité. Massena, qui était sur la gauche, mit en déroute l'ennemi, et le poursuivit jusqu'aux portes de Caldero. Le général Robert, qui était sur la chaussée du centre avec la soixante-quinzième, culbuta l'ennemi à la baïonnette, et couvrit le champ de bataille de cadavres. J'ordonnai à l'adjudant général Vial de longer l'Adige avec une demi-brigade, pour tourner toute la gauche de l'ennemi. Mais le pays offre des obstacles invincibles: c'est en vain que ce brave adjudant général se précipita dans l'eau jusqu'au cou; il ne put pas faire une diversion conséquente. Je fis, pendant la nuit du 26 au 27, jeter des ponts sur les canaux et les marais : le général Augereau y passa avec sa division. A dix heures du matin nous fûmes en présence : le général Massena à la gauche, le général Robert au centre, le général Augereau à la droite. L'ennemi attaqua vigoureusement le centre, qu'il fit plier. Je retirai alors la trente-deuxième de la gauche, je la plaçai en embuscade dans des bois ; et à l'instant où l'ennemi, poussant le centre, était sur le point de tourner notre droite, le général Gardanne, à la tête de la trente-deuxième, sortit de son embuscade, prit l'ennemi en flanc, et en fit un carnage horrible. La gauche de l'ennemi était appuyée à des marais, et par la supériorité du nombre en imposait à notre droite. J'ordonnai au citoyen Hercule, officier de mes guides, de choisir vingt-cinq hommes de sa compagnie, de longer l'Adige une demi-lieue, de tourner tous les marais qui appuyaient la gauche des ennemis, et de tomber ensuite au grand galop sur le dos de l'ennemi, en faisant sonner plusieurs trompettes. Cette manœuvre réussit parfaitement ; l'infanterie ennemie se trouva ébranlée : le général Augereau sut profiter du moment. Cependant elle résiste encore, quoiqu'en battant en retraite, lorsqu'une petite colonne de huit à neuf cents hommes, avec quatre pièces de canon, que j'avais fait filer par Porto-Legnago, pour prendre une position en arrière de l'ennemi, et lui tomber sur le dos pendant le combat, acheva de le mettre en déroute. Le général Massena, qui s'était reporté au centre, marcha droit au village d'Arcole, dont il s'empara, et poursuivit l'ennemi jusqu'auprès du village de Saint-Bonifacio ; mais la nuit nous empêcha d'aller plus avant.

« Le fruit de la bataille d'Arcole est quatre à cinq mille prisonniers, quatre drapeaux, dix-huit pièces de canon. L'ennemi a perdu au moins quatre mille morts, et autant de blessés. Outre les généraux que j'ai nommés, les généraux Robert et Gardanne ont été blessés. L'adjudant-général Vaudelin a été tué. J'ai eu deux de mes aides-de-camp tués, les citoyens Elliot et Muiron, officiers de la plus grande distinction : jeunes encore, ils promettaient d'arriver un jour avec gloire aux premiers postes militaires. Notre perte, quoique peu considérable, a été très-sensible, en ce que c'est presque tous officiers de distinction.

« Cependant le général Vaubois a été attaqué et forcé à Rivoli, position importante qui mettait à découvert le blocus de Mantoue. Nous partimes, à la pointe du jour, d'Arcole. J'envoyai la cavalerie sur Vicence, à la poursuite des ennemis, et je me rendis à Vérone, où j'avais laissé le général Kilmaine avec trois mille hommes.

« Dans ce moment-ci j'ai rallié la division de Vaubois, je l'ai renforcée, et elle est à Castel-Novo. Augereau est à Vérone, Massena sur Villa-Nova. Demain j'attaque la division qui a battu Vaubois. Je la poursuis jusques dans le Tyrol, et j'attendrai alors la reddition de Mantoue, qui ne doit pas tarder quinze jours. L'artillerie s'est comblée de gloire.

« Les généraux et officiers de l'état-major ont montré une activité et une bravoure sans exemple. Douze ou quinze ont été tués ; c'était vraiment un combat à mort ; pas un d'eux qui n'ait ses habits criblés de balles.

« Je vous enverrai les drapeaux pris sur l'ennemi. »

Les détails d'une affaire aussi importante ne peuvent être superflus, et nous ne craignons pas d'ajouter ceux que contiennent les lettres suivantes du général Berthier.

« L'activité dans laquelle nous sommes depuis quinze jours, ne m'a pas permis de vous écrire aussi souvent que je l'aurais desiré ; mais le commandant de la Lombardie, auquel j'ai envoyé le précis de nos mouvemens, a dû vous en faire passer copie.

« Depuis notre dernière affaire de Caldero, qui a eu lieu le 22, et dans laquelle, après un combat opiniâtre, les deux armées restèrent dans leurs positions, le général d'Alvinzi avait fait sa jonction avec la colonne du Tyrol, et se trouvait avoir un corps d'armée de plus de quarante mille hommes.

« Le 24, l'armée ennemie était en présence, et se préparait à livrer un combat général. Le général Buonaparte, instruit des intentions de l'ennemi, manœuvra aussitôt pour les déjouer.

« Dans la nuit du 24 au 25, il ordonna à la division du général Vaubois de garder le point de Rivoli, pour tenir en échec la colonne de droite de l'ennemi, commandée par le général Davidovich : les château et fort de Brescia, Vérone, les places de Peschiera et Legnago, étaient dans un état de défense respectable. Le général en chef disposa des corps légers et de l'artillerie volante pour défendre les passages de l'Adige ; dans la même nuit, il fit jeter un pont de bateaux à Ronco pour passer l'Adige, tomber à l'improviste sur les derrières du général d'Alvinzi, lui couper sa communication, s'emparer de ses magasins, de son parc d'artillerie, lui enlever tous ses moyens de subsistance, et enfin l'attaquer à revers. Avant le jour, les deux divisions Massena et Augereau avaient déja passé l'Adige, et elles s'avançaient sur deux chaussées qui traversent, pendant plusieurs milles, un marais impraticable. La colonne de gauche, commandée par le général Massena, fut la première à rencontrer quelques avant-postes ennemis qu'elle culbuta ; celle de droite, commandée par le général Augereau, après avoir également fait reployer quelques postes ennemis, fut arrêtée au village d'Arcole, occupé par les Autrichiens, qui battaient en flanc la digue sur laquelle il fallait passer pour pénétrer. Un canal qui bordait cette digue du côté du village empêchait de le tourner ; il fallait donc, pour s'en emparer, passer sous son feu, et traverser un petit pont défendu par plusieurs maisons crenelées, d'où l'ennemi faisait un feu terrible. Nos troupes, à plusieurs reprises, se portèrent au pas de charge pour enlever ce pont : mais n'ayant pas la première fois déployé la même audace qu'au pont de Lodi, elles furent repoussées dans leurs tentatives réitérées ; en vain le général Augereau, un drapeau à la main, s'était avancé à la tête de la colonne pour forcer Arcole. Le général en chef, auquel on rendit compte des difficultés qu'éprouvait la division du général Augereau, ordonna au général Guieux de descendre l'Adige avec un corps de deux mille hommes, et de passer cette rivière sous la protection de notre artillerie légère, à un bac qui se trouvait à deux milles au-dessous de Ronco, vis-à-vis Albaredo; il avait l'ordre de se porter sur le village d'Arcole pour le tourner: mais cette marche était longue, la journée s'avançait, et il était de la dernière importance d'emporter Arcole, afin d'être sur les derrières de l'ennemi avant qu'il eût pu avoir connaissance de notre mouvement.

« Le général en chef se porta avec tout son état-major à la tête de la division d'Augereau; il rappela à nos frères d'armes qu'ils étaient les mêmes qui avaient forcé le pont de Lodi. Il crut s'appercevoir d'un mouvement d'enthousiasme, et voulut en profiter. Il se jette à bas de son cheval, saisit un drapeau, s'élance à la tête des grenadiers, et court sur le pont en criant: *Suivez votre général.* La colonne s'ébranle un instant, et l'on était à trente pas du pont lorsque le feu terrible de l'ennemi frappa la colonne, la fit reculer au moment même où l'ennemi allait prendre la fuite. C'est dans cet instant que les généraux Vignole et Lasnes sont blessés, et que l'aide-de-camp du général en chef Muiron fut tué.

« Le général en chef et son état-major sont culbutés; le général en chef lui-même est renversé avec son cheval dans un marais, d'où, sous le feu de l'ennemi, il est retiré avec peine; il remonte à cheval, la colonne se rallie, et l'ennemi n'ose sortir de ses retranchemens.

« La nuit commençait lorsque le général Guieux arrive sur le village d'Arcole avec valeur, et finit par l'emporter; mais il se retira pendant la nuit, après avoir fait beaucoup de prisonniers, et enlevé quatre pièces de canon.

« L'ennemi, qui avait eu le temps d'être averti de notre mouvement, avait commencé à faire évacuer tous ses équipages et ses magasins sur Vicence, et avait porté presque toutes ses forces vers Ronco pour livrer bataille, et avant le jour il occupait, avec des forces considérables, le village d'Arcole.

« Le 26, à la pointe du jour, l'ennemi nous attaqua sur tous les points; la colonne du général Massena, après un combat opiniâtre, culbuta l'ennemi, et lui fit quinze cents prisonniers, lui enleva six pièces de canon et quatre drapeaux.

« La colonne du général Augereau repoussa également l'ennemi; mais elle ne put parvenir à forcer le village d'Arcole, qui fut encore attaqué à plusieurs reprises. On jugera de l'opiniâtreté des différentes attaques qui ont eu lieu à ce village, où sept généraux ont été blessés.

« Le même soir, le général en chef marcha lui-même sur le canal, à droite de l'Adige, avec une colonne qui portait des fascines, dans le dessein d'y établir un passage; ce qui ne put avoir lieu à cause du courant. Alors l'adjudant-général Vial, qui était à la tête de la colonne, traversa le canal, ayant de l'eau jusqu'au cou; mais il fut obligé de repasser. C'est dans ce moment que fut tué l'aide-de-camp du général en chef Elliot.

« La nuit suivante, le général en chef ordonna qu'on jetât un pont sur ce canal, et une nouvelle attaque fut combinée pour le 27. La division du général Massena devait attaquer sur la chaussée de gauche, et celle du général Augereau, pour la troisième fois, le célèbre village d'Arcole, tandis qu'une autre colonne devait traverser le canal pour tourner ce village. Une partie de la garnison de Porto-Legnago, avec cinquante chevaux et quatre pièces d'artillerie, reçut l'ordre de tourner la gauche de l'ennemi, afin d'établir une diversion.

« L'attaque commença à la pointe du jour; le combat fut opiniâtre. La colonne de Massena trouva moins d'obstacles; mais celle d'Augereau fut encore repoussée à Arcole, et se repliait en désordre sur le pont de Ronco, lorsque la division de Massena, qui avait suivi le mouvement rétrograde de la division d'Augereau, se trouva en mesure de se rejoindre à elle pour attaquer de nouveau l'ennemi, qui fut mis en fuite cette fois, et qui, se voyant tourné par sa gauche, fut forcé à Arcole : alors la déroute fut complète, il abandonna toutes ses positions, et se retira pendant la nuit sur Vicence.

« Le 28, à la pointe du jour, une partie de l'armée française poursuivit l'ennemi sur Vicence, lui enleva plusieurs bateaux de son équipage de pont, ramassa quelques prisonniers et beaucoup de blessés, et l'autre partie arriva sous les murs de Vérone.

« Pendant nos succès à Ronco, notre aile gauche, commandée par le général Vaubois, fut forcée dans ses positions à Rivoli, que l'ennemi occupe en ce moment. Cette aile droite de l'armée impériale, que commande le général Davidovich, sera attaquée demain par des forces supérieures, et doit tomber entièrement en notre pouvoir, ou, si elle évacue, être poursuivie jusques dans le Tyrol. Alors l'armée d'Alvinzi, séparée et à moitié détruite, doit nous donner Mantoue sous peu de jours.

« Dans ces différens combats, nous avons fait à l'ennemi environ cinq mille prisonniers, dont cinquante-sept officiers, tué ou blessé une énorme quantité d'hommes, enlevé quatre drapeaux et pris dix-huit pièces de canon, beaucoup de caissons, plusieurs haquets chargés de pontons, et une multitude d'échelles que l'armée autrichienne s'était procurées dans le dessein d'escalader Vérone.

« Nous avons eu sept généraux blessés, dont deux mortellement, Lasnes, Vignole, Verdier, Gardanne, Bon, Robert et Verne. Les aides-de-camp du général en chef Muiron et Elliot, et l'adjudant-général Verdeling, ont été tués. »

C'est de son quartier-général de Vérone que Buonaparte écrivait, le 29 brumaire, au citoyen Carnot, membre du directoire, une lettre dont voici l'extrait :

« Les destinées de l'Italie commencent à s'éclaircir; encore une victoire demain, qui ne me semble pas douteuse, et j'espère avant dix jours vous écrire du quartier-général de Mantoue. Jamais champ de bataille n'a été aussi disputé que celui d'Arcole; je n'ai presque plus de généraux : leur dévouement et leur courage sont sans exemple. Le général de brigade Lasnes est venu au champ de bataille, n'étant pas encore guéri de la blessure qu'il a reçue à Governolo. Il fut blessé deux fois pendant la première journée de la bataille. Il était, à trois heures après-midi, étendu sur son lit et souffrant, lorsqu'il apprend que je me porte moi-même à la tête de la colonne; il se jette à bas de son lit, monte à cheval et revient me trouver. Comme il ne pouvait pas être à pied, il fut obligé de rester à cheval. Il reçut, à la tête du pont d'Arcole, un coup qui l'étendit sans connaissance. Je vous assure qu'il fallait tout cela pour vaincre; les ennemis étaient nombreux et acharnés, les généraux à la tête; nous en avons tué plusieurs. »

Le général divisionnaire Berthier, chef de l'état-major, au général Baraguey d'Hilliers, commandant la Lombardie.

Au quartier-général de Vérone,
le 29 brumaire, an 5.

« Enfin, mon cher général, après les manœuvres les plus hardies, les combats les plus opiniâtres, huit jours sans nous débotter, nous venons de battre le général Alvinzi, et son corps que nous avons poursuivi jusqu'à Vicence. Cinq mille prisonniers, trois mille hommes tués ou blessés, quatre drapeaux, douze pièces de canon, sont le fruit de ces victoires. Alvinzi va se rallier derrière la Brenta. Davidovich, qui ne sait pas ce qu'est devenu Alvinzi, est à la rive droite de l'Adige, après avoir forcé la division de Vaubois et s'être avancé au-delà de Rivoli : nous craignons qu'il ne se retire.

S'il est encore aujourd'hui dans ses positions, demain il est à nous avec les six mille hommes qu'il commande. *Vive l'armée d'Italie!* Bientôt Mantoue sera au pouvoir des républicains.

« Jamais on ne s'est battu avec plus d'acharnement. Nous avons eu deux généraux blessés mortellement, et cinq qui, espère-t-on, en reviendront; deux aides-de-camp du général en chef et un adjudant-général tués.

« Je n'ai pas le temps d'en dire davantage, nous avons encore à combattre : point de repos que l'ennemi ne soit détruit. »

Au quartier-général de Milan,
le 3 frimaire, an 5.

« Je vous ai mandé par le dernier bulletin que je vous ai fait passer, général, qu'après avoir battu les troupes commandées par le général Alvinzi en personne à Arcole, le général en chef faisait ses dispositions pour attaquer la colonne commandée par le général Davidovich, qui avait porté ses avant-postes jusqu'à Castelnovo.

« Le général en chef donna, le premier frimaire, l'ordre d'attaquer l'ennemi, qui, repoussé de position en position, effectua sa retraite avec précipitation. Son arrière-garde fut très-maltraitée, et en partie coupée sur les hauteurs de Rivoli, dont nous sommes restés maîtres.

« Différens corps détachés l'ont poursuivi toute la nuit au-delà de la Corona et le long de l'Adige.

« Nous avons dans cette journée fait à l'ennemi onze cents prisonniers, dont le colonel comte de Berbach, pris quatre pièces de canon et six caissons. »

Message aux conseils des cinq cents et des anciens, du 10 frimaire, an 5.

« Citoyens législateurs,

« Nous attendions impatiemment les dépêches officielles du général en chef Buonaparte, pour vous faire part de la victoire décisive qui vient d'être remportée sous ses ordres par l'armée d'Italie. Jamais cette brave armée ne s'était trouvée dans une position aussi critique : l'ennemi avait fait les plus grands efforts ; il avait enlevé de l'intérieur de ses états tout ce qui lui restait de forces disponibles ; il les avait fait passer en poste, et il était parvenu à se former en Italie une armée nouvelle, plus considérable que les deux premières, déja exterminées, avant que les secours envoyés de l'intérieur de la France au général en chef Buonaparte eussent pu joindre l'armée d'Italie. Il ne fallait pas moins que le génie de cet intrépide guerrier, les talens des officiers-généraux et particuliers qui l'ont secondé au prix de leur sang, le dévouement et la constance de tous nos braves frères d'armes, pour avoir triomphé de tant d'obstacles préparés par le désespoir des ennemis.

« Le résultat des sanglans combats qui se sont multipliés pendant huit jours consécutifs, est la perte, pour les ennemis, de douze mille hommes tant tués que blessés ou prisonniers, quatre drapeaux, et dix-huit pièces de canon. La position actuelle des armées promet de nouveaux succès et la prise de Mantoue, d'où dépend le sort de l'Italie. »

Quelque considérable que fût la perte faite par Alvinzi, son armée était loin d'être détruite : repoussée dans les montagnes, il devenait difficile de l'y forcer, et Buonaparte ne pouvait guère oublier que derrière lui Mantoue tenait encore, et que Wurmser y avait une forte garnison. Le point important était de contenir Alvinzi, de lui fermer la vallée de l'Adige, ainsi que toutes les voies qui pouvaient l'approcher de Mantoue. Il fut donc suivi dans sa retraite.

« Je vous ai instruit, écrivait Buonaparte au directoire, que le général Vaubois avait été obligé d'abandonner la position de Rivoli, et que l'ennemi était déjà arrivé à Castelnovo. Je profitai de la déroute de l'ennemi à Arcole pour faire repasser sur-le-champ l'Adige à la division du général Massena, qui opéra sa jonction à Villa-Franca avec celle du général Vaubois; et réunies, elles marchèrent à Castelnovo le premier frimaire, tandis que la division du général Augereau se portait sur les hauteurs de Sainte-Anne, afin de couper la vallée de l'Adige à Dolce, et par ce moyen ôter la retraite à l'ennemi.

« Le général Joubert, commandant l'avant-garde des divisions Massena et Vaubois réunies, atteignit l'ennemi sur les hauteurs de Campara : après un combat assez léger, nous parvînmes à entourer un corps de l'arrière-garde ennemie, lui faire douze cents prisonniers, parmi lesquels le colonel du régiment de Berbach. Un corps de trois à quatre cents hommes ennemis, voulant se sauver, se noya dans l'Adige.

« Nous ne nous contentâmes pas d'avoir repris la position de Rivoli et la Corona, nous poursuivîmes l'ennemi jusqu'à Preabocco. Augereau, pendant ce temps-là, avait rencontré un corps ennemi sur les hauteurs de Sainte-Anne, et l'avait dispersé, lui avait fait trois cents prisonniers, était arrivé à Dolce, avait brûlé deux équipages de pontons sur la Queta, et enlevé quelques bagages.

« Le général Wurmser a fait une sortie de Mantoue hier 3, à sept heures du matin : la canonnade a duré toute la journée. Le général Kilmaine l'a fait rentrer, comme à l'ordinaire, plus vite qu'il n'était sorti, et lui a fait deux cents prisonniers, pris un obusier et deux pièces de canon. Wurmser était en personne à cette sortie. Voilà la troisième fois, m'écrit le général Kilmaine, que Wurmser tente de faire des sorties, toutes les fois avec aussi peu de succès. Wurmser n'est heureux que dans les journaux que les ennemis de la république soldent à Paris. »

C'est après cette sanglante journée d'Arcole que Buonaparte écrivit de Vérone les lettres suivantes.

Au général Clarke.

« Votre neveu Elliot a été tué sur le champ de bataille d'Arcole. Ce jeune homme s'était familiarisé avec les armes: il a plusieurs fois marché à la tête des colonnes : il aurait été un jour un officier estimable. Il est mort avec gloire et en face de l'ennemi ; il n'a pas souffert un instant. Quel est l'homme raisonnable qui n'envierait pas une telle mort ? Quel est celui qui, dans les vicissitudes de la vie, ne s'abonnerait pas pour sortir de cette manière d'un monde si souvent méprisable? Quel est celui d'entre nous qui n'a pas regretté cent fois de ne pas être ainsi soustrait aux effets puissans de la calomnie, de l'envie, et de toutes les passions haineuses qui semblent presque exclusivement diriger la conduite des hommes? »

On sent déja dans ce billet que sa gloire avait éveillé l'envie, et que l'envie ne l'avait pas laissé sans quelques atteintes. En effet, on avait pu ou du moins on avait paru jusqu'à ce jour lui pardonner ses succès : mais, une suite inouie de triomphes ne permettant plus la consolation de lui compter des rivaux, le parti anti-républicain, qui, depuis le 13 vendémiaire, l'avait honoré de toute sa haine, en le voyant invincible sur les champs de bataille et invariable dans ses opinions politiques, s'attacha dès ce moment à inventer des défaites qu'il n'essuyait point, et qu'on souhaitait de bon cœur qu'il éprouvât, ou à tâcher de le trouver ambitieux, afin de le faire redouter à un gouvernement qui n'avait pas de plus ferme appui. C'eût été un coup de maître de le lui enlever en le lui rendant suspect ; on savait quelle force c'était lui ôter que de le priver des services d'un si grand et si loyal républicain. Heureusement le directoire ne se laissa pas prendre à ce piège grossier, et les malveillans continuèrent nonobstant à calomnier.

A la citoyenne Muiron.

« Muiron est mort à mes côtés sur le champ de bataille d'Arcole. Vous avez perdu un mari qui vous était cher; j'ai perdu un ami auquel j'étais depuis long-temps attaché : mais la patrie perd plus que nous deux, en perdant un officier distingué autant par ses talens que par son rare courage. Si je vous puis être bon à quelque chose, à vous ou à son enfant, je vous prie de compter entièrement sur moi. »

Au directoire exécutif.

« Le citoyen Muiron a servi depuis les premiers jours de la révolution dans le corps de l'artillerie; il s'est spécialement distingué au siège de Toulon, où il fut blessé en entrant par une embrasure dans la célèbre redoute anglaise.

« Son père était alors arrêté comme fermier-général : le jeune Muiron se présenta à la convention nationale, au comité révolutionnaire de sa section, couvert du sang qu'il venait de répandre pour la patrie; il obtint la libération de son père.

« Au 13 vendémiaire il commandait une division d'artillerie qui défendait la convention : il fut sourd aux séductions d'un grand nombre de ses connaissances et des personnes de sa société. Je lui demandai si le gouvernement pouvait compter sur lui : « Oui, me dit-il : j'ai fait serment de sou-
« tenir la république; je fais partie de la force armée,
« j'obéirai à mes chefs. Je suis d'ailleurs, par ma manière
« de voir, ennemi de tous les révolutionnaires, et tout au-
« tant de ceux qui n'en adoptent les maximes et la marche
« que pour rétablir un trône, que de ceux qui voudraient

« rétablir ce régime cruel où mon père et mes parens ont si
« long-temps souffert ». Il s'y comporta effectivement en
brave homme, et fut très-utile dans cette journée qui a
sauvé la liberté.

« Depuis le commencement de la campagne d'Italie, j'avais
pris le citoyen Muiron pour mon aide-de-camp : il a rendu,
dans presque toutes les affaires, des services essentiels; enfin,
il est mort glorieusement sur le champ de bataille d'Arcole,
laissant une jeune veuve enceinte de huit mois. »

On aime à trouver dans le vainqueur d'Arcole l'intérêt
qu'il met à faire valoir les services d'un ami. La jeune veuve
et l'enfant de Muiron ne profitèrent point des faveurs que
cet intérêt pouvait leur procurer : dans peu de mois l'un
et l'autre suivirent leur père et leur époux; car les champs
de bataille n'ont pas seuls le funeste privilège d'ouvrir les
tombeaux qui nous attendent.

La conduite du gouvernement vénitien devenait de jour
en jour moins tolérable, et les précautions de l'armée française qui occupait son territoire avaient besoin de redoubler
pour n'être pas victime de ses trahisons. Elles combattaient
pour Alvinzi, quand Alvinzi, occupé de réparer ses pertes,
n'osait ou n'était pas encore en état de courir de nouveaux
hasards. Buonaparte en informait ainsi le directoire le 8
nivose, de son quartier-général de Milan.

« Les Vénitiens ayant accablé de soins l'armée du général
Alvinzi, j'ai cru devoir prendre de nouvelles précautions,
celle de m'emparer du château de Bergame, qui domine la
ville de ce nom, afin d'empêcher les partisans ennemis de
venir gêner nos communications de l'Adda à l'Adige. Cette
province de l'état de Venise est mal intentionnée à notre
égard. Il y avait dans la ville de Bergame un comité chargé
de répandre les nouvelles les plus ridicules sur le compte de
l'armée : c'est sur le territoire de cette province qu'on a le

plus assassiné de nos soldats, et c'est de là que l'on favorisait la désertion des prisonniers autrichiens. Quoique l'occupation de la citadelle de Bergame ne soit pas une opération militaire, il n'en a pas moins fallu du talent et de la fermeté pour l'obtenir. Le général Baraguey-d'Hilliers, que j'en avais chargé, s'est dans cette occasion parfaitement conduit. Je vais lui donner le commandement d'une brigade, et j'espère qu'aux premières affaires il méritera sur le champ de bataille le grade de général de division. »

Il avait fait faire, dès le 5, la proclamation suivante.

Le général Baraguey-d'Hilliers, commandant de la Lombardie et les troupes cantonnées dans la province de Bergame, aux habitans de Bergame.

« Les circonstances m'ont forcé à occuper la ville et le château de Bergame, pour prévenir les sinistres projets des ennemis de la république française, et éloigner de vos foyers le théâtre de la guerre. Les troupes républicaines sont amies de l'ordre et des lois protectrices de la sûreté des personnes et des propriétés. Ne craignez donc rien de leurs baïonnettes, car elles ne servent jamais que pour frapper le crime ou vaincre les ennemis de leur liberté. Je leur ferai respecter vos droits, vos usages, votre culte, et votre gouvernement. Nous sommes venus chez vous comme des amis, et j'espère que vous n'oublierez pas vos intérêts au point de me forcer à faire usage des forces qui me sont confiées contre des citoyens que ma république et ma religion me prescrivent de regarder comme des frères. »

A cette époque du 8 nivose il annonçait ainsi la position de son armée.

« L'armée du général Alvinzi est sur la Brenta et dans le Tyrol; l'armée de la république est le long de l'Adige, et occupe la ligne de Montebaldo, Corona, Rivoli. Nous avons une avant-garde en avant de Vérone, et une autre en avant de Porto-Legnago.

« Mantoue est cernée avec le plus grand soin : d'après une lettre de l'empereur à Wurmser, qui a été interceptée, cette place doit être à toute extrémité : la garnison ne se nourrit que de viande de cheval.

« Je vous le répète avec une vraie satisfaction, la république n'a point d'armée qui desire plus que celle d'Italie le maintien de la constitution sacrée de 1795, seul refuge de la liberté et du peuple français. L'on hait ici et l'on est prêt à combattre les nouveaux révolutionnaires, quel que soit leur but. Plus de révolution, c'est l'espoir le plus cher du soldat. Il ne demande pas la paix, qu'il desire intérieurement, parce qu'il sait que c'est le seul moyen de ne la pas obtenir, et que ceux qui ne la desirent pas l'appellent bien haut pour qu'elle n'arrive point ; mais il se prépare à de nouvelles batailles pour la conquérir plus sûrement. »

En vain les trophées se multipliaient ; en vain le directoire les recevait avec une solemnité propre à entretenir l'esprit public : un autre esprit le combattait, et annonçait par ses progrès tous les dangers d'une nouvelle lutte intérieure. Les drapeaux pris à Arcole arrivèrent, et il les reçut dans sa séance publique du 10 nivose.

Le ministre de la guerre présenta au directoire le citoyen Lemarois, chef de bataillon, et aide-de-camp du général en chef Buonaparte, qui annonça l'objet de sa mission en ces termes :

« CITOYENS DIRECTEURS,

« J'ai l'honneur de vous présenter, de la part de la brave armée d'Italie et de son intrépide général, quatre drapeaux qu'elle a conquis aux batailles d'Arcole. L'aigle autrichien, trois fois vaincu, est chassé des rives de l'Adige. Déja Alvinzi se flatte de la prompte délivrance du boulevard de l'Italie : mais Buonaparte était là; il donne le signal du combat, et, traçant lui-même, l'étendard tricolor à la main, le chemin de la victoire à ses braves compagnons d'armes, il ébranle, il disperse la quatrième armée ennemie. Ces drapeaux, citoyens directeurs, sont les trophées de cette mémorable victoire, et l'armée d'Italie vous en promet de nouveaux si l'Autrichien ose reparaître.

« Fiers de l'honorable cause que nous défendons, nous périrons plutôt que de laisser porter la moindre atteinte à notre liberté et à notre constitution : notre sang a déjà scellé ce serment que je répète au nom de mes frères d'armes, en présence des premiers magistrats de la république française. »

Le président répondit au citoyen Lemarois :

« JEUNE ET BRAVE GUERRIER,

« Le directoire exécutif reçoit avec satisfaction ces glorieux trophées que vous lui présentez au nom de la brave armée d'Italie. Vos généreux compagnons, vos valeureux frères d'armes, vainqueurs de quatre armées, ont fait plus que de triompher de l'Autriche; ils ont vaincu la renommée d'Annibal..... La liberté, endormie sur la tombe de Brutus, s'est réveillée au bruit de vos exploits; et la victoire, toujours fidèle à sa cause sainte, n'a point trahi les républicains qui combattaient pour elle....... Retournez, jeune guerrier, les entretenir de la gratitude de la patrie et de l'admiration de l'Europe; dites-leur que leurs noms sont attendus par les marbres du Panthéon; dites-leur qu'ils sont déja gravés dans le cœur de tous les bons Français, et que si tous les vœux du directoire exécutif sont de voir la paix réconcilier toutes les nations, c'est qu'elle doit assurer la félicité publique et celle des héros qui soutiennent avec tant de dignité l'impérissable gloire de la république française.

« Le directoire exécutif reçoit aussi avec plaisir le témoignage d'attachement et de dévouement de vos frères d'armes pour la constitution et le gouvernement républicain. »

Ces cérémonies simples, et pourtant augustes et vraiment nationales, n'attiraient point le grand concours dont elles étaient dignes; il est vrai qu'elles manquaient d'un théâtre convenable. C'était dans un temple des victoires, sur une place qui pût rassembler tout un peuple, que ces pompes triomphales auraient dû se montrer, et non dans l'étroite enceinte d'une salle d'audience du palais directorial.

On ne peut détacher du tableau de cette merveilleuse campagne celui de l'esprit public à Paris; car les effets qu'il peut produire finiront peut-être par verser sur elle leur fatale influence. Sous Louis XIV, la France était ivre de ses conquêtes; et la part que les Français prenaient à ses succès le rendit probablement plus altier et moins pacifique qu'il ne l'eût été si la nation se fût montrée moins sensible à la gloire de ses armées. Le maréchal de Saxe produisit sous Louis XV la même ivresse; et quoique rien peut-être de ce qui se fit alors ne soit véritablement comparable à ce que les Français républicains viennent de faire en Italie, il est à la fois remarquable et déplorable qu'à chacun de leurs nouveaux triomphes l'esprit public ait semblé faire un pas en arrière. Qui donc pouvait lui imprimer cette funeste et honteuse direction? L'extrait suivant d'un papier public l'apprendra.

Et le profond génie de la contre-révolution a dit : Puisque, malgré deux années d'anarchie, nous n'avons pu empêcher le gouvernement républicain de s'établir, nous ne négligerons rien pour le renverser.

Tout en protestant qu'il n'y a pas de royalistes, nous prêcherons le royalisme le plus effronté : nous nous indignerons que sur les débris de la royauté tout-à-l'heure détruite, on ose prêter le serment de haine à la royauté. Nous dirons que celui qui voulut sauver la royauté, avant et après le 10 août, mérita bien de la patrie; nous comparerons cette journée du 10 août avec le 2 septembre; nous dirons que cette assemblée qui fonda la république n'était composée que de brigands; que ceux qui ont jugé *l'infortuné monarque* méritent mille morts; et nous ajouterons par calembourg, que *les Français vont renverser la république;* et nous dirons de ses cinq premiers magistrats, *leurs lèvres rouges encore du sang qu'ils auront bu.*

Nous tâcherons de rendre le nom de république ridicule, le titre de patriote haïssable. Nous appellerons *infâmes* les lois qui contrarieront nos desseins. Quand la majorité des législateurs ne votera pas selon nos plans, nous la qualifierons de *montagnarde;* nous répéterons chaque jour qu'il faut qu'incessamment *les tyrans soient abattus.*

L'infame agiotage qui tuera leur papier-monnoie, nous l'appellerons l'opinion publique, et nous affirmerons que ce n'est pas l'agiotage qui affame leurs rentiers. Ceux de leurs ministres que nous ne pourrons pas influencer, nous les chargerons de nos injures; nous dirons qu'ils ont aux relations un imbécille, à la marine un orléaniste, à la justice un égorgeur.

Nous jeterons au milieu de la police une police qui sera la nôtre; nous pousserons dans nos intrigues ses agens subalternes, et nous bercerons de nos fables ses premiers agens continuellement trompés.

Nous affecterons de rappeler dans l'intérieur toutes les habitudes, toutes les formes, toutes les institutions monarchiques; nous rappellerons tous les haineux souvenirs; nous exciterons toutes les vengeances; sur-tout nous tâcherons de rallumer les guerres de religion; nous provoquerons le zèle des prêtres, des prêtres romains, des prêtres fanatiques, des prêtres incendiaires; et dans nos correspondances secrètes nous ne craindrons pas d'avancer que nous pouvons compter sur Benezech, de qui nous oserons dire qu'il nous est entièrement dévoué.

Sur-tout nous ne cesserons d'appeler sur les actes du corps législatif en général, et sur presque tous ses membres en particulier, l'horreur et le mépris.

Mais leurs armées encore furent jusqu'à présent, pour *leur république*, d'invincibles remparts; c'est là qu'il faut s'efforcer de porter l'inquiétude, le désordre, la désorganisation.

Pour tâcher de décourager leurs soldats, nous extrairons des papiers étrangers les rapports qui ne parleront que des succès de l'Autriche et des revers des républicains. Si leur gouvernement proclame des victoires, nous protesterons que ce sont des impostures grossières, ou de légers avantages à dessein exagérés.

Et nous réveillerons le fanatisme nobiliaire; et nous parlerons et nous écrirons sans cesse en faveur des premiers nobles contre-révolutionnaires, que nous appellerons les *bannis;* et nous imprimerons qu'il n'y a pas plus de cinq mille émigrés; et ceux que nous jugerons de bon choix, nous leur ordonnerons de rentrer; et ils trouveront des certificats de résidence, et nous les ferons rayer; et ceux qui, étant trop connus, ne pourront être sitôt rayés, se promèneront librement dans les places publiques, parce que nous aurons mis sur les yeux de la police une si épaisse cataracte, que, dans l'armée de Condé même, elle ne trouverait pas un émigré. Et l'audace de ceux-ci, qui dans l'intérieur travailleront *à user la révolution, et à se jeter aux élections prochaines dans les autorités constituées,* leur audace, leurs succès étonneront, au sein des armées républicaines, les plus braves; et les soldats se diront : Est-ce pour retomber sous le joug odieux des nobles que depuis quatre ans nous les avons combattus? Et lorsqu'il s'agira d'obtenir la récompense à nos travaux promise, est-ce à l'émigré même rentré dans ses biens, quoique vaincu par nos armes, que nous irons la demander? Et près des soldats inquiets il y aura quelque nouvel employé, quelque agent de bon choix, quelque *honnête* ennemi de l'*infame* loi du 3 brumaire, qui se hâtera de répondre : Il est certain qu'on ne protège pas assez *les honnêtes gens,* et voyez ce qu'on gagne à servir la république.

Et nous aurons dans la république beaucoup d'autres *honnêtes gens* qui imprimeront que les *bannis* sont injustement dépouillés, et que les acquéreurs des domaines nationaux sont des voleurs; et ces *honnêtes gens* paraîtront protégés : et les acquéreurs des domaines concevront des alarmes, et de nouveaux acquéreurs hésiteront à se présenter ; et les effets publics tomberont dans le discrédit ; et la pénurie du trésor s'accroîtra ; et le gouvernement ne pourra plus subvenir aussi exactement à toutes les dépenses ; et les usuriers se présenteront, et les faiseurs de projets viendront en foule ; et si, dans ces circonstances difficiles, les divers approvisionnemens de l'armée ne se font pas aussi promptement, si le service éprouve le moindre retard, il se trouvera aussi quelques honnêtes gens pour crier aux soldats qu'il n'y a pas de ressources ; que la disette est absolue, et n'aura point de terme. Et ils ajouteront : Dans vos foyers, vous auriez des habits et du pain ; ici vous manquez de tout : voilà ce qu'on gagne à servir la république.

Et nous reporterons dans les cœurs faibles toutes les terreurs du dieu cruel que les prêtres romains ont imaginé. Et en sortant de l'église, une pauvre vieille, toute tremblante, écrira, sous la dictée de son confesseur, à ses quatre enfans grenadiers : Revenez, revenez vîte ; je ne puis plus me passer de vous. Voulez-vous donc que le mauvais esprit s'empare du bien de nos pères, et que nos champs ne produisent plus? Voulez-vous donc que je périsse au désespoir? Quittez vos drapeaux, vous n'avez que trop long-temps servi leur république.

Et nous retiendrons les réquisitionnaires ; et la plupart ne rejoindront pas, et ils écriront à ceux qui auront rejoint : Faites comme nous, laissez le drapeau ; on ne peut plus servir cette république.

Et si, en de telles conjonctures, quelques patriotes généreux jettent des cris d'alarmes, nous leur dirons : Malheureux, c'est vous qui troublez tout par vos plaintes. Et nous imiterons cet assassin qui, redoublant ses coups sur une victime gémissante, lui disait : Traitre, je t'achève parce que tu cries.

Et lorsque nous aurons ainsi préparé toutes les voies, nous imprimerons que la révolution est finie ; nous dirons que cette guerre, qui fait horreur, n'a plus d'objet ; et nous annoncerons le grand ambassadeur qui vient apporter la *paix*.

Et nous circonviendrons un législateur à bonnes intentions, mais de la simplicité duquel nous obtiendrons qu'il vienne jusqu'au sein du corps législatif faire inconstitutionnellement des motions de *paix*.

Et l'ambassadeur viendra sans pouvoirs ; et il voudra traiter pour toute l'Europe, qui ne l'aura pas chargé ; et il leur conseillera de tout rendre ; et il leur dira que lui consent à tout garder ; et enfin il déclarera qu'il faut que l'indivisible république soit divisée, et qu'à ce prix les vaincus voudront bien recevoir des vainqueurs la *paix*.

Et, sur ces entrefaites, nous dirons aux soldats : Que faites-vous encore dans les camps ? revenez : la guerre est finie ; l'ambassadeur veut bien dicter les conditions de la paix : il est impossible que nous n'ayons pas la *paix*.

Et nous crierons au gouvernement : Point de chicanes avec un ambassadeur si loyal : qu'est-ce, après tout, que cette Belgique ? qu'est-ce que cette convention ? la dernière constitution, qu'est-ce ? Qu'importe le prix du sang d'un million de soldats ? Rendez, partagez, divisez. *Point de scrupules constitutionnels* ; que rien ne vous arrête. Nous voulons que toutes les conditions vous semblent bonnes, et que la plus perfide comme la plus dangereuse des trèves soit consentie par vous, et s'appelle la *paix*.

Et nous crierons tous les jours, et nous crierons tous ensemble, et nous crierons sans relâche : L'Angleterre veut la paix, l'Autriche veut la paix, l'Europe veut la paix, la nation française veut la paix, les armées veulent la paix; comment ce directoire pourrait-il ne pas signer la paix?

Et s'il ose rejeter un traité d'esclavage et d'opprobre, nous crierons qu'il a trahi la nation et les armées, *qui sont lasses de la guerre*. Nous crierons aux soldats : Pour qui désormais versez-vous tant de sang? Vous ne vous battez que pour les caprices de quelques hommes, à l'ambition desquels il convient que la guerre soit éternisée.

Et par tant de moyens réunis nous jeterons sans doute au milieu de ces armées si redoutables l'inquiétude, le découragement, les mécontentemens, l'indiscipline et les désertions.

Ainsi avait parlé l'affreux génie de la contre-révolution; mais c'est à la voix de l'immortel génie de la république que les défenseurs de la patrie sont accoutumés, et celle-là ne cesse de répéter :

Soldats, méprisez les vaines manœuvres des émigrés et des prêtres, et de leurs libellistes, et de leurs protecteurs. Plus d'une fois déjà dans l'intérieur ils parurent s'avancer: leurs apparens succès n'ont duré qu'un moment. Trop d'intérêts s'opposent au retour de leur domination détestable: ils peuvent tromper quelques imbécilles; quelques traîtres peuvent les servir; il est possible qu'avec plus ou moins d'adresse ils dissimulent plus ou moins long-temps leurs prétentions à l'antique tyrannie: mais, le jour où ils oseront essayer de s'en ressaisir, le peuple français, le grand peuple, le peuple vainqueur de tous, se relevera plus invincible. Grace à leur insolence, et grace aussi à vos exploits, cette grande querelle intérieure est à jamais terminée : c'est pour jamais que les ordres ont disparu. Cent mille nobles, deux cent mille prêtres redemandent en vain le tiers-état de France. Vingt-cinq millions de citoyens ne consentiront pas à redevenir les *bourgeois*, les *vassaux*, les *vilains* d'une poignée de brigands : devant l'univers et pour l'intérêt du genre humain, le procès est jugé.

Vous, braves soldats, portez toute votre attention sur l'ennemi du dehors; portez tous vos regards sur l'étranger, aux armes duquel vos oppresseurs n'ont pas rougi d'unir leurs armes impies : une paix trompeuse et funeste vous était offerte : c'eût été en la signant que le gouvernement eût trahi votre gloire, et se fût joué de votre sang répandu. C'est aussi par respect pour vous qu'il ne pouvait ni démembrer ni déshonorer cette république pour laquelle vous n'avez pas inutilement vaincu. La paix! vous l'obtiendrez sans doute, mais par des triomphes nouveaux, et à cette condition première que votre patrie en dictera les conditions.

Sans doute vous souffrez; sans doute on ne trouve pas toujours assez vîte pour vos besoins renaissans tous les secours qu'on desire de vous prodiguer : mais ce n'est pas seulement à la gloire conquise sur un champ de bataille que vous êtes appelés; les obstacles de toute espèce, vous êtes faits pour les surmonter.

C'est au milieu de tous les besoins, c'est quelquefois dans un dénuement absolu que les appuis des peuples ont conquis la liberté sur les cadavres des riches satellites des rois. Voyez le Batave qu'ils appelaient *gueux*, l'Américain qu'ils avaient appauvri, et le *noir* devenu libre, et le *defender* qui le va devenir; ou plutôt ne voyez que vous. Quand il faut citer des vertus magnanimes, où trouverai-je des exemples plus grands que ceux que vous avez donnés? Dignes soldats, la république venait d'être proclamée; vous étiez dans cette Champagne trente-cinq mille, à peine vêtus, mal armés: vous avez repoussé plus de cent mille ennemis, brillante élite de la troupe des rois. A peine vêtus encore et mal armés, vous avez six mois défendu Mayence, en moins de temps délivré Valenciennes, envahi la Belgique, et tout chassé devant vous.

C'est par votre impassibilité dans les privations de tout

genre, que pendant tout un rude hiver vous avez fait trembler Mayence, et que vous avez vu les remparts de Luxembourg *l'inexpugnable* tomber devant vous. Nuds pieds, vous avez foulé les glaces de la Hollande, qui vous proclame ses libérateurs; nuds pieds, sans habits et souvent sans provisions, vous avez au midi sauvé nos frontières; et long-temps ce fut seulement sous les coups de vos *piques* agrestes que l'Espagnol vit succomber son opulence et sa fierté. Enfin, dans le dernier hiver, ce fut en se soutenant d'une soupe grossière, faite d'un pain noir et trempé d'une huile épaisse, que les plus généreux guerriers se préparèrent à cette campagne d'Italie, dont les prodiges viennent d'étonner l'univers.

O dignes soldats, au milieu de vos souffrances, que la seule histoire des vertus, qui déja vous les fit supporter, vous soutienne. Dans les derniers efforts qu'il faut faire, la patrie ne vous demande que d'être encore dignes de vous. L'opiniâtre iniquité des rois oblige les hommes libres à une sixième campagne. Jurez qu'elle sera la dernière. Plus serrés que jamais autour de vos drapeaux presque en pièces, jurez la patience, la longanimité, la joie même, dans les plus pénibles épreuves; jurez la victoire, et précipitez-vous sur l'ennemi.

Nous, dans les combats de l'intérieur, nous nous fortifierons de vos exemples, et nous nous efforcerons d'imiter vos vertus.

Le long repos qu'avait pris Alvinzi après ses défaites lui avait donné le temps de recréer une nouvelle armée; Vienne lui en avait envoyé une partie en poste, méthode dont les Français avaient les premiers donné l'exemple dans leur guerre de la Vendée, et qui ne peut être pratiquée que dans les extrêmes dangers. C'était toujours la même opération à faire: forcer la ligne de défense de Buonaparte, pénétrer par quelque point, se jeter vers Mantoue, la débloquer, donner la main à Wurmser, changer le théâtre de la guerre, et rendre inutiles à ce moyen tous les succès précédens de Buonaparte. Une bataille ne décide pas toujours du sort d'une campagne : ici elle était sans cesse au moment de décider de celle qui coûtait déja quatre armées à l'empereur ; et, par l'effet d'une combinaison de circonstances qui se présentera rarement. Buonaparte avait à refaire tous les jours ce qu'il avait déja fait plusieurs fois : il ne cessait d'épuiser le tonneau des Danaïdes, que l'Autriche ne se lassait pas de remplir. Enfin le moment qui devait terminer cette opiniâtre et sanglante lutte s'approchait ; mais il ne fût pas venu pour un général moins actif que Buonaparte. Il annonce le 28 nivose, de son quartier général de Roverbella, de nouveaux combats, c'est-à-dire de nouveaux triomphes ; car il semblait avoir enchaîné la victoire aux enseignes tricolores.

« Il s'est passé, disait-il, depuis le 23, des opérations d'une importance telle, et qui ont si fort multiplié les actions militaires, qu'il m'est impossible, avant demain, de vous en faire un détail circonstancié ; je me contente aujourd'hui de vous les annoncer.

« Le 23 nivose, l'ennemi est venu attaquer la division du général Massena devant Vérone ; ce qui a donné lieu au combat de Saint-Michel, où nous l'avons battu complètement : nous lui avons fait six cents prisonniers, et pris trois pièces de canon. Le même jour il attaqua la tête de notre ligne de Montebaldo, et donna lieu au combat de la Corona, où il a été repoussé : nous lui avons fait cent dix prisonniers.

« Le 24 à minuit, la division de l'armée ennemie qui, depuis le 19, était établie à Bevilaqua, où elle avait fait replier l'avant-garde de la division du général Augereau, jeta rapidement un pont sur l'Adige, à une lieue de Porto-Legnago, vis-à-vis Anguiari.

« Le 24 au matin, l'ennemi fit filer une colonne très-forte par Montagna et Caprino, et par-là obligea la division du général Joubert à évacuer la Corona et à se concentrer à Rivoli. J'avais prévu ce mouvement : je m'y portai dans la nuit, et cela donna lieu à la bataille de Rivoli, que nous avons gagnée les 25 et 26, après une résistance opiniâtre, et où nous avons fait à l'ennemi treize mille prisonniers, pris plusieurs drapeaux et plusieurs pièces de canon. Le général Alvinzi, presque seul, a eu beaucoup de peine à se sauver.

« Le 25, le général Guieux attaqua l'ennemi à Anguiari, pour chercher à le culbuter avant qu'il eût entièrement effectué son passage : il ne réussit pas dans son objet; mais il fit trois cents prisonniers.

« Le 26, le général Augereau attaqua l'ennemi à Anguiari; ce qui donna lieu au second combat d'Anguiari : il lui fit deux mille prisonniers, s'empara de seize pièces de canon, et brûla tous ses ponts sur l'Adige. Mais l'ennemi, profitant de la nuit, défila droit sur Mantoue. Il était déja arrivé à une portée de canon de cette place; il attaqua Saint-George, fauxbourg que nous avions retranché avec soin, et ne put pas l'emporter. J'arrivai dans la nuit avec des renforts; ce qui donna lieu à la bataille de la Favorite, sur le champ de bataille où je vous écris. Les fruits de cette bataille sont sept mille prisonniers, des drapeaux, des canons, tous les bagages de l'armée, un régiment de hussards, et un convoi considérable de grains et de bœufs que l'ennemi prétendait faire entrer dans Mantoue. Wurmser a voulu faire une sortie pour attaquer l'aile gauche de notre armée; mais il a été reçu comme à l'ordinaire, et obligé de rentrer. Voilà donc, en trois ou quatre jours, la cinquième armée de l'empereur entièrement détruite.

« Nous avons vingt-trois mille prisonniers, parmi lesquels un lieutenant-général, deux généraux, six mille hommes tués ou blessés, soixante pièces de canon, et environ vingt-quatre drapeaux. Tous les bataillons de volontaires de Vienne ont été faits prisonniers; leurs drapeaux sont brodés des mains de l'impératrice.

« L'armée du général Alvinzi était de près de cinquante

mille hommes, dont une partie était arrivée en poste de l'intérieur de l'Autriche.

« Du moment que je serai de retour au quartier-général, je vous ferai passer une relation détaillée, pour vous faire connaître les mouvemens militaires qui ont eu lieu, ainsi que les corps et les individus qui se sont distingués. »

Cette lettre n'était que l'annonce abrégée des évènemens dont il envoya le lendemain 29 les détails de Vérone.

« Je m'étais rendu à Bologne avec deux mille hommes, afin de chercher, par ma proximité, à en imposer à la cour de Rome, et lui faire adopter un système pacifique dont cette cour parait s'éloigner de plus en plus depuis quelque temps.

« J'avais aussi une négociation entamée avec le grand duc de Toscane, relativement à la garnison de Livourne, que ma présence à Bologne terminerait infailliblement.

« Mais, le 18 nivose, la division ennemie qui était à Padoue se mit en mouvement; le 19, elle attaqua l'avant-garde du général Augereau, qui était à Bevilaqua, en avant de Porto-Legnago. Après une escarmouche assez vive, l'adjudant-général Dufaux, qui commandait cette avant-garde, se retira à San-Zeno, et le lendemain à Porto-Legnago, après avoir eu le temps, par sa résistance, de prévenir toute la ligne de la marche de l'ennemi.

« Je fis passer aussitôt sur l'Adige les deux mille hommes que j'avais avec moi à Bologne, et je partis immédiatement après pour Vérone.

« Le 23, à six heures du matin, les ennemis se présentèrent devant Vérone, et attaquèrent l'avant-garde du général Massena, placée au village Saint-Michel. Ce généra sortit de Vérone, rangea sa division en bataille, et marcha droit à l'ennemi, qu'il mit en déroute, lui enleva trois pièces de canon, et lui fit six cents prisonniers. Les grenadiers de la soixante-quinzième enlevèrent les pièces à la baïonnette; ils avaient à leur tête le général Brune, qui a eu ses habits percés de sept balles.

« Le même jour et à la même heure, l'ennemi attaquait la tête de notre ligne de Montebaldo, défendue par l'infanterie légère du général Joubert; le combat fut vif et opiniâtre. L'ennemi s'était emparé de la première redoute; mais Joubert se précipita à la tête de ses carabiniers, chassa l'ennemi, qu'il mit en déroute complète, et lui fit cent dix prisonniers.

« Le 24, l'ennemi jeta brusquement un pont à Anguiari, et y fit passer son avant-garde, à une lieue de Porto-Legnago; en même temps le général Joubert m'instruisit qu'une colonne assez considérable filait par Montagna, et menaçait de tourner son avant-garde à la Corona. Différens indices me firent connaître le véritable projet de l'ennemi, et je ne doutai plus qu'il n'eût envie d'attaquer, avec ses principales forces, ma ligne de Rivoli, et par là d'arriver à Mantoue: je fis partir dans la nuit la plus grande partie de la division du général Massena, et je me rendis moi-même à Rivoli, où j'arrivai à deux heures après minuit.

« Je fis aussitôt reprendre au général Joubert la position intéressante de San-Marco; je fis garnir le plateau de Rivoli d'artillerie, et je disposai le tout afin de prendre à la pointe du jour une offensive redoutable, et de marcher moi-même à l'ennemi. A la pointe du jour, notre aile droite et l'aile gauche de l'ennemi se rencontrèrent sur les hauteurs de San-Marco; le combat fut terrible et opiniâtre. Le général Joubert, à la tête de la trente-troisième, soutenait son infanterie légère, que commandait le général Vial. Cependant M. Alvinzi, qui avait fait ses dispositions le 24 pour enfermer toute la division du général Joubert, continuait d'exécuter son même projet: il ne se doutait pas que pendant la nuit j'y étais arrivé avec des renforts assez considérables pour rendre son opération non seulement impossible, mais encore désastreuse pour lui. Notre gauche fut vivement attaquée; elle plia, et l'ennemi se porta sur le centre. La quatorzième demi-brigade soutint le choc avec la plus grande bravoure. Le général Berthier, chef de l'état-major, que j'y avais laissé, déploya dans cette occasion la bravoure dont il a fait si souvent preuve dans cette campagne. Les Autrichiens, encouragés par leur nombre, redoublaient d'efforts pour enlever les canons placés devant cette demi-brigade; un capitaine s'élance au devant de l'ennemi, en criant : *Quatorzième, laisserez-vous prendre vos pièces ?* En même temps la trente-deuxième, que j'avais envoyée pour rallier la gauche, paraît, reprend toutes les positions perdues, et, conduite par son général de division Massena, rétablit entièrement les affaires.

« Cependant il y avait déja trois heures que l'on se battait, et l'ennemi ne nous avait pas encore présenté toutes ses forces. Une colonne ennemie, qui avait longé l'Adige sous la protection d'un grand nombre de pièces, marche droit au plateau de Rivoli pour l'enlever, et par-là menace de tourner la droite et le centre. J'ordonnai au général de cavalerie Leclerc de se porter pour charger l'ennemi, s'il parvenait à s'emparer du plateau de Rivoli, et j'envoyai le chef d'escadron Lasalle, avec cinquante dragons, prendre en flanc l'infanterie ennemie qui attaquait le centre, et la charger vigoureusement. Au même instant le général Joubert avait fait descendre des hauteurs de San-Marco quelques bataillons qui plongeaient dans le plateau de Rivoli. L'ennemi, qui avait déja pénétré sur le plateau, attaqué vivement et de tous côtés, laisse un grand nombre de morts, une partie de son artillerie, et rentre dans la vallée de l'Adige. A peu près au même moment, la colonne ennemie qui était déja depuis long temps en marche pour nous tourner et nous couper toute retraite, se rangea en bataille sur des pitons derrière nous. J'avais laissé la 75ᵉ en réserve, qui non seulement tint cette colonne en respect, mais encore en attaqua la gauche qui s'était avancée, et la mit sur-le-champ en déroute. La dix-huitième demi-brigade arriva sur ces entrefaites, dans le temps que le général Rey avait pris position derrière la colonne qui nous tournait. Je fis aussitôt canonner l'ennemi avec quelques pièces de 12; j'ordonnai l'attaque, et en moins d'un quart-d'heure toute cette colonne, composée de plus de quatre mille hommes, fut faite prisonnière. L'ennemi, par-tout en déroute, fut par-tout poursuivi, et pendant toute la nuit on nous amena des prisonniers. Quinze cents hommes, qui se sauvaient par Guarda, furent arrêtés par cinquante hommes de la dix-huitième, qui, du moment qu'ils les eurent reconnus, marchèrent sur eux avec confiance, et leur ordonnèrent de poser les armes.

« L'ennemi était encore maître de la Corona; mais il ne pouvait plus être dangereux. Il fallait s'empresser de marcher contre la division de M. le général Provera, qui avait passé l'Adige, le 24, à Anguiari : je fis filer le général Victor avec la brave cinquante septième, et rétrograder le général Massena, qui, avec une partie de sa division, arriva à Roverbella le 25.

« Je laissai l'ordre, en partant, au général Joubert, d'attaquer, à la pointe du jour, l'ennemi, s'il était assez téméraire pour rester encore à la Corona.

« Le général Murat avait marché toute la nuit avec une demi-brigade d'infanterie légère; il devait paraître, dans la matinée, sur les hauteurs de Montebaldo qui dominent la Corona. Effectivement, après une résistance assez vive, l'ennemi fut mis en déroute; et ce qui était échappé à la journée de la veille, fut fait prisonnier : la cavalerie ne put se sauver qu'en traversant l'Adige à la nage, et il s'en noya beaucoup.

« Nous avons fait, dans les deux journées de Rivoli, treize mille prisonniers, et pris neuf pièces de canon : les généraux Sandos et Meyer ont été blessés en combattant vaillamment à la tête des troupes.

COMBAT DE SAINT-GEORGE.

« M. le général Provera, à la tête de six mille hommes, arriva, le 26 à midi, au fauxbourg de Saint-George ; il l'attaqua pendant toute la journée, mais inutilement : le général de brigade Miolis défendait ce fauxbourg ; le chef de bataillon du génie Samson l'avait fait retrancher avec soin. Le général Miolis, aussi actif qu'intrépide, loin d'être intimidé des menaces de l'ennemi, lui répondit avec du canon, et gagna ainsi la nuit du 26 au 27, pendant laquelle j'ordonnai au général Serrurier d'occuper la Favorite avec la cinquante-septième et la dix-huitième demi-brigades de ligne et toutes les forces disponibles que l'on put tirer des divisions du blocus. Mais, avant de vous rendre compte de la bataille de la Favorite, qui a eu lieu le 27, je dois vous parler des deux combats d'Anguiari.

PREMIER COMBAT D'ANGUIARI.

« La division du général Provera, forte de dix mille hommes, avait forcé le passage d'Anguiari ; le général de division Guieux avait aussitôt réuni toutes les forces qu'il avait trouvées, et avait marché à l'ennemi : n'ayant que quinze cents hommes, il ne put pas parvenir à faire repasser la rivière à l'ennemi ; mais il l'arrêta une partie de la journée, et lui fit trois cents prisonniers.

DEUXIÈME COMBAT D'ANGUIARI.

« Le général Provera ne perdit pas un instant ; il fila sur-le-champ sur Castellara. Le général Augereau tomba sur l'arrière-garde de sa division, et, après un combat assez vif, enleva toute l'arrière-garde de l'ennemi, lui prit seize pièces de canon, et lui fit deux mille prisonniers. L'adjudant-général Dufaux s'y est particulièrement distingué par son courage. Les neuvième et dix-huitième régimens de dragons, et le vingt-cinquième régiment de chasseurs, s'y sont particulièrement distingués. Le commandant des hussards se présente devant un escadron du neuvième régiment de dragons; et par une de ces fanfaronnades communes aux Autrichiens, *Rendez-vous*, crie-t-il au régiment. Le citoyen Duvivier fait arrêter son escadron : *Si tu es brave, viens me prendre*, crie-t-il au commandant ennemi. Les deux corps s'arrêtent, et les deux chefs donnèrent un exemple de ces combats que nous décrit avec tant d'agrément *le Tasse*. Le commandant des hulans fut blessé de deux coups de sabre; les troupes alors se chargèrent, et les hulans furent faits prisonniers.

« Le général Provera fila toute la nuit, arriva, comme j'ai eu l'honneur de vous le dire, à Saint-George, et l'attaqua le 26; n'ayant pas pu y entrer, il projeta de forcer la Favorite, de percer les lignes du blocus, et, secondé par une sortie que devait faire Wurmser, se jeter dans Mantoue.

BATAILLE DE LA FAVORITE.

« Le 27, à une heure avant le jour, les ennemis attaquèrent la Favorite, dans le temps que Wurmser fit une sortie, et attaqua les lignes du blocus par Saint-Antoine. Le général Victor, à la tête de la cinquante-septième demi-brigade, culbuta tout ce qui se trouva devant lui : Wurmser fut obligé de rentrer dans Mantoue, presque aussitôt qu'il en était sorti, et laissa le champ de bataille couvert de morts et de prisonniers. Le général Serrurier fit avancer alors le général Victor avec la cinquante-septième demi-brigade, afin d'acculer Provera au fauxbourg de Saint-George, et par-là le tenir bloqué. Effectivement, la confusion et le désordre étaient dans les rangs ennemis; cavalerie, infanterie, artillerie, tout était pêle-mêle. La terrible cinquante-septième demi-brigade n'était arrêtée par rien : d'un côté, elle prenait trois pièces de canon; d'un autre, elle mettait à pied le régiment des hussards de Herdendy. Dans ce moment, le respectable général Provera demanda à capituler; il compta sur notre générosité, et ne se trompa pas. Nous lui accordâmes la capitulation dont vous trouverez ci-joints les articles. Six mille prisonniers, parmi lesquels tous les volontaires de Vienne, vingt pièces de canon, furent le fruit de cette journée mémorable.

« L'armée de la république a donc, en quatre jours, remporté deux batailles rangées et six combats, fait près de vingt-cinq mille prisonniers, parmi lesquels un lieutenant-général et deux généraux, douze à quinze colonels, etc.; pris vingt drapeaux, soixante pièces de canon, et tué ou blessé au moins six mille hommes.

« Je vous demande le grade de général de division pour le général Victor; celui de général de brigade pour l'adjudant-général Vaux. Toutes les demi-brigades se sont couvertes de gloire, et spécialement la trente-deuxième, la cinquante-septième et la dix-huitième de ligne, que commandait le général Massena, et qui, en trois jours, ont battu l'ennemi à Saint-Michel, à Rivoli et à Roverbella. Les légions romaines faisaient, dit-on, vingt-quatre milles par jour; nos brigades en font trente, et se battent dans l'intervalle.

« Le citoyen Dessain, chef de la quatrième demi-brigade d'infanterie légère; Marquis, chef de la vingt-neuvième; Fournesy, chef de la dix-septième, ont été blessés. Les généraux de brigade Vial, Brume, Bon, et l'adjudant-général Argod, se sont particulièrement distingués.

« Les traits particuliers de bravoure sont trop nombreux pour être tous cités ici. »

Capitulation faite par les troupes impériales, sous les murs de Saint-George, le 27 nivose, an 5 de la république.

« ARTICLE PREMIER. Les honneurs de la guerre accordés, et toute la troupe prisonnière de guerre.

« II. Les officiers garderont leurs épées, leurs effets et équipages, et les soldats leurs sacs.

« III. Les officiers-généraux et autres officiers particuliers pourront aller chez eux, si le général en chef y consent. J'engage ma parole d'honneur de dire au général en chef que j'avais promis ledit article.

« IV. Il sera donné connaissance au maréchal comte Wurmser de la présente capitulation.

« V. Les malades et blessés seront soignés avec tous les sentimens d'humanité inséparables des républicains. »

Au quartier-général de Vérone,
le 30 nivose, an 5.

« Je certifie que, dans les différentes batailles qui ont eu lieu depuis le 19 nivose jusqu'au 27 du même mois, l'état des prisonniers de guerre autrichiens, dont la revue a été passée, monte déja à plus de vingt mille, dont sept cents hommes de cavalerie, et qu'il en arrive à chaque instant; que l'ennemi nous a laissé quarante-quatre pièces de canon avec leurs caissons, tous les bagages de la colonne du général Provera et tous les drapeaux de ses corps, dont une partie a été brisée par l'ennemi. Je certifie que, d'après les ordres du général en chef, j'en ai donné au général de division Rey pour être chargé de conduire jusqu'à Grenoble la colonne de vingt mille prisonniers de guerre, par convois de trois mille, marchant à un jour de distance les uns des autres, et sous l'escorte de la cinquante-huitième demi-brigade et d'un escadron de cavalerie.

« Ces trophées de la brave armée d'Italie sont faits pour étonner tellement nos plus vrais amis, que j'ai cru leur faire plaisir en les certifiant d'une manière officielle.

Signé, ALEX. BERTHIER. »

Une relation spéciale, et qui ne laisse rien à desirer pour les détails de ces glorieuses journées, fut expédiée le 30 de Vérone par le général Berthier. C'est celle qui suit.

« Après la défaite de l'armée autrichienne commandée par M. le général Wurmser, et sa fuite forcée dans Mantoue avec une partie des débris de son armée, l'empereur fit tous les sacrifices possibles, et déploya une activité et un mouvement qui surpassent tous ceux que nous ayons jamais faits. Il tira des troupes de l'armée du Rhin et de tous ses états : elles arrivèrent en poste, et vers le 14 frimaire le général Alvinzi se trouvait à la tête d'une armée beaucoup plus forte que celle de la république. Le général Alvinzi fit attaquer le Tyrol; il s'avançait en même temps par sa gauche sur la Brenta, dans le dessein de s'approcher de l'Adige: mais, prévenu par l'activité de Buonaparte, joué par ses talens supérieurs, ce général a été battu, ainsi qu'on l'a vu par les affaires qui ont eu lieu les 14, 16, 17, 21, 22, et enfin les 25, 26 et 27 frimaire au fameux combat d'Arcole.

« L'empereur, au lieu d'être découragé, a fait les derniers efforts pour rassembler une nouvelle armée; il a dégarni toutes ses frontières; tous les jeunes gens de Vienne se sont formés en corps de volontaires; enfin, tout ce que l'entêtement, l'opiniâtreté et la haine contre l'armée française en Italie ont pu suggérer, a été mis en usage. En effet, une nouvelle armée de quarante à quarante-cinq mille combattans présens sous les armes, une artillerie formidable, ne laissaient aucun doute à nos ennemis sur la défaite totale des Français, et sur la délivrance de Mantoue. Buonaparte, instruit de la rapidité avec laquelle les forces de l'empereur arrivaient, pressait la marche des renforts annoncés par le gouvernement.

« La cour de Rome, sans être dangereuse, armait et rapprochait le peu de troupes qu'elle peut mettre sur pied vers la Romagne, pour inquiéter les états de Reggio, Bologne, Ferrare et Modène, qui, par leur propre énergie, se sont déclarés libres. Les correspondances surprises annonçaient les intentions de l'empereur pour que Wurmser, dans le cas où il ne pût être secouru à temps, cherchât à s'évader avec sa garnison, en se jetant, soit dans le Ferrarois, soit dans les états du pape.

« Buonaparte, dont le génie se porte par-tout, fait ses dispositions: il tire de toutes les divisions de son armée, sans les affaiblir, quelques troupes qui forment une colonne mobile, qui se rassemble à Pologne; colonne qui, par les différens rayons sur lesquels arrivent ces troupes, fait croire qu'il y a un rassemblement de plus de quinze mille hommes.

« La Toscane, Rome, sont inquiètes; le dernier état croit voir une armée prête à marcher. L'effet moral est le même que si cette armée était en marche; mais l'œil de Buonaparte est sur le Pô, sur l'Adige, et sur les mouvemens de la gauche de l'ennemi, et sur tous ceux que peut opérer le général Wurmser, soit pour une réunion, soit pour s'évader. Les ordres les plus précis sont donnés, dans toutes les divisions actives de l'armée, pour être prêtes à combattre.

« Le 20 nivose, Buonaparte arrive à Bologne; le 21, passe la revue des troupes, organise tout. Dans la nuit du 21, il apprend que l'ennemi fait un mouvement sur toute la ligne; que, le 19, l'avant-garde du général Augereau, qui était à Bevilaqua, en avant de Porto-Legnago, a été attaquée; que cette avant-garde, après s'être battue toute la journée, s'était repliée, et que, par la faute de quelques charretiers qui avaient coupé les traits de leurs chevaux, nous avions perdu deux pièces d'artillerie dans la retraite de cette avant-garde, où la valeur du petit nombre des Français céda avec gloire à un nombre d'ennemis très-supérieur. L'adjudant-général Dufaux a particulièrement déployé des talens et une grande valeur.

« Buonaparte laisse dans les quatre provinces cispadanes les forces nécessaires; et sur-le-champ il fait partir, par marche forcée, deux mille hommes d'élite de la colonne mobile qu'il avait rassemblée, pour renforcer la division du général Augereau, et s'opposer à toutes les entreprises de l'ennemi sur le bas-Adige. Il part lui-même pour le blocus de Mantoue, où il donne tous les ordres nécessaires, et de là il se rend à Vérone, où il arrive le 23 au matin, au moment où l'ennemi attaque en force l'avant-garde de la division du général Massena, qui était à Saint-Michel. Le combat est opiniâtre; l'ennemi remporte d'abord quelques avantages, mais bientôt il est arrêté.

« La soixante-quinzième demi-brigade, commandée par le général de brigade Brume, qui a montré un grand courage et des talens, a beaucoup contribué au succès de cette journée. Les grenadiers de cette demi-brigade enlevèrent à la baïonnette une batterie ennemie. La cavalerie, commandée par le général Leclerc, s'est conduite avec beaucoup de distinction, et à deux heures l'ennemi était repoussé.

« Le général Massena, qui avait dirigé les mouvemens, a fait à l'ennemi sept cents prisonniers, et enlevé plusieurs pièces de canon. Dans le même moment où les avant-postes de Massena étaient attaqués, le général Joubert le fut à la Corona, où l'ennemi avait déjà obtenu quelques succès et pris une redoute, lorsque le général Joubert, à la tête de quelques braves et secondé du général Meyer, reprit la redoute à l'assaut, et força l'ennemi à rentrer dans sa position. Le général Joubert fit en cette occasion trois cents prisonniers.

« Dans la nuit du 23 au 24, une colonne ennemie, soit qu'elle se fût égarée, soit qu'elle eût dessein de surprendre les postes de la porte Saint-George près de la citadelle de

Vérone, se battit toute la nuit avec nos grand'gardes ; mais elle fut repoussée.

« Tous les rapports qui nous parvinrent dans la matinée du 24, annonçaient un mouvement général de l'ennemi, dont l'attaque du 23 faisait partie. L'ennemi, auquel on doit rendre la justice d'avoir parfaitement masqué ses mouvemens, nous laissait dans l'incertitude de savoir si ses plus grandes forces étaient à Rivoli ou sur le bas-Adige. Dans cette position, Buonaparte crut devoir rester à Vérone, prêt à se porter où il serait nécessaire, selon les circonstances.

« Dans la soirée du 24, le général en chef apprit que le poste de la Corona avait été attaqué par des forces si supérieures, que le général Joubert crut devoir l'évacuer pour prendre une position en avant de Rivoli ; mouvement qui s'exécuta en présence de l'ennemi, avec une constance qui annonçait le desir qu'avaient nos troupes de le combattre dans une position plus avantageuse à l'infériorité de leur nombre. On apprit en même temps que l'ennemi canonnait vivement sur l'Adige, entre Ronco et Porto-Legnago.

« Les forces qui s'étaient déployées devant le général Joubert, ne laissèrent plus d'incertitude sur les intentions de l'ennemi : il était clair qu'Alvinzi, avec ses principales forces, voulait percer par Rivoli ; forces qui se trouvaient du double plus considérables que celles aux ordres du général Joubert.

« Buonaparte fixe aussitôt ses idées, donne des instructions sur le bas de l'Adige et à Vérone ; il met en mouvement une partie de la division du général Massena ; il fait approcher les troupes qui étaient aux ordres du général Rey à Desenzano, et avec des instructions précises il les dirige en différentes colonnes, et par échelons, sur Rivoli. A huit heures du soir, il part en poste avec tout son état-major pour se rendre à Rivoli, où il arrive au milieu de la nuit. Les dispositions du général Joubert, excellentes pour sa division isolée, ne convenaient plus au moment où

Buonaparte, avec des renforts, venait prendre le commandement. Il ordonna donc qu'à l'instant même on reprît la position en avant du plateau de Rivoli, et notamment le poste de San-Marco, que l'on avait évacué, et qui est la clef de la position de ce plateau, seul point où l'ennemi pût faire déboucher, entre l'Adige et le lac de Garda, sa cavalerie et son artillerie. Buonaparte, suivi des généraux commandant les divisions et de son état-major, employa toute la nuit à reconnaître le terrain et la position de l'ennemi, qui occupait une ligne imposante, forte d'environ vingt mille hommes, sa droite à Caprino, et sa gauche en arrière de San-Marco.

« Alvinzi, qui avait établi depuis plusieurs jours son plan d'attaque du 24, ne s'attendait pas à la présence du général Buonaparte, ni aux renforts que devait recevoir le général Joubert au moment même du combat.

« Quant aux dispositions de Buonaparte, elles étaient dans sa tête, et l'exécution dans le tact du moment et la latitude qu'il laisse aux généraux divisionnaires pour, d'après l'objet général de l'action, agir selon les circonstances.

« L'ordre donné de reprendre les petits postes en avant du plateau de Rivoli engagea toute la nuit une fusillade entre les avant-postes : mais la reprise par nos troupes de la position de San-Marco à cinq heures du matin engagea réellement la bataille ; ce qui commença à inquiéter Alvinzi, dont l'exécution du projet d'attaque devait avoir lieu quelques heures plus tard.

« Au jour, le général Joubert, à la tête d'une partie de sa division, attaqua l'ennemi par le prolongement des hauteurs de San-Marco ; l'autre partie occupait le centre, et la gauche de la ligne devait être successivement renforcée par les troupes qui venaient tant de la division du général Massena que de celle du général Rey, lesquelles se trouvaient un peu en arrière, par la raison que l'attaque avait réellement commencé plutôt qu'elle n'aurait eu lieu à cause des circonstances.

« La dix-huitième demi-brigade de bataille, qui avait reçu ordre de quitter Bussolingo pour se porter à Garda, en reçut de nouveaux pour se rapprocher de la gauche de l'attaque, et rentrer dans les principes du général Buonaparte de ne point disséminer ses troupes, mais seulement de s'éclairer sur ses flancs.

« Le général Joubert faisant des progrès sur les crêtes de la rive droite de l'Adige qui gagne la Corona, le reste de la ligne se portait également en avant, et obtenait des succès. Le centre était sur les hauteurs qui dominent le village de Saint-Martin.

« Le général en chef crut devoir faire venir la quatorzième demi-brigade qui étoit en réserve : il avait déjà ordonné à un bataillon d'aller attaquer Saint-Martin, lorsqu'il s'apperçut que la gauche de notre ligne perdait du terrain ; mouvement qui était d'autant plus dangereux, que les troupes qui suivaient l'ennemi sur les crêtes à notre droite perdaient également un peu de leurs avantages. Le général en chef me laissa au centre avec la brave quatorzième demi-brigade et l'ordre d'agir selon les circonstances. Il se porta lui-même à la gauche ; et dans l'intervalle qu'il mit pour s'y rendre, la vingt-neuvième et la quatre-vingt-cinquième demi-brigade avaient totalement ployé. Le bataillon de la quatorzième, qui avait chassé l'ennemi de Saint-Martin, en fut repoussé, mais tenait toujours l'ennemi en échec par le feu vif qu'il faisait dans les haies qui entourent ce village.

« La hauteur qu'occupait la quatorzième demi-brigade, couvrait le seul débouché par où la droite, commandée par le général Joubert, pouvait se retirer : aussi l'ennemi rassembla-t-il toutes ses forces pour se porter sur le centre. Le général en chef, qui sentait l'importance du poste qu'occupait la quatorzième demi-brigade, et la position critique dans laquelle elle se trouverait, étant entièrement tournée par sa gauche, par la réunion d'une partie des forces de la droite de l'ennemi, s'était rapidement porté à l'endroit du désordre, et y fit aussitôt marcher la trente-deuxième demi-brigade, qui arrivait de Vérone. Masséna, enfant gâté de la victoire, marche à la tête. La valeur de cette demi-brigade, la présence du général en chef, forcent bientôt l'ennemi à rétrograder en désordre, et déjà les positions perdues par la vingt-neuvième et la quatre-vingt-cinquième demi-brigades sont reprises; mais la droite, qui était sur les crêtes, et qui avait vu le désordre momentané de la gauche, s'était déjà reployée, quoiqu'en ordre, à la hauteur du centre, et défilait par le passage que couvraient les hauteurs occupées par la quatorzième demi-brigade. J'avais envoyé le deuxième bataillon pour favoriser la retraite de celui qui était dans les haies de Saint-Martin; avec le troisième j'occupais la hauteur du centre. C'est là que ce bataillon, entouré par les forces du centre et d'une partie de celles de la droite de l'ennemi, en reçut le choc avec la plus grande valeur : il tint environ vingt minutes dans cette position, d'où l'ennemi ne put le débusquer, et l'empêcha de s'emparer de deux pièces de canon qui étaient à mi-côte en avant de lui, et que nos charretiers avoient abandonnées.

« Au moment où je donnais l'ordre à une compagnie de se porter sur les pièces, où l'ennemi était déjà parvenu, et tâchait de réatteler les chevaux pour les emmener, un officier de ce bataillon se précipita seul, en criant : *Non, vous n'aurez pas nos pièces.* Mais le feu de l'ennemi ayant empêché de parvenir jusqu'à elles, j'ordonnai qu'on fît un feu terrible sur cette batterie, où l'on tua tous les chevaux et les Autrichiens qui y étaient ; et les deux pièces n'ayant pu être emmenées, nous restèrent. Je ferai connaitre le nom de ce brave, dont je ne connais que l'action.

« Notre gauche avait non-seulement repris toutes ses positions, mais gagné encore du terrain, lorsque les localités obligèrent notre droite à prendre une position en arrière sur Rivoli ; ce qui se fit avec quelque désordre, par le tiraillement d'un certain nombre d'Autrichiens qui avaient gagné les hauteurs qui dominent le plateau. L'ennemi cherchait à en profiter; mais il n'observa pas qu'en s'abandonnant par sa gauche, il se faisait couper par les succès qu'obtenait notre gauche, si la sienne essuyait le moindre échec.

« Effectivement, l'ennemi s'était répandu en descendant des rochers sur la petite plaine de l'autre côté du ravin que domine le plateau de Rivoli et sur ce plateau même, la clef de notre position, où il avait déja cinq cents hommes. Le général en chef, qui avait l'œil par-tout, et qui avait jugé utile d'employer un corps de cavalerie, nous avait envoyé le chef d'escadron Lasalle avec un détachement de cette arme. Le général de division Joubert, qui avait eu son cheval blessé, et qui donnait l'exemple aux grenadiers en ralliant ces troupes, se jeta, un fusil à la main, sur le petit plateau de Rivoli, qu'il réattaqua avec fureur, tandis que je dirigeais le petit corps de cavalerie dans la plaine qui commande ce plateau de l'autre côté du ravin. La charge de la cavalerie obtint les plus brillans succès. L'infanterie du centre suivit ces avantages. Joubert reprend le plateau de Rivoli, culbute l'ennemi dans le bas de l'Adige, et lui enlève plusieurs pièces de canon *. Dans le même moment, Massena, profitant du mouvement rétrograde que fait l'ennemi, qu'il se trouvait avoir dépassé, et de tous les avantages que lui donnait sa position, fait dix-huit cents prisonniers. Le général en chef, après avoir ordonné toutes les dispositions qui assuraient la victoire sur sa ligne de bataille, fut instruit que l'ennemi, qui ne doutait pas de nous battre, avait fait marcher un corps de quatre mille hommes, qui se trouvaient en bataille derrière Rivoli, et couronnaient toutes les crêtes entre l'Adige et le lac de Garda, de manière que nous étions entièrement tournés par ce corps, et toutes communications coupées avec Vé-

---

* Le capitaine-adjoint Bremont et un aide de camp donnèrent, sous mes yeux, des preuves du plus grand courage et de sang froid.

rone et Peschiera. Cette situation n'inquiétait ni le général en chef, ni les militaires éclairés; mais ceux qui apprendront que nos soldats le voyaient avec le même sang froid, en disant, dans le temps même que le front de la ligne se battait avec plus de chaleur, *Eh bien ! ceux-là sont encore pour nous*, pourront juger de la confiance que le soldat a dans les généraux qui le commandent.

« Buonaparte avait disposé deux bataillons de la soixante-quinzième demi-brigade pour faire face à la colonne ennemie qui nous avait tournés. La dix-huitième demi-brigade de ligne, qui avait dû se rapprocher de la gauche, comme on l'a déja dit, arriva : le général en chef la fait disposer à la gauche de la soixante-quinzième demi-brigade. On s'observait de part et d'autre. Les Autrichiens criaient à nos gens, *Nous les tenons;* et ils se partageaient déja nos dépouilles. On était assez près pour s'entendre. Un feu de file part de toute leur ligne : c'était un signal. Aussitôt les troupes autrichiennes, sortant par le bas de l'Adige, se portent avec fureur pour emporter le retranchement de Rivoli. Ils attaquent à trois reprises différentes; ils ne trouvent que la mort, ou fuient épouvantés. Pendant ce temps, Buonaparte avait fait établir quatre pièces d'artillerie légère qui canonnaient la droite de la ligne du corps ennemi qui nous avait tournés. La dix-huitième et quelques troupes de la soixante-quinzième demi-brigade, commandées par les généraux Brume et Monnier, reçoivent l'ordre de se porter sur trois colonnes pour attaquer l'aile droite de cette ligne ennemie qui occupait une hauteur avantageuse et qui nous avait tournés. Nos troupes partent : il ne semble pas qu'on aille porter la mort dans les rangs ennemis; il semble plutôt que c'est une manœuvre d'instruction. Le soldat, l'arme au bras, part en chantant l'hymne du *Chant du départ :* il fond sur l'ennemi ; l'attaque et la déroute ne sont qu'un même instant. Toute cette ligne fuit en désordre; nos éclaireurs la poursuivent. Une centaine de nos tirailleurs arrivent en même temps qu'elle sur le lac de

Garda, lui font mettre bas les armes, et ramènent près de trois mille prisonniers. Le général Rey, qui, par les longueurs de sa route, ne put arriver que tard, s'était trouvé arrêté par le corps ennemi qui nous tournait, lequel avait des avant-postes de son côté, avec lesquels les siens s'engagèrent; mais il était encore trop éloigné pour prendre une part décisive à l'action.

« Le général en chef, d'après les rapports, savait qu'il y avait eu une forte canonnade sur les bord de l'Adige; et n'ayant point de nouvelles du général Augereau, il présuma que la communication entre lui et Vérone pouvait être interceptée : il se rendit à Rivoli, donna des ordres au général Joubert pour attaquer l'ennemi le lendemain 26, s'il avait encore l'imprudence de tenir la Corona : il fit marcher sur Vérone et Castelnovo les troupes qui devenaient inutiles au général Joubert; il partit sur-le-champ (nuit du 25 au 26) pour se rendre à Castelnovo, où il apprit qu'une colonne ennemie d'environ dix mille hommes, commandée par le général Provera, avait, dans la nuit du 24, passé l'Adige à force ouverte, et sous le feu d'une artillerie nombreuse, à Anguiari, et que le général Guieux, qui gardait l'Adige dans cette partie, avait été obligé de se retirer de Ronco. Les communications étant coupées, il ne pouvait recevoir des nouvelles du général Augereau : il se porte aussitôt sur Villafranca, où il fait marcher les cinquante-septième, dix-huitième, trente-deuxième et soixante-quinzième demi-brigades. Il reçoit des nouvelles du général Serrurier, qui l'informait que l'ennemi était à Castellara et marchait sur Saint-George à Mantoue. Le neuvième régiment de dragons et un escadron d'Herdendi s'étant trouvés en présence, les Autrichiens défièrent les dragons avec l'arrogance germanique; aussitôt le citoyen Duvivier, commandant l'escadron français, s'élance sur le chef de l'escadron ennemi. Cette espèce de duel héroïque s'engage; le commandant Duvivier sabre son adversaire et le renverse. C'est le signal de la charge de part et d'autre; les Autrichiens sont culbutés, et leur défaite suit de près celle de leur chef.

« Le général en chef présume qu'Augereau, s'il n'a pas été battu, doit suivre la colonne de Provera; et il se rend lui-même à Roverbella, où il arrive le 25 au soir avec ses renforts. Il apprend que le général Augereau, dans la journée du 25, avait réuni ses forces pour tomber sur la colonne de Provera, entre Anguiari et Roverquiera. Provera, qui, après son passage, n'avait d'autre but que de se porter rapidement sur Mantoue, ne put être attaqué que par la queue de sa colonne. Le général Point commandait la gauche de l'attaque, le général Lasnes la droite, tandis que les généraux Guieux et Bon marchaient de Ronco pour prendre l'ennemi à revers. L'attaque fut faite avec l'audace et l'intelligence que la division conduite par le général Augereau a si souvent déployées. L'ennemi a laissé deux mille hommes prisonniers, dont quarante officiers, et quatorze bouches à feu; son pont sur l'Adige a été brûlé. Le reste de la colonne de Provera, pendant le combat, filait de toutes ses forces pour gagner Mantoue.

« Le 26 au soir, le général Buonaparte sut que le général Provera, arrivé sous Saint-George, avait sommé le général Miolis, qui défendait ce poste, de se rendre; ce général lui avait répondu qu'il se battait, mais qu'il ne se rendait pas. Un second parlementaire venu, il le renvoya sans avoir été plus satisfait.

« L'attaque que fit le général Joubert le 26, eut tout le succès qu'on pouvait en attendre. L'ennemi, sur la fin de l'affaire du 25, avait maintenu un poste à San-Marco. Le général Joubert ordonna au général Vial de le reprendre pendant la nuit du 25 au 26, ce qui engagea encore l'affaire deux heures avant le jour. La division du centre, commandée par le général Baraguey-d'Hilliers, se porta à Saint-Martin, d'où elle chassa l'ennemi, et lui prit ses canons. La colonne de droite, commandée par le général Vial, disputa les crêtes presque toute la journée avec l'ennemi; mais le général Joubert, qui avait dirigé une colonne commandée par le général Vaux, pour tourner l'ennemi et le prévenir sur la Corona, en suivant le revers de Montebaldo, y arriva effectivement avant lui. Alors l'ennemi, voyant sa retraite coupée, se mit en déroute. Il fut entouré, et six mille hommes mirent bas les armes. Tout ce qui était sur le bas de l'Adige se retira en déroute vers le Tyrol. La vingt-neuvième demi-brigade et la quatre-vingt-cinquième se conduisirent dans cette journée avec une valeur qui répara le moment d'incertitude qu'elles marquèrent dans l'affaire du 25.

« Dans la nuit du 26 au 27, le général en chef se porta à Saint-Antoine, où il donna ses ordres pour attaquer la colonne de Provera le 27. Ce général, voyant qu'il ne pouvait s'emparer de Saint-George de vive force, et n'ayant point de nouvelles du corps d'armée d'Alvinzi, ne pouvait plus avoir d'autres projets que de se réunir à une forte sortie de la garnison de Mantoue pour nous combattre avec avantage : le général eut donc pour but d'empêcher cette jonction, et d'entourer la colonne du général Provera. Le général Dumas fut en observation à Saint-Antoine devant la citadelle. Le général Serrurier, avec une colonne de quinze cents hommes, se mit en marche une heure avant le jour pour se porter à la Favorite, tandis que le général Victor, à la tête de la cinquante-septième et de la dix-huitième demi-brigades, devait tourner le général Provera. L'ennemi avait profité de la nuit pour faire sortir un corps par la citadelle pour s'emparer de la Favorite. La tête de la colonne du général Serrurier attaqua l'ennemi comme il exécutait ce mouvement : l'attaque commença vivement. La garnison fit une sortie considérable ; mais, n'ayant pu occuper la Favorite, elle se trouvait dans l'impossibilité de se joindre à la colonne de Provera. L'ennemi s'empara de Saint-Antoine ; mais le général en chef ayant envoyé deux bataillons de renfort dans cette partie, la garnison de Mantoue, malgré tous ses efforts, ne put faire aucun progrès. Le général Victor, qui a déployé dans cette occasion autant d'énergie que de talens, attaquait vivement, et tournait la colonne du général Provera. Le général Miolis, qui était dans Saint-George, fit une sortie si à propos, que Provera, dont une partie de l'infanterie et de la cavalerie avait déja mis bas les armes, se trouva cerné avec tout le reste de sa colonne. La trente-deuxième demi-brigade, qui venait d'arriver, et qui était encore soutenue par la soixante-quinzième, le forcèrent à mettre bas les armes, sous la seule réserve que les officiers conserveraient leurs chevaux et les effets qu'ils avaient sur eux.

« Le général Provera, six mille hommes d'infanterie, et sept cents hommes de troupes à cheval, mirent bas les armes, et furent faits prisonniers de guerre : nous avons pris vingt-deux pièces de canon, tous leurs caissons, et les bagages de toute la colonne. Dans le nombre des prisonniers se trouve tout le corps des volontaires de Vienne.

« Quatre cents hommes de la garnison de Mantoue ont également été pris; le reste des troupes qui étaient sorties sont rentrées, et nos troupes ont repris leurs postes du blocus de Mantoue. Le général Dugua, qui commandait la cavalerie, a eu son aide-de-camp tué. La soixante-quinzième demi-brigade, à qui l'on demanda si elle avait des cartouches, répondit qu'avec ces gens-là il ne fallait charger qu'à la baïonnette.

« Le général en chef, après toutes ces dispositions, s'est rendu à Vérone. Le résultat des différentes affaires qui ont eu lieu du 19 au 27 nivose, est la défaite totale de l'armée d'Alvinzi.

« Quant aux tués ou blessés de l'ennemi, le nombre en est considérable : si les militaires les plus éclairés ont peine à croire à ces succès qui sont cependant bien réels, ils n'en auront pas moins à apprendre qu'ils n'ont coûté à la république que des pertes légères.

« Voilà une relation bien longue; mais les amis de la

liberté apprendront avec plaisir tous les détails de ces mémorables journées. »

Les admirateurs des monarchies ont remarqué que les ressorts qu'elles employaient pour faire mouvoir leurs guerriers, ou plutôt pour les récompenser de leurs succès, n'étaient pas onéreux aux finances. Cette remarque n'était pas trop juste pour celles où on leur donne libéralement de vastes domaines et des milliers de paysans; mais, si elle s'appliquait un peu mieux à celles où on ne distribuait que des croix et des rubans, qui portaient cependant avec eux leur pension, ou du moins son expectative, on conviendra que la république française avait un mode encore moins dispendieux que ces états, lorsque, pour encourager le zèle de ses défenseurs, il lui suffisait de décréter que telle armée avait bien mérité ou ne cessait de bien mériter de la patrie. Elle crut devoir sortir de ce protocole commun en faveur des vainqueurs d'Arcole et de la Favorite, et le corps législatif proclama le décret suivant:

« Considérant qu'il est de l'intérêt de la nation et de sa justice de récompenser les actes de dévouement et d'exciter l'utile émulation des vertus,

« Les drapeaux tricolors portés à la bataille d'Arcole contre les bataillons ennemis par les généraux Buonaparte et Augereau leur sont donnés à titre de récompense par la nation. »

Le sort de l'Italie devenait tous les jours moins douteux; et cependant la cour de Rome, si renommée pour sa profonde politique, semblait frappée d'aveuglement, et ne pouvoir se déterminer à une paix que tout lui commandait. Elle avait essayé de former avec Naples une ligue du Midi et n'avait pas entrevu que Naples la sacrifierait sans difficulté, à la nécessité d'éloigner les Français de son propre territoire, qu'elle ferait seule sa paix à la première occasion favorable, parce que son plus grand danger était de mettre ses armées aux prises avec celles de la république, et ses sujets en contact avec des Français, et que toute considération céderait à ces deux craintes assez bien fondées.

Sur la foi de cette ligue, Rome avait rompu les clauses de l'armistice qu'on lui avait accordé, et, déjouée par le traité de Naples, n'avait d'autre ressource que dans l'alliance qu'elle sollicitait avec l'empereur. Elle multipliait les dépenses et les armemens pour se joindre à un allié toujours battu, dont les états étaient conquis, et auquel des miracles seuls pouvaient permettre de se réunir aux forces papales.

Rome, heureusement pour elle, avait un meilleur appui dans sa faiblesse même, qui, n'offrant aucune gloire à son vainqueur, ne permettait pas de desirer sa ruine, et elle pouvait fonder l'espoir de sa conservation avec plus de certitude sur l'indifférence ou sur la générosité des Français que sur les vains secours qu'elle invoquait.

Cependant, l'esprit de liberté se propageait en Italie et y organisait déjà des réunions provisoires, qui en faisaient présager de plus importantes. Bologne venait de se donner une constitution républicaine que le peuple avait reçue. Un congrès devait rassembler les députés de la confédération cispadane, et les Milanais semblaient prêts à s'y joindre.

Reggio, qui avait donné le premier signal de la liberté, était, avec justice, désignée pour le lieu des séances de ce congrès, et venait d'acquérir par ses nobles résolutions une gloire plus durable que celle que lui procurait déjà l'avantage d'avoir donné le jour à l'Arioste : car il sera toujours plus beau pour elle d'avoir fait renaître en Italie les droits des hommes, que d'avoir produit un poète, quelque grand qu'il soit. Ne craignons pas d'offrir ici aux amis de la liberté le premier monument de celle de l'Italie.

Le congrès cispadan au général en chef de l'armée d'Italie Buonaparte.

Reggio, 10 décembre 1796; jour premier, an premier de la république cispadane une et indivisible.

« CITOYEN GÉNÉRAL,

« Les peuples cispadans, appelés par vos victoires, et plus encore par votre cœur, à la liberté, reçoivent aujourd'hui l'heureuse nouvelle que leurs représentans envoyés à Reggio pour resserrer et perfectionner les liens de la confédération arrêtée à Modène, les ont déclarés libres, indépendans, souverains, et les ont constitués en république une et indivisible. Le citoyen Marmont, envoyé par vous pour veiller à notre sûreté et à la liberté de nos délibérations, a été présent à cette proclamation unanime, et pourra vous dire que nous sommes dignes de notre nouvel état. Il vous dira sans doute aussi comment le nom de notre libérateur donnait de l'énergie à nos résolutions, et était le premier fondement de notre joie. Recevez, *invaincu* général, l'aînée de votre valeur et de votre magnanimité. Vous en êtes le père, vous en êtes le protecteur; sous vos auspices elle sera debout, inébranlable, et en vain les tyrans s'efforceront de la renverser. Nous avons rempli une grande partie de la haute mission que le vœu libre de nos peuples nous a confiée, nous l'acheverons bientôt; mais vous seul pouvez lui donner cette immortalité attachée à votre nom. »

Buonaparte, général en chef de l'armée d'Italie, au citoyen président du congrès cispadan.

Milan, 12 nivose.

« Citoyen président,

« J'ai appris avec le plus vif intérêt, par votre lettre du 10 décembre, que les républiques cispadanes se sont réunies en une seule, et que, prenant pour symbole un faisceau, elles sont déja convaincues que leur force consiste dans l'unité et l'indivisibilité. La malheureuse Italie est depuis long-temps effacée du tableau des puissances de l'Europe. Si les Italiens de nos jours sont dignes de recouvrer leurs droits, et de se donner un gouvernement libre, on verra un jour leur patrie figurer avec gloire parmi les puissances de la terre. N'oubliez pas cependant que les lois sont nulles sans la force : vos premiers regards doivent se fixer sur votre organisation militaire. La nature vous a tout donné; et après la concorde et la sagesse qu'on remarque dans vos différentes délibérations, il ne vous manque, pour parvenir au but, que d'avoir des bataillons aguerris et animés du saint enthousiasme de la patrie. Vous vous trouvez dans une situation bien plus heureuse que le peuple français; vous pouvez parvenir à la liberté sans révolution. Les malheurs qui ont affligé la France avant l'établissement de sa constitution seront inconnus parmi vous. L'unité qui lie les diverses parties de la république cispadane sera le modèle constamment suivi de l'union qui régnera entre toutes les classes de ses citoyens; et le fruit de la correspondance de vos principes et de vos sentimens, soutenue par votre courage, seront la république, la liberté et le bonheur.

Le congrès cispadan aux peuples de Bologne, Ferrare, Modène et Reggio.

Reggio, 10 nivose, an premier de la république cispadane une et indivisible.

« La première pierre de votre liberté naissante fut posée dans le congrès tenu à Modène au mois d'octobre dernier, graces à l'invaincue nation française, qui non seulement vous rendit généreusement vos droits naturels, mais vous mit aussi en état de les exercer, pour assurer votre existence future. C'est dans cette vue que vous formâtes les liens d'une fédération amie, que rien ne devait dissoudre ; vous voulûtes aussi qu'on cherchât les moyens de rendre ces liens plus étroits, afin que l'édifice commencé s'élevât grand et majestueux. Enfin vous nous appelâtes au congrès de Reggio ; et nous, forts de vos mandats, nous fûmes orgueilleux de pouvoir et de devoir concourir à une entreprise digne de l'honneur de l'Italie, et qui fera l'admiration des siècles à venir.

« Citoyens, le congrès s'empresse de vous faire savoir que vos vœux sont remplis, que vous n'êtes plus qu'un seul peuple, ou plutôt une seule famille. Voici la teneur de la résolution :

« La motion ayant été faite au congrès, de former des
« quatre peuples une république une et indivisible sous tous
« les rapports, de manière que les quatre peuples ne forment
« qu'un seul peuple, une seule famille, pour tous les effets
« tant passés qu'à venir, sans en excepter aucun ;
« Le congrès étant allé aux voix sur cette motion par
« peuple, tous l'ont acceptée. »

« Le peuple de Reggio fut témoin de la publication de ce décret, comme nous le fûmes de sa joie. Nos braves frères venus des régions transpadanes pour fraterniser avec nous, ont pris part à l'alégresse universelle. Puissent-ils nous imiter, comme nous le desirons ardemment ! et puissent-ils se lier si étroitement avec notre république, que désormais la tyrannie n'espère plus d'enchaîner de nouveau l'Italie!

« Il semble que quelque chose aurait manqué à l'exaltation générale, si nos invaincus libérateurs n'avaient été présens à un acte si solemnel.

« Le citoyen Marmont, envoyé exprès par le général en chef pour veiller à la sûreté et à la liberté de notre union, a assisté au congrès, et il a vu en nous, et dans tout le peuple rassemblé, des frères non indignes de l'amour de sa généreuse nation : il s'est chargé de rendre compte au général en chef de ce glorieux évènement. Nous aurions desiré de vous voir tous présens dans ce moment heureux, bien sûrs que votre joie se serait mêlée à celle de vos frères ; mais si la distance des lieux nous a privés de cette double jouissance, nous nous en dédommageons en vous faisant part de cet évènement, avant que vos mandataires retournent dans leur patrie. Peuples de la république cispadane, la grande époque est déja marquée. Loin de vous les anciennes querelles, et ces rivalités que fomentaient l'ambition et le despotisme! *Liberté, égalité, vertu,* que ce soient là vos devises. La puissante république qui vous a invités au grand ouvrage de la liberté, vous protégera, n'en doutez pas, de toutes ses forces; l'esclavage fuit de ces contrées. Les tyrans, pour qui vous étiez un objet de dérision, frémissent et pâlissent. Le monde entier a les regards fixés sur vous, et l'Italie attend avec anxiété que vous lui rendiez cette ancienne splendeur qui la fit respecter de toutes les nations. »

L'intervalle que mettaient les Français entre leurs opérations militaires n'était que le moment de repos nécessaire et le temps d'en préparer de nouvelles. Les Autrichiens reparaissaient en force sur la Brenta et dans le Tyrol; ainsi l'instant d'agir ne pouvait être éloigné. C'est au milieu de l'occupation que devaient donner à Buonaparte tant de soins divers qu'on aime à voir le calme de son esprit. On le reconnaît, ainsi que la haine qu'inspirait sa gloire, dans ce fragment de la lettre qu'il écrivait de Vérone, le 9 pluviose, au directeur Carnot.

« .... J'ai vu avec pitié tout ce que l'on débite sur mon compte; l'on me fait parler, chacun suivant sa passion. Je crois que vous me connaissez trop pour imaginer que je puisse être influencé par qui que ce soit : j'ai toujours eu à me louer des marques d'amitié que vous avez données à moi et aux miens, et je vous en conserverai toujours une vraie reconnaissance. Il est des hommes pour qui la haine est un besoin, et qui, ne pouvant pas bouleverser la république, s'en consolent en semant la dissention et la discorde par-tout où ils peuvent arriver. Quant à moi, quelque chose qu'ils disent, ils ne m'atteignent plus. L'estime d'un petit nombre de personnes comme vous, celle de mes camarades, quelquefois aussi l'opinion de la postérité, et, par-dessus tout, le sentiment de ma conscience, et la prospérité de ma patrie, m'intéressent uniquement. »

Il annonçait ensuite les mouvemens de son armée.

« La division du général Augereau s'est rendue à Padoue; de là elle a passé la Brenta et s'est rendue à Citadella, où elle a rencontré l'ennemi, qui a fui à son approche. »

COMBATS DE CARPENEDOLO ET D'AVIO.

« LA division du général Massena s'est portée, le 5, de Vicence sur Bassano, que les Autrichiens semblaient avoir l'intention de défendre, tandis que la division du général Augereau s'avançait sur Citadella pour tourner cette place. De fortes reconnaissances de cette dernière division ont rencontré les avants-postes des Autrichiens, et une forte fusillade s'est engagée entre eux. Dans le même temps, le général Massena avait jeté des éclaireurs en avant des retranchemens de l'ennemi sur le chemin et près du pont de Bassano, où ils ont fait quelques prisonniers.

« Le 7, à la pointe du jour, le général Massena, instruit que l'ennemi avait évacué Bassano pendant la nuit, et s'était porté, par les deux rives de la Brenta, à Carpenedolo et Crespo, a ordonné au général Menard de marcher à Carpenedolo avec la vingt-cinquième demi-brigade de bataille en suivant la rive droite de la Brenta, pour arriver par Vastagna au pont de Carpenedolo, et il a dirigé en même temps vers ce dernier village, par la rive gauche de la Brenta, un bataillon de la trente-deuxième demi-brigade, cinquante dragons, et deux pièces d'artillerie. Ces troupes ont atteint l'ennemi tout près de Carpenedolo; un combat très vif s'est engagé sur le pont. L'ennemi, après une forte résistance, a été forcé par les baïonnettes républicaines, et s'est retiré laissant deux cents morts sur la place : neuf cents prisonniers, dont un major et douze officiers, une pièce de canon, sont demeurés en notre pouvoir. Les Autrichiens, en déroute, se sauvent devant nous. La pluie continuelle qui est tombée durant cette expédition, est cause que le reste de cette armée n'est pas entièrement prisonnier de guerre.

« La division du général Joubert est en marche pour suivre l'ennemi dans les gorges du Tyrol, que la mauvaise saison rend difficiles. Il a rencontré hier à Avio l'arrièregarde de l'ennemi, et lui a fait trois cents prisonniers après un léger combat.

« La division Rey a accompagné les prisonniers.

« Après les combats d'Avio et de Carpenedolo, les ennemis se retirèrent sur Mori et Torbole, appuyant leur droite au lac et la gauche à l'Adige. Le général Murat s'embarqua avec deux cents hommes, et vint débarquer à Torbole. Le général de brigade Vial, à la tête de l'infanterie légère, après avoir fait une marche très-longue dans les neiges et dans les montagnes les plus escarpées, tourna la position des ennemis, et obligea un corps de quatre cent cinquante hommes et douze officiers à se rendre prisonniers. On ne saurait donner trop d'éloges aux quatrième et dix-septième demi-brigades d'infanterie légère, que conduisait ce brave général ; rien ne les arrêtait : la nature semblait être d'accord avec nos ennemis ; le temps était horrible : mais l'infanterie légère de l'armée d'Italie n'a pas encore rencontré d'obstacle qu'elle n'ait vaincu.

« Le général Joubert entra à Roveredo ; l'ennemi, qui avait retranché avec le plus grand soin la gorge de Calliano, célèbre par la victoire que nous y avons remportée lors de notre première entrée dans le Tyrol, parut vouloir lui disputer l'entrée de Trente. Le général Béliard chercha à tourner l'ennemi par la droite, dans le temps que le général de brigade Vial continua à marcher sur la rive droite de l'Adige, culbuta l'ennemi, lui fit trois cents prisonniers, et arriva à Trente, où il trouva dans les hôpitaux de l'ennemi deux mille malades ou blessés, qu'il a recommandés à notre humanité en fuyant. Nous y avons pris quelques magasins.

« Dans le même temps, le général Massena avait fait marcher deux demi-brigades pour attaquer l'ennemi, qui occupait le château de la Scala, entre Feltro et Primolazo. L'ennemi a fui à son approche, et s'est retiré au-delà de la Prado, en laissant une partie de ses bagages.

« Le général Augereau s'est approché de Treviso ; le chef d'escadron Duvivier a culbuté la cavalerie ennemie, après lui avoir enlevé plusieurs postes.

« La division du général Joubert, après s'être emparée de Trente, s'est portée pour prendre la position de Lavis et de Segonzano La brigade de Vial attaque le village de Lavis, où l'ennemi était en force ; la quatrième, la dix-septième et la vingt-neuvième demi-brigades d'infanterie légère, soutenues de la quatorzième de bataille, s'emparèrent des hauteurs qui dominent le village à droite, en même temps qu'une partie de ces troupes, à la tête desquelles était le général Vial, culbuta l'ennemi et le poursuivit jusqu'à Saint-Michel, lui faisant huit cents prisonniers. La seule vingt-neuvième demi-brigade a terrassé trois mille Hongrois. Le lendemain, l'ennemi demanda une suspension d'armes de vingt-quatre heures : la réponse fût une nouvelle attaque de notre part. L'aide-de-camp du général Sandos, Lambert, avec deux carabiniers, a fait rendre les armes à un major et à cent Hongrois. L'adjoint aux adjudans-généraux Cornillon s'est aussi distingué. »

La jonction des divisions de Massena et de Joubert se trouvant faite, et cette dernière occupant la ligne du Lavisio, qui couvre Trente, on devait être tranquille sur le sort futur de Mantoue, qui ne pouvait tarder de se rendre.

Le pape, comptant toujours sur les succès des Autrichiens et sur ceux d'une politique astucieuse, et ignorant peut-être que la correspondance perfide de son ministre avec Vienne était tombée au pouvoir de Buonaparte, qui l'avait transmise au directoire, avait porté ses troupes dans la Romagne.

Si la postérité avait besoin d'une nouvelle pièce pour se convaincre de la duplicité qui a toujours fait le fond des négociations des prêtres, elle la trouverait dans la lettre suivante du cardinal Busca, secrétaire d'état du pape, au prélat Albani, son nonce à Vienne.

Rome, 7 janvier 1797.

« Les nouvelles que vous m'envoyez sont de plus en plus consolantes. J'apprends par les deux derniers couriers que le baron de Thugut a changé de langage. Malgré son air de mystère, nous ne pouvons plus douter des secours de l'empereur, d'autant plus que l'impératrice et lui vous les ont promis. Il semble aussi que le baron de Thugut compte sur nous, à en juger par le prompt départ du général Colli, par l'obligation qu'on lui impose de se hâter de voir nos troupes, et par la manière dont on nous a excités à reprendre nos pays. Tout nous dit que déja on nous regarde comme alliés.

« On ne nous parle plus de sacrifices : en aurait-on abandonné l'idée ? Sans doute je me flatte trop, et je ne me croirai sûr que lorsque le traité sera signé aux conditions que je vous ai marquées dans mon dernier courier. A présent que vous êtes muni de pleins pouvoirs, M. de Thugut ne pourra plus tergiverser, et il faudra qu'il se décide.

« Quant à moi, tant qu'il me sera permis d'espérer des secours de l'empereur, je temporiserai relativement aux propositions de paix que les Français nous ont faites. Vous ne pouvez vous former une idée de tout ce qu'on a fait pour m'obliger à répondre à Cacault. Les uns tâchaient de me persuader par l'espoir de meilleures conditions; les autres, par la crainte et par des menaces : mais, toujours constant dans mon opinion, et jaloux de mon honneur, que je croirais offensé en traitant avec les Français, lorsqu'une négociation est entamée avec la cour de Vienne, je ne me suis laissé ni séduire ni intimider; et jusqu'à ce que je m'y voie obligé, je ne changerai pas de parti. Vous ne devez pas douter de la sincérité de ces sentimens.

« Il est pourtant vrai que les Français ont grande envie de conclure la paix avec nous. J'en ai une preuve récente dans la lettre ci jointe de monseigneur le nonce à Florence; et par la réponse dont je vous envoie copie, vous verrez la manière dont je me suis conduit. Je vous envoie les deux copies, afin que vous puissiez citer la constance et la bonne foi avec laquelle je traite.

« Sans doute, au reçu de ma lettre, M. Colli sera déja parti. J'espère que sous peu il se trouvera à Ancône. J'ai écrit au général-commandant de ce port pour sa réception, et pour qu'il lui propose d'aller en Romagne jeter un coup-d'œil sur nos troupes avant que de venir dans cette capitale, afin que nous soyons à même de prendre des mesures dans nos premiers entretiens.

« Je vous avoue que je suis fâché de ce que le général Colli s'abouche avec Alvinzi avant de venir ici. Je vois bien que cela est nécessaire pour leurs opérations, mais je ne sais pourquoi j'ai une opinion peu favorable d'Alvinzi. Quoique je ne sois pas dans le cas de juger de ses opérations en Italie, je crois qu'il pouvait faire plus qu'il n'a fait : mais l'abouchement est nécessaire ; je me tranquillise, en songeant qu'il y va de l'honneur d'Alvinzi et de la gloire de servir les intentions de son maître.

« Quant aux appointemens à donner au général Colli, quand même l'empereur ne lui passerait rien pour le temps qu'il sera au service du pape, nous fournirons le tout, et je n'en suis pas fâché.

« Je loue beaucoup le général d'amener avec lui deux officiers, et sur-tout celui du génie, dont nous manquons totalement. Il devrait amener aussi plusieurs bas-officiers pour instruire nos troupes. L'éloge que le maréchal Lascy fait de Colli me console.

« Puisque vous êtes persuadé que le baron de Thugut serait jaloux si vous parliez à d'autres qu'à lui en faveur de notre cause, abandonnez les autres moyens que je vous proposais dans le temps que le baron n'était pas dans les bonnes intentions où il est à présent. Continuez cependant à faire la cour à tous ceux qui peuvent nous être utiles en cas d'évènemens.

« Je ne doute pas que vous n'ayez pris des mesures pour être au fait du résultat des conférences qui se préparent dans Inspruck avec Clarke. Les détails que vous me donnerez me serviront de guide.

« Vous devez avoir vu, dans mon précédent courier, que j'avais pensé à l'expédition de quelques troupes autrichiennes en Romagne pour s'unir aux nôtres, et j'avais pensé aussi que de Trieste on pourrait les débarquer à Ancône.

Cultivez ce projet, qui serait très-utile à l'empereur et à nous; et s'il se réalise, nous serons disposés à faire le contrat que fit le roi de Sardaigne.

« Vous ferez très-bien de vous prêter aux réquisitions que vous a faites le connétable, par le moyen de votre frère, relativement aux armées.

« Monseigneur Stay n'a pas encore terminé les brefs que vous me demandez : je ne puis par conséquent vous les envoyer. Sa sainteté ne croit pas devoir donner les autres brefs que vous m'avez proposés, parce que, devant être adressés à tous les souverains catholiques de l'Europe, c'aurait été déclarer une guerre de religion avant le temps, ne pouvant cacher cette action du pape aux yeux des Français; et alors, à cause des raisons que je vous ai dites, nous serions exposés à leur indignation, sans être sûrs de l'alliance de sa majesté impériale.

« Selon les renseignemens que vous me donnez sur le point d'une guerre de religion, le saint père se résoudra à donner des brefs et à faire d'autres pas.

« Si le traité d'alliance se conclut, il faudra le faire signer par le nonce, pourvu que M. de Thugut, avec qui il n'est pas très-bien, ne s'y oppose pas.

« J'envoie à monseigneur le nonce les brefs pontificaux pour l'empereur de Russie (afin que ce prélat ne se voie pas frustré), avec une instruction portant que si de cette cour, ou par le chargé d'affaires de Russie, on fait quelques expéditions à Pétersbourg, il se prévale d'une telle occasion pour les envoyer. Dans le cas qu'il n'y ait pas une telle occasion, je lui mande de les envoyer à Varsovie, à monseigneur le nonce, pour qu'il les fasse passer à sa majesté impériale.

« Lorsque vous vous présenterez à leurs majestés, faites-leur les mêmes remerciemens pour l'empressement avec lequel ils s'intéressent à la santé de sa sainteté, et assurez-les de la ferveur avec laquelle il fait des vœux pour leur conservation, et pour la gloire de ceux qui, avec tant de constance et tant d'intérêt, ont soutenu et soutiennent la juste cause. »—

Tous les hommes de quelque sens désapprouvaient à Rome même les lenteurs qu'on y avait apportées à la conclusion de la paix, et blâmaient l'opiniâtre mauvaise foi avec laquelle on y traitait.

Les pamphlétaires y avaient fait dire à Pasquin :

>Pius Sextus cunctando perdidit rem.

D'autres rappelaient cet ancien distique fait pour Alexandre VI, et en faisaient l'application à Pie VI :

>Sextus Tarquinius, Sextus Nero, Sextus et iste:
>Semper sub Sextis perdita Roma fuit.

Ces satyres, qu'avouait la raison, n'en donnaient pas aux conseillers du saint père.

Au mouvement hostile de ses troupes, l'indulgence dut trouver son terme. Buonaparte donna ordre au citoyen Cacault, agent de la république française, de quitter Rome sur-le-champ, et publia la déclaration suivante :

Au quartier-général de Bologne,
le 15 pluviose, an 5.

« ARTICLE PREMIER. Le pape a refusé formellement d'exécuter les articles VIII et IX de l'armistice conclu le 2 messidor à Bologne, sous la médiation de l'Espagne, et ratifié solemnellement à Rome le 27 juin 1796.

« II. La cour de Rome n'a cessé d'armer, et d'exciter, par ses manifestes, les peuples à la croisade : ses troupes se sont approchées de Bologne jusqu'à dix milles, et ont menacé d'envahir cette ville.

« III. La cour de Rome a entamé des négociations hostiles contre la France avec la cour de Vienne, comme le prouvent les lettres du cardinal Busca, et la mission du prélat Albani à Vienne.

« IV. Le pape a confié le commandement de ses troupes à des généraux et des officiers autrichiens envoyés par la cour de Vienne.

« V. Le pape a refusé de répondre aux avances officielles qui lui ont été faites par le citoyen Cacault, ministre de la république française, pour l'ouverture d'une négociation de paix.

« VI. Le traité d'armistice a donc été violé et enfreint par la cour de Rome : en conséquence, je déclare que l'armistice conclu le 2 messidor, entre la république française et la cour de Rome, est rompu. »

Elle fut suivie de cette proclamation.

« L'armée française va entrer sur le territoire du pape: elle sera fidèle aux maximes qu'elle professe; elle protégera la religion et le peuple.

« Le soldat français porte d'une main la baïonnette, sûr garant de la victoire; offre de l'autre, aux différentes villes et villages, paix, protection et sûreté..... Malheur à ceux qui la dédaigneraient, et qui, de gaieté de cœur, séduits par des hommes profondément hypocrites et scélérats, attireraient dans leurs maisons la guerre et ses horreurs, et la vengeance d'une armée qui a dans six mois fait cent mille prisonniers des meilleures troupes de l'empereur, pris quatre cents pièces de canon, cent dix drapeaux, et détruit cinq armées.

« ARTICLE PREMIER. Tout village ou ville où, à l'approche de l'armée française, on sonnera le tocsin, sera sur-le-champ brûlé, et les municipaux fusillés.

« II. La commune sur le territoire de laquelle sera assassiné un Français, sera sur-le-champ déclarée en état de guerre; une colonne mobile y sera envoyée; il y sera pris des otages, et il y sera levé une contribution extraordinaire.

« III. Tous les prêtres, religieux et ministres de la religion, sous quelques noms que ce soit, seront protégés et maintenus dans leur état actuel, s'ils se conduisent selon les principes de l'Évangile ; et s'ils sont les premiers à les transgresser, ils seront traités militairement, et plus sévèrement que les autres citoyens. »

Aussitôt la division du général Victor s'avança vers Imola, première ville de l'état papal, et y coucha le 13.

« L'armée de sa sainteté avait coupé les ponts, et s'était retranchée avec le plus grand soin sur la rivière de Senio, qu'elle avait bordée de canons. Le général Lasnes, commandant l'avant-garde, apperçut les ennemis qui commençaient à le canonner ; il ordonna aussitôt aux éclaireurs de la légion lombarde d'attaquer les tirailleurs papistes : le chef de brigade Lahoz, commandant la légion lombarde, réunit ses grenadiers, qu'il fit former en colonne serrée pour enlever, baïonnette au bout du fusil, les batteries ennemies. Cette légion, qui voit le feu pour la première fois, s'est couverte de gloire ; elle a enlevé quatorze pièces de canon sous le feu de trois ou quatre mille hommes retranchés. Pendant que le feu durait, plusieurs prêtres, un crucifix à la main, prêchaient ces malheureuses troupes. Nous avons pris à l'ennemi quatorze pièces de canon, huit drapeaux, mille prisonniers, et tué quatre ou cinq cents hommes. Le chef de brigade Lahoz a été légèrement blessé. Nous avons eu quarante hommes tués ou blessés.

« Nos troupes se portèrent aussitôt sur Faenza : elles en trouvèrent les portes fermées ; toutes les cloches sonnaient le tocsin, et une populace égarée prétendait en défendre l'issue. Tous les chefs, notamment l'évêque, s'étaient sauvés. Deux ou trois coups de canon enfoncèrent les portes, et nos gens entrèrent au pas de charge. Les lois de la guerre m'autorisaient à mettre cette ville infortunée au pillage ; mais comment se résoudre à punir aussi sévèrement toute une ville pour le crime de quelques prêtres? J'ai envoyé chez eux cinquante officiers que j'avais faits prisonniers, pour qu'ils allassent éclairer leurs compatriotes, et leur faire sentir les dangers qu'une extravagance pareille à celle-ci leur faisait courir. J'ai fait ce matin venir tous les moines, tous les prêtres : je les ai rappelés aux principes de l'Évangile, et j'ai employé toute l'influence que peuvent avoir la raison et la nécessité pour les engager à se bien conduire. Ils m'ont paru animés de bons principes. J'ai envoyé à Ravennes le général des Camaldules pour éclairer cette ville, et éviter les malheurs qu'un plus long aveuglement pourrait produire : j'ai envoyé à Cesene, patrie du pape actuel, le père dom Ignacio, prieur des bénédictins.

« Le général Victor continua hier sa route, et se rendit maître de Forli ; je lui ai donné ordre de se porter aujourd'hui à Cesene. Je vous ai envoyé différentes pièces qui convaincront l'Europe entière de la folie de ceux qui conduisent la cour de Rome. Vous trouverez ci-jointes deux autres affiches, qui vous convaincront de la démence de ces gens-ci : il est déplorable de penser que cet aveuglement coûte le sang des pauvres peuples, innocens instrumens et de tout temps victimes des théologiens. Plusieurs prêtres, et entre autres un capucin, qui prêchaient l'armée des catholiques, ont été tués sur le champ de bataille. » *

---

* Les curieux de détails trouveront dans cette note ceux de cette petite affaire.

« Le 14 pluviose, cinq heures du matin, la division du général Victor s'est mise en marche d'Imola, pour s'avancer sur une partie de l'armée papale, rassemblée à Faenza ; l'avant-garde de la division du général Victor, commandée par le général de brigade Lasnes, et dans laquelle étaient les grenadiers de la légion lombarde, rencontra le corps d'armée de sa sainteté sur le Senio. L'ennemi confiant, tant par ses retranchemens que par la rivière qu'il avait devant lui, mais que, malheureusement pour lui, le beau temps avait rendue guéable, défendait le pont et la rivière avec environ quatre mille hommes, quatorze pièces de canon et un corps de cavalerie : tournés par les troupes qui avaient passé le Senio au gué, et attaqués en même temps de

Tandis qu'on chassait de la Romagne les troupes du pape, un événement plus important et plus glorieux mettait le comble aux triomphes des Français, et faisait briller la magnanimité de leur général : Mantoue capitulait.

Buonaparte écrivait de Faenza, le 15 pluviose, au directoire :

« Le général Serrurier et le général Wurmser ont dû avoir hier une conférence pour fixer le jour de l'exécution de la capitulation, et s'accorder sur les différens qu'il y a entre l'accordé et le proposé.

« Je me suis attaché à montrer la générosité française vis-à-vis de Wurmser, général âgé de soixante-dix ans, envers qui la fortune a été, cette campagne-ci, très-cruelle, mais qui n'a pas cessé de montrer une constance et un courage que l'histoire remarquera. Enveloppé de tous côtés après la bataille de Bassano, perdant d'un seul coup une partie du Tyrol et son armée, il ose espérer de pouvoir se réfugier dans Mantoue, dont il est éloigné de quatre à cinq journées, passe l'Adige, culbute une de nos avant-gardes à Cerca, traverse la Molinella, et arrive dans Mantoue. Enfermé dans cette ville, il a fait deux ou trois sorties ; toutes lui ont été malheureuses, et à toutes il était à la tête. Mais outre les obstacles très-considérables que lui présentaient nos lignes de circonvallation, hérissées de pièces de campagne, qu'il était obligé de surmonter, il ne pouvait agir qu'avec des soldats découragés par tant de défaites, et affaiblis par

---

front sur le pont du Senio, le choc fut le moment de la déroute. Les grenadiers lombards enlevèrent les batteries à la baïonnette, et se sont couverts de gloire, et la déroute fut complète.

« Le pape a perdu, dans cette occasion, mille hommes prisonniers, vingt-six officiers, environ quatre ou cinq cents hommes tués ; il a perdu huit drapeaux, quatorze pièces de canon et huit caissons, qui étaient tout ce qu'il y avait. On a pris également quatre dragons blessés. Le septième régiment d'hussards, commandé par l'aide-de-camp Junot, poursuivit pendant dix milles la cavalerie papale, sans pouvoir la rejoindre. »

les maladies pestilentielles de Mantoue. Ce grand nombre d'hommes qui s'attachent toujours à calomnier le malheur, ne manqueront pas de chercher à persécuter Wurmser. »

Un message du directoire fut adressé le 23 pluviose au corps législatif; il portait:

« CITOYENS REPRÉSENTANS,

« Mantoue s'est rendue le 14 de ce mois à dix heures du soir. La garnison est prisonnière de guerre. »

A cette annonce, Villetard monte à la tribune du conseil des cinq cents, et dit:

« La superbe Mantoue est donc tombée au pouvoir des républicains! Grace en soit rendue à cette armée de héros, dont les succès ont étonné l'Italie elle-même, jadis le théâtre des faits d'armes les plus glorieux. Ainsi s'écrouleront tous les sinistres projets des ennemis de la liberté du peuple.

« Agitez-vous péniblement dans vos obscurs complots, vils partisans de la tyrannie; ourdissez contre le peuple l'imposture et la perfidie; dévouez aux assassinats ses plus intrépides défenseurs : ces moyens sont dignes de vous et de votre cause. Les républicains triomphent aux champs de l'honneur; c'est là, je vous le prédis, que vos projets seront confondus, que vos attentats seront expiés.

« Et depuis quand les lâches Sybarites prétendent-ils donner des fers aux hommes intrépides?

« Pygmées, qui façonnez dans les ténèbres le joug de la tyrannie des aides, des gabelles, des corvées, des droits féodaux, des dimes, et de toutes les vexations, vous flattez-vous de rendre à l'esclavage, à la misère et aux humiliations, les généreux enfans de la victoire?

« Non : j'en atteste l'éternelle raison, qui ne veut pas que la France victorieuse soit désormais dégradée à ce point.

« Les perfides! ils avaient leurré notre crédulité par les

mots d'humanité et de justice : mais ce prestige de la plus infâme hypocrisie vient d'être dissipé, le voile est tombé; leur plan d'oppression vient d'être manifesté à tous les yeux.

« Tout ce que l'ingénieuse cruauté des bourreaux a inventé de plus abominable, voilà le premier don qu'apportaient au peuple français ces hommes si justes et si humains à l'avènement de leur domination royale.

« Vous frémissez d'indignation, héros magnanimes que votre dévouement rassemble dans nos camps, et dont l'univers contemple les travaux avec admiration. Oui, voilà le prix que le royalisme réservait à votre constance, à tant de maux soufferts, à tant de sang versé, à vos pères, à vos femmes, à vos enfans : l'esclavage, l'ignominie, ou les supplices. Mais reposez-vous sur vos représentans; ils voient d'un œil stoïque les poignards dirigés contre leur sein par le royalisme. Calmes au milieu des dangers et des hurlemens du royalisme, ils rendront ses efforts impuissans. Ils demeurent inébranlables dans le dessein d'affermir le gouvernement constitué en l'an 3, ce monument indestructible de votre liberté, consacré par le peuple français, après avoir été élevé par la convention nationale; par la convention nationale, dont la justice sut être inflexible envers le dernier de vos tyrans, dont la fermeté dissipa la ligue des rois, déconcerta tous les complots ourdis contre le peuple dans l'intérieur, renversa des obstacles que tous les hommes avaient estimés insurmontables, dont les membres vous ont si souvent conduits à la victoire, qui s'honore encore de la haine des mauvais citoyens, que lui ont attirée ses efforts constans et ses succès inattendus contre la tyrannie.

« Oui, braves soldats, les représentans du peuple français, que vous immortalisez par vos victoires, sont unis avec vous de cœur, d'intention, de volonté, pour soutenir ce gouvernement qui vous a affranchis de l'esclavage, qui vous rend à votre dignité. Ce ne sera point pour être subjugués et opprimés de nouveau par ces lâches esclaves d'un tyran, que vous aurez été invincibles : la gloire, la liberté et l'égalité, ce but honorable de vos travaux, en seront le prix.

« Et vous, brave légion lombarde, dont les premiers pas dans la carrière de la liberté sont signalés par des victoires, vous avez acquis aussi des droits à la reconnaissance de la république et des amis de la liberté.

« Recevez-en pour garant la nouvelle couronne civique que le corps législatif, organe de la reconnaissance nationale, s'empresse de tresser pour ceindre vos fronts victorieux.

« Je propose que le conseil déclare que l'armée d'Italie, victorieuse de Mantoue, n'a jamais cessé de bien mériter de la patrie. »

Cette proposition, mise aux voix, est adoptée à l'unanimité.

Le même message arrivé au conseil des anciens, Lacombe-Saint-Michel prend la parole, et dit :

« Il est donc dissipé, ce nuage qui obscurcissait l'aurore des beaux jours que la liberté semblait promettre depuis quelques mois à l'Italie ! Mantoue est prise. Oui, vous serez libres, successeurs des Camille, successeurs des Catons. Gravez à jamais dans vos fastes la reconnaissance éternelle que vous devez à la brave armée d'Italie, à cette armée, et au génie audacieux et intrépide de son chef, de Buonaparte, dont chaque pas au-delà des Alpes fut un prodige. Il est bien permis sans doute à ceux qui depuis huit ans combattent pour l'établissement et l'affermissement de leur liberté, de goûter une vive jouissance à l'aspect du triomphe qui assure la liberté à de nouveaux républicains.

« Loin de nous l'idée que la guerre que nous soutenons en Italie contre la maison d'Autriche, dont l'orgueil insultant, humilié par tant de victoires, ose encore mettre en question s'il existe une république française; loin de nous, dis-je, l'idée que cette guerre n'ait eu pour objet qu'un calcul diplomatique pour acheter de l'empereur les pays conquis par les armées françaises, et *les sujets* que l'amour de la liberté nous a déja réunis! Non, descendans des Romains, ne le croyez pas, que le gouvernement français ait eu le projet, après vous avoir engagés à marcher sous les drapeaux tricolors, de vous enchaîner de nouveau pour vous livrer à vos anciens maîtres. Non, vous seriez injustes si vous suspectiez sa loyauté. Vous avez combattu à côté de nos phalanges pour la cause de la liberté : que la liberté soit votre récompense. Il est dans les principes invariables de la nation française de respecter les gouvernemens de tous les peuples, quels qu'ils soient; mais il est aussi dans le cœur des amis de l'égalité de sourire aux efforts des peuples qui veulent jouir de leurs droits : goûter éventuellement le bonheur de vos destinées, applaudir à ce beau mouvement qui nous rappelle encore l'image des beaux jours que les Français goûtèrent unanimement en 1789, est un moment de jouissance que ne désapprouvera pas l'austère sagesse du conseil des anciens. Plaignons les Français assez malheureux pour exalter les désastres de leur patrie, tandis qu'ils atténuent les évènemens en faveur de la liberté. Puisses-tu, ô république cispadane, ne pas connaître ces enfans dénaturés! Puisse la conquête de l'heureux rivage qui vit naître Virgile, être l'augure certain de tes brillantes destinées! Puisses tu ne pas éprouver les secousses terribles et multipliées dont la république française fut trop long-temps le théâtre! Profite de nos fautes, garantis-toi de nos divisions; et si jamais la discorde voulait brandir sa torche entre les deux républiques, que la reconnaissance te rappelle ce que nous fimes pour toi; que la prudence t'avertisse qu'un ennemi commun sera toujours aux aguets pour profiter de nos fautes. Et vous, brave armée d'Italie, il ne nous appartient plus d'ordonner des fêtes pour célébrer vos victoires; ce soin fut réservé pour le gouvernement : mais il est permis à chacun de nous de manifester à cette tribune son impatience d'approuver la résolution qui sans doute déclarera que l'armée d'Italie ne cesse de bien mériter de la patrie. »

— La nouvelle de la capitulation de Mantoue fut publiée à Paris à son de tambour, et avec la solemnité convenable à un évènement si intéressant pour les suites des opérations de cette campagne. Des détachemens nombreux de troupes de ligne accompagnaient l'officier public dont la voix proclamait la gloire de nos armes au milieu d'un peuple nombreux qui semblait la partager, tant il s'y montrait sensible; ils marchaient avec le même enthousiasme qui fit éclore les prodiges qu'ils célébraient. A la gaieté de leur maintien on eût dit, en sachant que c'étaient des soldats français, qu'ils marchaient à un combat. La garde nationale sédentaire voulut aussi rendre son hommage aux vainqueurs de Mantoue : tous les corps-de-garde qu'elle occupe s'empressèrent de fournir des piquets pour assister à cette proclamation; elle y portait avec orgueil les armes qu'elle saurait avec le même empressement employer à les secourir.

Quoique cette nouvelle fût connue depuis deux jours, sa confirmation officielle n'en produisit pas une sensation moins vive ni moins agréable. L'alégresse générale se signala par plusieurs banquets dont la cordialité et la joie franche firent les frais. C'est dans ce moment que les véritables patriotes aiment à se montrer : ils ont associé leur sort à celui de la république, ils triomphent avec elle.

Cependant, comme ce n'est point par des signes extraordinaires qu'a besoin de se manifester une affection continue, nous serions presque en droit de ne plus vanter les témoignages de notre enthousiasme et de notre reconnaissance à chacune des victoires de nos défenseurs d'Italie : ces généreux guerriers ont voulu nous en faire des sentimens d'habitude; et certes, nous y serons aussi constans qu'ils sont fidèles à leur gloire.

Armée de héros, devenue invincible par cinq années de triomphes, jouis du spectacle de tes travaux : vois la France entière te dresser des monumens et chanter tes succès; des détachemens de toutes les armées, tes émules, ambitionner l'honneur de venir partager tes lauriers, et se presser vers le théâtre de tes victoires; l'Allemagne fuir à tes approches, t'ouvrir par le Tyrol les routes de sa capitale : vois l'Italie t'entourer d'états libres qui te doivent l'existence, et qui ne te permettent plus de rétrograder sans crime. Tu as triomphé de ses tyrans, tu triomphes même de ses souvenirs : tout ce qu'ils avaient d'imposant n'a-t-il pas disparu devant l'admiration que tu inspires? et quel est le Français qui, au sein de la paix glorieuse que tu prépares, n'ambitionnera pas de dire, *Je fus de l'armée d'Italie?*

Aussitôt l'arrivée du courier porteur de la nouvelle officielle de la reddition de Mantoue, les employés des bureaux du directoire tinrent conseil entre eux sur les moyens de payer à la brave armée d'Italie leur part de la reconnaissance publique. Une pétition présentée au directoire, il y a quelques jours, par le citoyen Augereau, marchand fruitier rue Mouffetard, leur avait appris qu'il est le père de l'immortel général de ce nom, digne compagnon de Buonaparte, et dont la renommée n'a cessé de publier les hauts faits depuis l'ouverture de la campagne. C'est en la personne de ce respectable vieillard, âgé de 75 ans, qu'ils déterminent d'honorer l'armée d'Italie. Une députation lui est envoyée pour le prier de se rendre à un banquet frugal et fraternel. Un fauteuil l'attendait au haut de la table, et un bouquet de laurier, orné d'un ruban tricolor, lui est présenté au nom de la société. Des couplets analogues à la fête et inspirés par l'enthousiasme sont chantés pendant le modeste repas, dont la gaieté fit les plus grands frais. Après le diner, une nombreuse députation reconduisit chez lui le vénérable vieillard.

L'enthousiasme qu'excitaient les triomphes de l'armée

d'Italie était vrai et sincère chez une grande partie des Français : mais déja un parti nombreux les regardait comme la ruine de ses espérances; et l'on aura une idée assez juste de l'esprit qui commençait à se montrer jusque dans les conseils, lorsqu'on saura que la motion suivante ne trouva pas, parmi des hommes qui y jouissaient d'un grand crédit, le moyen de s'y faire appuyer : non qu'ils n'en eussent desiré le succès; mais la crainte de ne pas l'obtenir, et le désagrément qui en eût pu résulter pour un général qu'ils vénéraient, les empéchèrent de la hasarder.

— Des succès inouis appellent des récompenses extraordinaires. Annibal ne fit point en Italie ce qu'y a fait Buonaparte; Scipion en Afrique ne l'a point surpassé, et Rome reconnaissante l'honora du nom de l'Africain.

L'Espagne décore ses chefs de ces glorieux surnoms : c'est ainsi qu'elle a imposé celui de la Paix au ministre qui a signé celle que la France vient de lui donner.

La Russie ne néglige pas ce moyen de récompense, et le vainqueur de la Crimée en retint le nom de Taurique.

Cette sorte de monnaie est très-républicaine, puisque Rome en usa dans ses meilleurs temps, et fera oublier tous les cordons et les bâtons de la monarchie.

Le Français qui, dans huit mois de campagne, a forcé le roi des Alpes à nous en donner pour jamais les clefs; celui des deux Siciles à une paix nécessaire; les ducs de Parme et de Modène, l'un à nous payer un tribut, l'autre à fuir de ses états; le Français qui a fermé tous les ports de l'Italie aux Anglais, paralysé leur flotte sur la Méditerranée, reconquis sur eux la Corse, sans même leur livrer de combats; le Français qui, par les plus mémorables victoires, a arraché des mains de l'orgueilleuse Autriche tous les pays de l'Italie soumis à son joug; qui a fait tomber devant les enseignes tricolores cinq armées impériales et la superbe Mantoue; le Français qui va reprendre à la Rome papale les trophées dont l'avaient ornée les Romains républicains, et rendre à la France, seule digne aujourd'hui de les posséder, ces chefs-d'œuvre des arts, fruits heureux du génie de la Grèce libre; ce Français qui détruira (espérons-le du moins) dans la Rome sacerdotale le foyer où s'alimentaient nos discordes civiles, et dont les triomphes non interrompus nous promettent la paix au dedans et au dehors, mérite, certes, le surnom de l'*Italique*, et le corps législatif lui doit cet honorable décret.

L'acte de la capitulation de Mantoue ne tarda pas d'arriver : « Vous le trouverez ci-joint, écrivait Buonaparte au directoire.

« Nos troupes ont occupé la citadelle le 15, et aujourd'hui la ville est entièrement évacuée par les Autrichiens. Je vous enverrai les inventaires de l'artillerie et du génie, et la revue de la garnison, dès l'instant qu'ils me seront parvenus. C'est le général Serrurier qui a assiégé la première fois Mantoue. Le général Kilmaine, qui a établi le deuxième blocus, a rendu de grands services ; c'est lui qui a ordonné que l'on fortifiât Saint-George, qui nous a si bien servi depuis. La garnison de Mantoue a mangé cinq mille chevaux ; ce qui fait que nous en avons fort peu trouvé. Je vous demande le grade de général de brigade pour le citoyen Chasseloup, commandant du génie de l'armée. Il a assiégé le château de Milan, la ville de Mantoue, et on en était déjà aux batteries de brèche lorsque j'ordonnai qu'on levât le siège : il a dans cette campagne fait fortifier Peschiera, Legnago et Pizzighitone. Je vous demande le grade de chef de brigade pour les citoyens Samson et Maubert ; ils l'ont mérité en rendant des services dans plus de quarante combats, et faisant des reconnaissances dangereuses et utiles. Je vous ai demandé le grade de général de division d'artillerie pour le général Lespinasse. Je vous prie aussi d'employer le général Dammartin dans l'armée d'Italie. »

Capitulation entre son excellence le maréchal comte de Wurmser, commandant en chef l'armée de sa majesté l'empereur et roi, et le général divisionnaire Serrurier, commandant les troupes de la république française sous Mantoue.

« Article premier. La garnison impériale de Mantoue et de la citadelle sortira par la porte majeure de la citadelle, avec les honneurs de la guerre, tambours battans, drapeaux déployés, mèche allumée, et traînera avec elle deux pièces de canon de 6, deux de 12, deux obusiers, avec leurs caissons et attelages, ainsi que les munitions compétentes à ces pièces, de même que leurs artilleurs. La garnison se formera sur la chaussée qui conduit de Marmirolo à Mantoue, ne déposera point les armes, mais sera prisonnière de guerre jusqu'à son échange, excepté ceux donnés par l'article second, qui ne seront point prisonniers de guerre.

« *Réponse.* Accordé, à l'exception que, hors les barrières, les armes seront déposées sur les glacis, ainsi que les drapeaux, guidons, étendards, et tout autre objet militaire, la garnison devant rester toute prisonnière de guerre.

« Accordé de même pour ce qui concerne l'artillerie et les artilleurs qui devront partir avec les sept cents hommes qui ne sont pas prisonniers de guerre.

« II. Ne seront point prisonniers de guerre M. le maréchal comte de Wurmser et sa suite; savoir, les adjudans-généraux Aver et Ban-Iloht, et le capitaine aide-de-camp comte Degenfeld; tous les généraux, chacun avec leur aide-de-camp; deux cents hommes de cavalerie, avec leurs chevaux respectifs et leurs officiers; cinq cents individus à choisir à volonté par M. le maréchal; les six canons mentionnés dans l'article premier, avec leurs canonniers, munitions et attelage.

« *Réponse*. Accordé pour M. le maréchal de Wurmser, pour tout ce qui lui appartient personnellement, deux cents hommes de cavalerie, compris leurs officiers, et cinq cents individus au choix de M. le maréchal, compris les artilleurs mentionnés dans l'article premier; MM. les officiers-généraux, ceux de l'état-major, et tout autre individu que M. le maréchal jugera à propos d'y comprendre.

« III. Tous les officiers garderont leur épée, retiendront leurs chevaux, équipages et toutes leurs propriétés, les soldats leurs sacs, de même que les non-combattans, officiers civils, et toutes personnes attachées au service militaire.

« *Réponse*. Les officiers garderont leur épée; les généraux et autres exprimés ci-après conserveront le nombre de chevaux, savoir:

Les lieutenans-généraux	16
Généraux-majors	10
Colonels	8
Lieutenans-colonels et majors	7
Capitaines de cavalerie	3
Capitaines d'infanterie	2
Lieutenans de cavalerie	2
Lieutenans et enseignes d'infanterie	2

Les commissaires des guerres traités comme le grade militaire équivalent au leur.

Tous les employés auxquels la loi passe des chevaux, un à chaque.

« Je demande la parole d'honneur des officiers destinés pour la confection de cette capitulation, qu'aucun individu de l'armée n'emportera rien autre que les effets à lui appartenans. Chaque soldat emportera son sac, et chaque cavalier son porte-manteau.

« IV. La garnison impériale sera conduite par le chemin le plus court sur Gorice dans le Frioul, et sera échangée par préférence contre les prisonniers de guerre français.

« *Réponse.* Les troupes seront dirigées par Porto-Legnago, Padoue, Trévise ; les échanges devront se faire le plutôt possible, et les sept cents hommes emmenés par M. le maréchal de Wurmser promettront de ne point servir contre l'armée française de trois mois d'ici, à dater du jour de cette capitulation.

« V. La marche des troupes sera réglée par les commissaires français, sur deux colonnes, et on ne pourra les faire marcher que quatre lieues de France par jour, vu que la garnison est affaiblie par les maladies. Les commissaires français pourvoiront aux subsistances nécessaires de la troupe et des chevaux, et donneront les chariots attelés nécessaires pour conduire ceux qui pourroient tomber malades sur la route ; sur quoi on délivrera les quittances, pour en tenir compte dans la suite.

« *Réponse.* Afin de ne pas trop surcharger le pays, et pour avoir plus de facilité pour la subsistance, on emploiera plusieurs jours au départ des colonnes : chacune sera composée de mille hommes ; et la première, qui devra être particulièrement composée de toute la troupe armée, partira après-demain 4 février (16 pluviôse, style français). On aura attention d'avoir plusieurs voitures à la tête des colonnes, pour ramasser les malades, et il sera pourvu à la subsistance des hommes et des chevaux.

« VI. Les chariots de convoi portant la chancellerie du quartier-général et des troupes, ainsi que la caisse de la guerre, formant une totalité de vingt-neuf chariots, dont vingt-cinq à deux chevaux, et quatre à quatre chevaux, pourront sortir librement et se joindre à la garnison, pour se rendre à Gorice.

« *Réponse.* Refusé. Un commissaire sera chargé de visiter les registres ou autres papiers de la chancellerie ; et s'ils ne sont d'aucune utilité à l'armée de la république française, il sera fourni des voitures pour le transport.

« VII. Les malades et blessés seront humainement traités ; on y laissera dans les hôpitaux les chirurgiens et gardes-malades nécessaires, dont on fixera le nombre, et, après leur guérison, ils jouiront également des articles de cette capitulation ; de même ceux qui pour des affaires devront rester à Mantoue, auxquels on délivrera les passe-ports nécessaires lorsque leurs affaires seront terminées.

« *Réponse.* Accordé, et subiront le même sort que la garnison.

« VIII. Tous les officiers civils au service de sa majesté l'empereur pourront partir librement avec leurs bureaux et chancellerie, et on leur délivrera les chariots nécessaires pour le transport.

« *Réponse.* Ces individus pourront partir librement ; mais les bureaux et chancellerie seront examinés, et resteront au pouvoir de l'armée française, si cela est jugé nécessaire.

« IX. La ville sera maintenue dans tous ses droits et privilèges, propriétés et religion : on ne pourra faire rendre compte à quiconque de ses bourgeois qui ont rendu des services à leur souverain légitime.

« *Réponse.* Accordé.

« X. Quiconque des bourgeois ou habitans de cette ville voudrait se retirer de Mantoue, avec ses propriétés, dans les pays héréditaires de sa majesté impériale, aura une année de temps pour vendre, à son gré et librement, ses possessions tant meubles qu'immeubles, et leur seront accordés les passe-ports nécessaires pour cela.

« *Réponse.* Accordé.

« XI. Les canonniers de la bourgeoisie qui ont servi sur le rempart contre l'armée française, ne seront pas inquiétés sur cela, n'ayant fait que leur devoir, fondé sur la constitution du duché de Mantoue, et ils rentreront dans leurs foyers.

« *Réponse*. Accordé.

« XII. S'il se trouvait un article douteux dans la capitulation, qui pourrait donner lieu à des contestations, il sera expliqué en faveur de la garnison.

« *Réponse*. Il sera discuté et interprété suivant la justice.

« XIII. Trois heures après la signature de la capitulation, on remettra aux troupes françaises un ouvrage avancé de la citadelle, jusqu'au premier pont-levis, et il ne sera permis d'entrer dans la place ou citadelle qu'aux commissaires français et à ceux qui, pour des affaires, seront envoyés par le commandant français du blocus. L'armée française n'entrera dans la place ou citadelle que lorsqu'elle sera évacuée par la garnison impériale.

« *Réponse*. La citadelle sera remise en totalité trois heures après la signature de la capitulation ; mais s'il était trop tard, elle serait remise le lendemain matin à neuf heures. On empêchera toute communication entre les troupes des puissances respectives ; et les troupes françaises occuperont les postes avancés des portes de la ville. Il n'entrera dans la place que les commissaires français chargés par le général des opérations relatives à leur partie, de même que des officiers d'artillerie pour leur arme, et les officiers du génie pour les plans et cartes, etc. qui doivent nécessairement se trouver dans la place.

« XIV. On permettra d'envoyer un officier à sa majesté

l'empereur, ainsi qu'un autre au général commandant l'armée impériale en le Tyrol, avec la capitulation.

« *Réponse.* Accordé. Le commissaire-général aura un passe-port pour se rendre d'avance sur le territoire de sa majesté impériale. »

Etat des principaux effets d'artillerie existans dans la place et dans la citadelle de Mantoue, à l'époque du 17 pluviose, an 5.

Pièces en bronze.

« Pièces autrichiennes, depuis le calibre de 36 jusques et y compris celui de 16, 126. — Pièces depuis le calibre de 15 et au-dessous, 175. — Mortiers en bronze, 56. — Pierriers *idem*, 2. — Petits mortiers à grenades, 40. — Boîtes de réjouissance, 10. — Petites pièces pour barques du luc, 7.

Pièces en fer du calibre de 12 et 6, 21. — Pierriers en fer, 4.

En tout, 500 bouches à feu.

Pièces de campagne pour la défense de la place et des ouvrages avancés, 43. — Obusiers de campagne *idem*, 16. — Fusils pour infanterie, artillerie, pionniers et cavalerie, dont 5,000 environ en état, 17,115.

Une quantité considérable de pièces de rechange, bois et autres objets pour la réparation des armes.

Pistolets, dont 2,500 en état, 4,484.

Une grande quantité de bois, etc. pour *idem*.

Fers neufs en barre, 16,100 liv.

Fers vieux ébranchés, 20,100 liv.

En balles, 165,400 liv.

En saumons, 156,000 liv.

Poudre, 529,000 liv.

Cartouches d'infanterie, 1,214,000.

Idem pour la cavalerie, 160,228.

Gargousses de tous calibres.

Pour canon, 14,746.
Pour obusier, 2,093.
Boulets de tout calibre, 187,319.
Bombes de tout calibre, 14,502.
Artifices de tout genre confectionnés, 2,093.
Mitraille à canon de tout calibre, 3,828.

Equipages de campagne de la division du général Wurmser.

Canons de 3	26
de 6	6
de 12	2
Obusiers de sept pouces	4
Total	38
Gargousses de 3	5,736
de 6	1,836
de 12	540
Mitrailles de 3	1,200
de 6	340
de 12	164
Chariots et caissons	184
Equipage de vingt-cinq pontons	1

Nota. Ne sont pas comprises dans cet état les armes remises par la garnison autrichienne. «

Le 30 pluviose, le directoire reçut de nouveaux trophées de l'armée d'Italie. Rendu dans la salle de ses audiences publiques, les drapeaux enlevés dans les derniers combats sont introduits, aux cris répétés de *vive la république*. Ils sont précédés par le ministre de la guerre, et le chef d'escadron

Pessières, chargé par le général en chef de l'armée d'Italie de les présenter au directoire exécutif.

Le ministre de la guerre prononça alors le discours suivant :

« Citoyens directeurs,

« L'armée d'Italie, toujours victorieuse, a sans cesse à vous offrir les nouveaux monumens de sa gloire. Vous voyez devant vous les trophées de ses derniers succès; vous voyez les drapeaux d'Alvinzi, ceux de Provera : il ne tenait qu'à vous d'y voir le général Provera lui-même.

« Au moment où je parle, trente mille de ces Autrichiens, qui s'étaient flattés de nous faire repasser les Alpes, les gravissent eux-mêmes, mais *vaincus*, *désarmés*, *prisonniers*.

« Ces campagnes de l'Italie, que l'on avait toujours dites si funestes aux Français, ont vu dans une seule année moissonner cinq armées de l'empire.

« Enfin cette superbe forteresse, le dernier boulevard de nos ennemis, Mantoue, est en notre puissance.

« Telle a été notre destinée depuis un an, que nous avons pu nous enorgueillir même de nos retraites. Ce fort qu'un grand fleuve séparait de nous et que nos soldats enlevèrent en un instant, a retenu pendant deux mois une armée qui a mis plus de temps à l'emporter qu'il n'en avoit fallu pour le construire.

« Tandis qu'une armée s'arrêtait devant Kelh, l'Autriche s'épuisait pour reconquérir ses provinces méridionales : on faisait accourir les troupes les plus éloignées; on excitait l'enthousiasme de la jeunesse de Vienne : mais elle a rencontré la jeunesse française, qu'anime l'enthousiasme de la liberté; elle a rencontré ce héros invincible qu'une seule campagne a placé au rang des plus illustres guerriers, et qui ne compte ses combats que par le nombre de ses victoires.

« Si l'aveuglement de nos ennemis nous oblige à continuer

la guerre, nous avons des garans certains de nos succès; une émulation généreuse anime toutes nos armées: les vainqueurs de Fleurus, conduits par le pacificateur de la Vendée, sont prêts à franchir de nouveau le Rhin; ceux qu'un habile général ramena des bords du Danube peuvent y retourner; ceux qui gardent les frontières du nord, ceux qui bordent les Alpes, brûlent de seconder l'impétueuse valeur de l'armée d'Italie et de partager ses lauriers.

«Tant de talens, tant d'intrépidité, ameneront enfin un triomphe plus cher à l'humanité: la paix est la dernière conquête qui soit digne de nos braves guerriers; la patrie ne l'attendra pas en vain de leur courage et de leur persévérance. »

Le citoyen Bessières prit la parole, et dit:

«Citoyens directeurs,

«Le vol de l'aigle impérial vient encore d'être arrêté sur l'Adige. Ces drapeaux que j'ai l'honneur de vous présenter au nom de l'armée d'Italie, vous assurent la destruction de la cinquième armée qui a osé la combattre. Parmi ces trophées, il en est deux qu'elle arracha à la noblesse de Vienne. Le rassemblement de cette jeunesse dorée sous la bannière royale n'a pas eu des résultats fort heureux pour elle: l'issue du combat a prouvé à l'Europe que les boucliers et les lances de la chevalerie ne peuvent rien contre les baïonnettes des républicains. Les vils suppôts du royalisme peuvent les calomnier; l'armée d'Italie est au-dessus de leurs vociférations impures: son attitude fière, son amour pour la liberté, font trembler les ennemis de la république.

«Recevez, citoyens directeurs, une nouvelle assurance de sa soumission aux lois et au gouvernement.

«L'armée d'Italie veut la liberté de son pays; elle a juré de défendre la république jusqu'à la mort, et soyez bien convaincus qu'elle ne posera les armes que lorsqu'il ne lui restera aucun de ses ennemis à combattre. »

Le président du directoire exécutif répondit :

« Généreux guerrier,

« Les trophées que vous présentez sont de faibles témoins des prodiges de valeur dont la brave armée d'Italie ne cesse d'étonner l'univers ; cependant, tandis que les enfans de la liberté affermissaient la république par des actions qui leur mériteront la reconnaissance de nos derniers neveux, des lâches, en invoquant la paix, méditaient de relever le trône sur les cadavres palpitans de nos frères.

« Nous voulons aussi la paix ; elle fait l'objet de nos plus vives, de nos plus constantes sollicitudes : mais nous avons besoin d'une paix solide et durable, et nous ne consentirons jamais de trêve honteuse et perfide qui amènerait le déchirement de la France. Que tous les pervers vendus aux ennemis de la patrie réunissent leurs cris séditieux : le directoire exécutif n'en marchera que d'un pas plus ferme dans la route que son devoir lui a tracée. Il saura mourir, ou le nom français, que des infames voudraient plonger dans le néant, sera porté avec orgueil, et s'attirera par-tout le respect et la confiance.

« Tant de sang pur n'aura pas été versé inutilement. Braves guerriers de toutes les armées, l'amour sacré de la patrie et de la gloire, inséparable chez un Français, ne s'éteindra jamais dans vos cœurs. La république compte sur vous ; la paix sera le fruit de vos victoires, et le prix des efforts de tous les bons citoyens. Qu'un baiser fraternel soit le gage de notre union et du bonheur inaltérable qui doit la suivre. »

Peu de poètes dignes d'être remarqués chantèrent nos triomphes. Sans doute Buonaparte aura été plus heureux dans l'Italie, qui en produit davantage ; mais l'Achille de la France n'a pas encore trouvé son Homère. Dans un autre temps Fontenoi et le maréchal de Saxe avaient trouvé Voltaire, qui aurait plus volontiers et mieux chanté Millesimo,

Lodi, Arcole et la Favorite, et sur-tout la liberté de la France et de l'Italie.

Chaque pas qu'y faisait l'armée française semblait l'y assurer davantage et en faire naître le goût. Les Italiens, qu'on y croyait moins préparés, et qu'un despotisme plus violent opprimait depuis plus long-temps, en sont cependant beaucoup plus près que nous, qui adoptons ou rejetons tout comme une mode, et dont le caractère mobile est moins susceptible que le leur d'impressions durables et profondes.

Beaucoup de Romains espéraient voir renaître leur ancienne république, et publiaient qu'ils attendaient le général français pour lui élever au Capitole une statue, où leur reconnaissance graverait l'inscription suivante :

> Alexandro Buonaparti,
> Duci Gallorum invictissimo,
> Quòd
> Senatum populumque romanum,
> A pontificibus maximis
> Vi et metu conculcatum,
> In pristinum splendorem
> Et auctoritatem
> Restituerit
> Anno M. D. CC. IIIC.
> Rom. Reip. restitutæ I.

L'intention du gouvernement français ne parut jamais être de renverser le gouvernement pontifical, mais seulement de le forcer à la paix en réduisant son pouvoir temporel en Italie. La postérité demandera sans doute un jour à connaître les motifs d'une telle politique, et l'histoire aura quelque peine à la justifier. Quoi qu'il en soit, Buonaparte devait se borner à suivre ses instructions : il informait ainsi le directoire de leur exécution :

« Nous avons conquis en peu de jours la Romagne, le duché d'Urbin et la Marche d'Ancône. Nous avons fait à Ancône douze cents prisonniers de l'armée du pape ; ils s'étaient postés habilement sur des hauteurs en avant d'Ancône. Le général Victor les a enveloppés et les a tous pris, sans tirer un coup de fusil. L'empereur venait d'envoyer au pape trois mille très-beaux fusils, que nous avons trouvés dans la forteresse d'Ancône, avec près de cent vingt pièces de canon de gros calibre. Une cinquantaine d'officiers que nous avons faits prisonniers ont été renvoyés, avec le serment de ne plus servir le pape. La ville d'Ancône est le seul port qui existe, depuis Venise, sur l'Adriatique ; il est, sous tous les points de vue, très-essentiel pour notre correspondance de Constantinople : en vingt-quatre heures on va d'ici en Macédoine. Aucun gouvernement n'était aussi méprisé par les peuples mêmes qui lui obéissaient, que celui-ci. Au premier sentiment de frayeur que cause l'entrée d'une armée ennemie, a succédé la joie d'être délivré du plus ridicule des gouvernemens. »

Le général Berthier mandait aussi au directoire :

« Dans la nuit du 21 au 22, un corps de cavalerie, commandé par le chef de brigade Marmont, aide-de-camp du général en chef, s'est porté sur Loretto, d'où M. le baron Colli, commandant l'armée papale, se sauva à son approche, emportant tout ce qu'il put du trésor, qui avait commencé déjà à être évacué depuis deux jours. Néanmoins il est resté en notre pouvoir la valeur d'un million en matières d'or et d'argent.

« L'armée chemine sur Foligno, et aujourd'hui 24 elle est à Macerata, à quarante lieues de Rome.

« La seule gloire dont le corps de l'armée française est jaloux dans cette expédition, est de donner un exemple éclatant de son respect pour la liberté des cultes, pour les personnes et les propriétés : aussi tout le peuple du pays conquis est-il heureux et content. »

Par une autre dépêche du 27 pluviose, en date de Macerata, Buonaparte ajoutait :

« Nos troupes seront, j'espère, ce soir à Foligno, et passeront la journée de demain à se réunir à celles que j'ai fait marcher par Sienne et Cortone.

« Loretto contenait un trésor d'environ trois millions de livres tournois : on nous y a laissé à peu près la valeur d'un million. Je vous envoie la Madona avec toutes les reliques ; cette caisse vous sera directement adressée, et vous en ferez l'usage que vous croirez convenable : cette Madona est de bois.

« La province de Macerata, connue plus communément sous le nom de *Marche d'Ancône,* est une des plus belles, et, sans contredit, une des plus riches des états du pape.

« Il n'y a rien de nouveau dans le Tyrol ni sur la Piave.

« Vous trouverez ci-joint l'inventaire de l'artillerie trouvée à Ancône.

« Ci-joint copie d'une de mes lettres au cardinal Mattei.

Au quartier-général de Tolentino,
le 30 pluviose, an 5.

« Nos troupes se sont emparées de l'Ombrie et du pays de Perugia ; nous sommes maîtres aussi de la petite province de Camerino. »

Etat des effets et munitions d'artillerie trouvés dans la place et fort d'Ancône.

Pièces de tous calibres en bronze.

Canons de 48, 1. — De 36, 20. — De 24, 2. — De 21, 1. De 17, 6. — De 16, 1. — De 13, 6. — De 12, 6. — De 9, 3. De 6, 9. — De 5 de bataille, 2. — De 3 *idem,* 3. — De 2, 2. De 1, 1.

De 8, en fer, un sans affût, 4. — De 4 en *idem,* un sans affût, 2. — De 3, deux en fer, un sans affût, 18.

Caronades de 60, en bronze, 3.

Pierriers de douze pouces, en bronze, 4.
Mortiers de dix pouces, en bronze, 3.
Mortiers à grenades, *idem*, 2.

Bombes de dix pouces	500
Grenades à main	100
Poudre	23,600 liv.
Plomb en balles	3,000 liv.
Boulets de 48	60
de 36	767
de 27	42
de 21	3,311
de 17	795
de 16	1,957
de 12	1,887
de 8	1,384
de 7	891
de 6	2,439
de 4	7,792
de 3	1,158
ramés	2
enchaînés	347
Total	22,832
Pains de cuivre	15
Mèches	1,400 livres.
Fusils de munition	2,256
de rempart	9
de chasse	22
Caisses de munition	17
Chariots de munition	4
Caisses de plomb	2

C'est de Macerata que Buonaparte écrivit au cardinal Mattei cette lettre qui, appuyée de ses succès et de sa marche, détermina le pape à s'en remettre à la générosité de l'armée française.

« J'ai reconnu dans la lettre que vous vous êtes donné la peine de m'écrire, M. le cardinal, cette simplicité de mœurs qui vous caractérise; vous verrez, par l'imprimé ci-joint, les raisons qui m'ont engagé à rompre l'armistice conclu entre la république française et sa sainteté.

« Personne n'est plus convaincu du desir que la république française avait de faire la paix, que le cardinal Busca, comme il l'avoue dans sa lettre à M. Albani, qui a été imprimée et dont j'ai l'original dans les mains. On s'est rallié aux ennemis de la France, lorsque les premières puissances de l'Europe s'empressaient de reconnaître la république, et desiraient la paix avec elle; on s'est bercé de vaines chimères, et on n'a rien oublié pour commencer la destruction de ce beau pays. Il reste néanmoins encore à sa sainteté un espoir de sauver ses états, en prenant plus de confiance dans la générosité de la république française, et en se livrant tout entier et promptement à des négociations pacifiques.

« Je sais que sa sainteté a été trompée; je veux bien encore prouver à l'Europe entière la modération du directoire exécutif de la république française, en lui accordant cinq jours pour envoyer un négociateur muni de pleins pouvoirs, qui se rendra à Foligno, où je me trouverai, et où je desire de pouvoir contribuer en mon particulier à donner une preuve éclatante de la considération que j'ai pour le saint siège. Quelque chose qui arrive, M. le cardinal, je vous prie d'être persuadé de l'estime distinguée avec laquelle je suis, etc. »

Il avait publié d'avance la proclamation suivante, dont le directoire approuva ensuite les dispositions.

Buonaparte, général en chef de l'armée d'Italie.

PROCLAMATION.

« La loi de la convention nationale sur la déportation défend aux prêtres réfractaires de rentrer sur le territoire de la république française, mais non pas de rester sur le territoire conquis par les armées françaises.

« La loi laisse au gouvernement français la faculté de prendre sur cet objet les mesures que les circonstances peuvent exiger.

« Le général en chef, satisfait de la conduite des prêtres réfractaires réfugiés en Italie, ordonne :

« ARTICLE PREMIER. Les prêtres réfractaires sont autorisés à rester dans les états du pape conquis par l'armée française.

« II. Il est défendu, sous les peines les plus sévères, aux individus de l'armée, aux habitans, prêtres ou religieux du pays, de molester, sous quelque titre que ce soit, les prêtres réfractaires.

« III Les prêtres réfractaires seront mis en subsistance dans les différens couvens, où il leur sera accordé, par les supérieurs, le logement, la nourriture, la lumière et le feu.

« IV. Les supérieurs des couvens donneront à chaque prêtre réfractaire quinze livres de France par mois pour leur habillement et entretien, sur lesquelles les prêtres réfractaires devront compter la valeur de leurs messes.

« V. Le supérieur de chaque couvent devra remettre au commandant de la place le nom, l'âge et le pays des prêtres réfractaires qui sont en subsistance dans son couvent. Les prêtres réfractaires prêteront serment d'obéissance à la république française entre les mains du commandant de la place.

« VI. Les administrations centrales, la municipalité, les généraux commandant les différens arrondissemens, les commandans de place, sont spécialement chargés de l'exécution du présent ordre.

« VII. Le général en chef verra avec plaisir ce que les évêques et autres prêtres charitables feront pour améliorer le sort des prêtres déportés. »

Extrait des registres des délibérations du directoire exécutif, du 8 ventose, an 5.

« Le directoire exécutif arrête ce qui suit :

« ARTICLE PREMIER. Le ministre des relations extérieures est autorisé à délivrer un passe port et une route à tout prêtre français non détenu pour crime prévu par le code pénal, qui déclarera vouloir se rendre en Italie, dans la partie des états du pape occupée par les troupes de la république.

« II. Le général en chef de l'armée d'Italie prendra toutes les mesures qui lui paraîtront convenables, pour qu'il soit efficacement pourvu aux besoins de ces prêtres, et pour qu'ils soient traités de même que les autres prêtres français qui ont été trouvés réfugiés sur les terres du pape.

« III. Le ministre des relations extérieures, celui de la guerre et celui de la police générale, sont chargés, chacun en ce qui le concerne, de l'exécution du présent arrêté, qui sera imprimé au bulletin des lois. »

La commission des arts, en arrivant à Loretto, y fit empaqueter la célèbre Madonne, et le général se prêta à cette fantaisie. Elle annonça ainsi son envoi au directoire, qui, puisqu'il laissait à Rome son pape, aurait pu laisser à Loretto sa Madonne; car un objet de superstition était moins important à enlever à ce petit coin du monde, que l'agent de toutes les superstitions en France.

« Citoyens directeurs,

« Le général en chef Buonaparte, en recueillant pour le compte de la république française les objets que Colli, général du pape, n'avait pas eu le temps d'enlever du trésor de Loretto, s'est emparé des objets portatifs dont on s'était servi pour abuser de la crédulité des peuples, et qui consistent :

« 1°. Dans l'image de bois, prétendue miraculeuse, de la Madonna ;

« 2°. Dans un haillon de vieux camelot de laine moiré, que l'on dit avoir été la robe de Marie ;

« 3°. Dans trois écuelles cassées de mauvaise faïance, qui, dit-on ont fait partie de son ménage, et qui certainement ne sont pas d'une assez haute antiquité pour cela.

« Cet enlèvement a été fait par le citoyen Willetard, en présence du citoyen Monge, membre de l'institut national, et du citoyen Moscati, médecin de Milan, et membre du conseil des quarante. Le procès-verbal qui en a été dressé, a été signé, tant par ces trois citoyens que par le général en chef, et par l'archidiacre de Loretto. De peur qu'on ne puisse douter de l'authenticité des pièces dont il s'agit, le sceau du général en chef a été apposé sur chacune d'elles en cire rouge, et semblable à celui qui est apposé au bas du procès-verbal.

« Le général Buonaparte, qui vient de partir, nous a chargés, citoyens directeurs, de vous envoyer ces objets, afin que vous en fassiez l'usage que vous jugerez convenable. En conséquence, nous en avons formé une petite caisse, dans laquelle nous avons placé le procès-verbal, pièce unique, dont on n'a pas eu le temps de faire un double, parce que la plupart des signataires attendaient la première rédaction pour monter à cheval. Vous le trouverez dans un paquet contenant l'histoire imprimée de la *santa Casa*, telle qu'on la vendait ici. Nous allons déposer cette caisse, à votre adresse, entre les mains du citoyen Haller, qui doit arriver ce soir, et qui sera chargé de vous la faire parvenir de la manière la plus sûre. La *santa Casa* restera fermée jusqu'à nouvel ordre du général en chef. »

Buonaparte avait dépêché le général Augereau à Paris pour y présenter les trophées de Mantoue. Il l'annonça ainsi au directoire :

« Le général Augereau est parti avec soixante drapeaux provenant de la garnison de Mantoue. Vous verrez dans ce brave général, auquel la république doit des services aussi marquans, un citoyen extrêmement zélé pour le maintien du gouvernement et de notre constitution.

« Je ne vous remettrai pas sous les yeux tout ce qu'il a fait dans cette campagne ; il n'est presque pas une affaire où lui et sa brave division n'aient contribué à la victoire. Je vous prie, dès l'instant que sa mission sera remplie, et qu'il aura profité du moment où les opérations militaires sont moins actives à l'armée pour achever quelques affaires de famille, de le renvoyer à l'armée sans le moindre retard. »

Cette présentation méritait encore une plus grande solemnité que les précédentes, et elle eut lieu le 10 ventose dans la forme suivante :

« Le ministre de l'intérieur invite le directoire à descendre dans la première cour du palais, lieu fixé par le directoire, la salle des audiences n'étant pas assez vaste pour la cérémonie de la présentation des soixante drapeaux conquis par l'armée d'Italie sur les Autrichiens composant la garnison de Mantoue.

« Le directoire, précédé de ses huissiers et messagers d'état, et accompagné de ses ministres et du corps diplomatique, se rend dans la cour du palais, et se place sur une estrade qui avait été élevée dans le milieu au pied de l'arbre de la liberté. Un trophée de plusieurs drapeaux autrichiens, précédemment envoyé par l'armée d'Italie, était suspendu au même arbre, et surmonté d'un drapeau tricolor.

« Une foule de citoyens garnissait les fenêtres du palais et remplissait la cour.

« La garde à cheval du directoire était rangée en double haie autour de l'estrade, et la garde à pied garnissait la cour et y maintenait l'ordre.

« Un corps de musique militaire exécutait les airs chéris des Français; la joie animait tous les cœurs et brillait sur tous les visages.

« Une salve d'artillerie annonce l'arrivée des soixante drapeaux pris à Mantoue, et du général de division Augereau, chargé de les présenter.

« Il entre au milieu des acclamations universelles et des cris multipliés de *vive la république*; il précède soixante guerriers vétérans, portant chacun, avec la fierté républicaine, un drapeau autrichien.

« Le général, arrivé à l'estrade, est présenté au directoire par le ministre de la guerre, qui prononce le discours suivant:

« CITOYENS DIRECTEURS,

« Lorsque tant de rois se liguèrent contre nous, lorsqu'on exagérait l'inexpérience de nos troupes et la puissance de nos ennemis, on était loin de prévoir que le génie de la république, chassant par-tout l'aigle impériale, étendrait bientôt ses ailes de la Hollande aux bords du Tibre.

« Mais il appartenait au peuple qui a recouvré sa liberté de la faire renaître dans les lieux mêmes qui en furent le berceau.

« Nos premières campagnes furent remarquables par cette explosion subite qui, précipitant vers nos frontières un million de soldats, opposa l'enthousiasme et le courage à l'expérience ; celle-ci présente un bien autre spectacle : le génie d'un héros luttant contre la science de vieux guerriers ; la valeur française franchissant les montagnes, les fleuves, et tout ce que la nature et l'art peuvent opposer de difficultés, et, au milieu de tant de combats, dans l'ivresse de tant de victoires, reprenant son caractère de douceur et de générosité.

« On voit nos guerriers, dans leur marche triomphale, se montrer les libérateurs des peuples, et non les destructeurs des gouvernemens ; les protecteurs du culte, les amis des arts dont ils ont conquis la patrie.

« C'est une bien douce satisfaction pour moi de présenter en même temps au directoire, et les monumens de la conquête de l'Italie, et le brave Augereau, qui, dans un grand péril, à l'exemple de Buonaparte, s'arma d'un drapeau pour s'élancer en avant de nos bataillons et fixer la victoire. ».

Le public était impatient d'entendre le général Augereau. En le voyant, l'imagination retraçait à chacun des spectateurs toutes les batailles où il s'est illustré. A ses côtés étaient son père, vieux militaire, en qui l'air martial semble encore, malgré ses cheveux blancs, respirer l'ardeur des combats, et son frère, compagnon de ses travaux, comme son aide-de-camp. Près de lui on distinguait aussi, avec un vif intérêt, un frère du général en chef Buonaparte, âgé de douze ans ; chacun s'étudiait à reconnaître sur sa figure les traits du conquérant de l'Italie. Il se fait un profond silence ; le général Augereau parle au directoire en ces termes :

« CITOYENS DIRECTEURS,

« L'armée d'Italie, au nom de laquelle je viens déposer ces enseignes ennemies à côté de celles qui vous ont été présentées depuis le commencement de sa glorieuse campagne, m'a chargé d'être auprès de vous l'organe de ses sentimens et le garant de son inviolable attachement à la constitution de l'an 3 ; de vous exprimer aussi le desir qu'elle a de procurer à la république une paix aussi durable que glorieuse.

« Fidèle à son serment, forte de son courage et de l'estime des amis du gouvernement républicain, l'armée justifiera dans la campagne prochaine l'opinion avantageuse que lui ont acquise depuis onze mois soixante-quatre combats et vingt-sept batailles.

« Ce n'était pas assez pour sa gloire d'avoir détruit cinq armées nombreuses à l'ennemi : l'opiniâtre ambition de la maison d'Autriche, prodigue du sang humain, fondait l'espoir de conserver le sceptre de l'Italie dans la garnison qui défendait la place de Mantoue ; le nombre des combattans, la réputation du général qui s'y était renfermé, et les approvisionnemens considérables dont elle était pourvue, tout concourait à nourrir ce chimérique desir, et à donner des prétentions ridicules à l'agent du cabinet de Vienne, dépêché à Vicence pour y traiter des préliminaires de la paix. Il était donc réservé à la gloire de cette armée d'obtenir pour prix de ses fatigues et de son courage, d'en prendre possession au nom de la république, et d'assurer par cette forteresse la conquête de l'Italie.

« Quels efforts l'ennemi peut-il opposer désormais aux soldats républicains qui ont si souvent triomphé de ses phalanges nombreuses, des obstacles que la nature n'a créés qu'après une infinité de siècles ; qui se sont familiarisés avec la faim, la soif, les marches forcées, et auxquels aucun sacrifice ne coûte ?

« Tant de vertus, citoyens directeurs, ne contribueraient pas suffisamment à la gloire de nos frères d'armes, si elles ne puisaient leurs principes dans l'amour sacré de la liberté, et n'avaient pour but le bonheur de leurs concitoyens et l'honneur.

« Tel est l'effet des passions humaines ; tant de vertus ne pouvaient manquer de provoquer la calomnie. Que ceux pour qui elle est un besoin, et qui s'enrichissent par elle, viennent dans nos rangs; qu'ils apprennent de la bouche même des étrangers l'éloge qu'on fait des troupes françaises, et nous serons assez vengés. Eh quoi! ont-ils pu se persuader, ces ennemis de leur patrie, ces lâches courtisans qui osent se flatter de nous donner un maître, que les soldats républicains se sont battus pendant six années pour en avoir d'autre que la loi? Non, citoyens directeurs, toutes les factions doivent échouer devant votre sagesse et l'énergie des armées; ce n'est que pour 'e maintien de la constitution qu'elles ont acceptée, et pour la prospérité de la république, qu'elles sont disposées à verser leur sang.

« Tandis que vous consacrerez tous vos momens, citoyens directeurs, à conserver le dépôt constitutionnel et à comprimer les malveillans, l'armée d'Italie ne cessera de concourir à seconder par sa discipline et son énergie ordinaires tous les projets qui tendront à donner à la république cette paix qui fait l'objet des desirs de tous ses amis.

« Puissent votre sagesse et son courage unir l'olive au laurier, et forcer les ennemis du gouvernement républicain à le chérir comme nous! »

Le président du directoire lui répondit :

« CITOYEN GÉNÉRAL,

« Qu'il est grand pour tous les Français, qu'il est doux pour le directoire exécutif, le jour où l'on voit dans cette enceinte ces trophées, aussi nombreux qu'honorables, présentés par l'un des héros d'Arcole!

« O Paris, berceau de la révolution, que de charmes ce spectacle doit avoir pour toi, puisque tu peux t'enorgueillir d'avoir vu naître dans tes murs un des guerriers qui ont le plus illustré les armes républicaines aux Pyrénées et aux Alpes!

« Que l'on vante les hauts faits des plus grands capitaines

qui ont servi les rois : ils n'égaleront jamais les prodiges enfantés par l'amour brûlant de la liberté, et par le génie de cette sainte égalité qui, franchissant tous les obstacles, met l'homme à la place que la nature et la vertu lui ont marquée.

« Brave général, apprenez à vos frères d'armes que leurs exploits, couronnés par la prise de Mantoue, ont excité cet enthousiasme universel qui a réduit au silence jusqu'à l'ennemi le plus implacable de la patrie. Dites-lui que leur haine prononcée pour toutes les factions, leur soif ardente de la gloire, leur attachement à la constitution de l'an 3, leurs vœux sincères pour une paix solide, digne de leurs généreux sacrifices, leur sont communs avec les guerriers de toutes les armées : portez-leur le tribut de notre reconnaissance. C'est au nom de la république triomphante, qui se plaît à les compter parmi ses plus fermes appuis, que je vous presse contre mon sein. »

Le président contenait avec peine l'émotion de son cœur ; le sentiment le transporte et l'entraîne vers le brave général : il lui donne l'accollade fraternelle, et celui-ci la reçoit avec une égale expression d'affection et de gratitude.

Le président du directoire remet ensuite au guerrier un drapeau tricolor, symbole de celui qu'il a planté sur le pont d'Arcole, sous les obus et la mitraille de l'artillerie autrichienne, et que le corps législatif lui a décerné. Il lui fait aussi don, au nom de la république, d'une armure.

L'air retentit des acclamations des spectateurs, et des cris de *vive la république*; la musique y mêle les accens de la victoire. Une douce chaleur et la sérénité du ciel concouraient à embellir cette cérémonie.

Le directoire, avant de retourner dans le lieu de ses séances, a vu défiler devant lui les braves vétérans qui portaient les drapeaux ; il est rentré ensuite en observant le même ordre, accompagné du général Augereau.

Pour satisfaire l'avide curiosité d'une foule immense de

citoyens qui n'avaient pu trouver place dans la cour, et qui s'étaient portés dans le jardin du Luxembourg, les drapeaux y ont été promenés au milieu des vives acclamations de l'alégresse générale, et des accens d'une musique guerrière : les vétérans reviennent dans l'intérieur du palais, escortés par la garde montante, et déposent, sous les yeux du directoire, les drapeaux à côté de ceux qui servent de trophées aux précédentes victoires de l'armée d'Italie, et qui semblaient les attendre dans cette glorieuse enceinte.

Il ne restait au pape que la Sabine, le Patrimoine de saint Pierre, et la Campagne de Rome. En vain, dans ses ridicules manifestes de guerre, qui semblent écrits au douzième siècle, avait-il promis l'assistance formelle des apôtres Pierre et Paul; en vain avait-il dit à ses sujets : « Nos « forces, qui, aux yeux des incrédules critiques, sont un « sujet de mépris et de risée, auront cette vigueur, cette « puissance, ces succès, qui rempliront les vœux publics »: toute cette pieuse charlatanerie n'avait abouti qu'à voir démentir tant de prophéties, et à prouver leur vanité et leur impuissance.

Les congrégations se succédaient, et la terreur était dans Rome. La famille du pape, les princes romains, profitaient de l'ombre de la nuit pour sauver leur fortune, et envoyaient vers Naples leurs chariots. Les pays qu'avait traversés l'armée française, comptant sur sa marche ultérieure vers Rome et l'abolition du gouvernement des prêtres, créaient des municipalités, et s'organisaient pour la liberté.

Réduit à n'avoir d'autre parti à prendre que celui de quitter Rome, le pape enfin écrivit le 24 pluviose, au général français, la lettre qui suit :

PIE PP. VI.

« CHER FILS,

« Salut et bénédiction apostolique.

« Desirant terminer à l'amiable nos différens actuels avec

la république française par la retraite des troupes que vous commandez, nous envoyons et députons vers vous, comme nos plénipotentiaires, deux ecclésiastiques, M. le cardinal Mattei, parfaitement connu de vous, et monseigneur Galeppi, et deux séculiers, le duc don Louis Braschi, notre neveu, et le marquis Camille Massimo, lesquels sont revêtus de nos pleins pouvoirs pour concerter avec vous, promettre et souscrire telles conditions que nous espérons justes et raisonnables, nous obligeant, sous notre foi et parole, de les approuver et ratifier en forme spéciale, afin qu'elles soient valides et inviolables en tout temps. Assurés des sentimens de bienveillance que vous avez manifestés, nous nous sommes abstenus de tout déplacement de Rome, et par là vous serez persuadé combien grande est notre confiance en vous. Nous finissons en vous assurant de notre plus grande estime, et en vous donnant la paternelle bénédiction apostolique.

« Donné à Saint-Pierre de Rome, le 12 fevrier 1797, l'an 22 de notre pontificat. *Signé*, PIE PP. VI. »

Buonaparte avait établi son quartier-général à Tolentino, qui n'est éloigné que de douze postes de Rome : il y reçut les députés du pape, et y signa, le premier ventose, le traité que ratifièrent ensuite les conseils des cinq-cents et des anciens. Après sa signature il écrivit au pape :

Buonaparte, général en chef de l'armée d'Italie, à sa sainteté le pape Pie VI.

« TRÈS-SAINT PÈRE,

« Je dois remercier votre sainteté des choses obligeantes contenues dans la lettre qu'elle s'est donné la peine de m'écrire.

« La paix entre la république française et votre sainteté

vient d'être signée; je me félicite d'avoir pu contribuer à son repos particulier.

« J'engage votre sainteté à se méfier des personnes qui sont à Rome, vendues aux cours ennemies de la France, ou qui se laissent exclusivement guider par les passions haineuses, qui entrainent toujours la perte des états.

« Toute l'Europe connait les inclinations pacifiques et les vertus conciliatrices de votre sainteté. La république française sera, j'espère, une des amies les plus vraies de Rome.

« J'envoie mon aide-de-camp, chef de brigade, pour exprimer à votre sainteté l'estime et la vénération parfaite que j'ai pour sa personne; et je la prie de croire au désir que j'ai de lui donner, dans toutes les occasions, les preuves de respect et de vénération avec lesquelles j'ai l'honneur d'être, etc. »

Le cardinal Mattei, l'un des plénipotentiaires du pape, se hâta d'annoncer la signature au cardinal Lusca, secrétaire d'état, par ce billet :

« Le traité est signé, et dans ce moment j'expédie un courier pour en porter la nouvelle à votre éminence. Les conditions sont très dures, et semblables en tout à la capitulation d'une place assiégée. C'est ainsi que s'est exprimé plusieurs fois le vainqueur; et j'ai palpité, tremblé jusqu'à présent pour sa sainteté, pour Rome et pour tout l'état. Rome cependant est sauvée, ainsi que la religion, malgré les très-grands sacrifices qu'on a faits. Le courier précédera de peu notre arrivée.

« Tolentino, 19 février 1797, à 22 heures.
« A. C. MATTEI. »

Traité de paix conclu entre la république française et le pape Pie VI, approuvé par le directoire exécutif, et ratifié par le conseil des cinq-cents dans la séance du 19 germinal, et par celui des anciens dans celle du 10 floréal.

« Le traité de paix conclu à Tolentino le premier ventose de l'an 5 (19 février 1797, vieux style), entre la république française et le pape Pie VI, signé par les citoyens Buonaparte, général en chef de l'armée d'Italie, et Cacault, ministre de la république française, munis de pleins pouvoirs du directoire exécutif, d'une part; et son éminence le cardinal Mattei, M. Caleppi, M. le duc Braschi, M. le marquis Massimo, plénipotentiaires de sa sainteté, d'autre part; accepté, approuvé, ratifié et confirmé par le pape, le 23 février 1797; arrêté par le directoire exécutif le 12 germinal de l'an 5 de la république française, une et indivisible, dont la teneur suit :

« Le général en chef Buonaparte, commandant l'armée d'Italie, et le citoyen Cacault, agent de la république française en Italie, plénipotentiaires chargés des pouvoirs du directoire exécutif;

« Son éminence le cardinal Mattei, M. Galeppi, M. le duc Braschi, M. le marquis Massimo, plénipotentiaires de sa sainteté;

« Sont convenus des articles suivans :

« ARTICLE PREMIER. Il y aura paix, amitié et bonne intelligence entre la république française et le pape Pie VI.

« II. Le pape révoque toute adhésion, consentement et accession, par écrit, ou secrets, par lui donnés à la coalition armée contre la république française; à tout traité d'alliance offensive ou défensive avec quelque puissance ou état que ce soit. Il s'engage à ne fournir, tant pour la guerre actuelle que pour la guerre à venir, à aucune des puissances armées contre la république, aucun secours en hommes, vaisseaux, armes, munitions de guerre, vivres et argent, à quelque titre et sous quelque dénomination que ce puisse être.

« III. Sa sainteté licenciera, dans cinq jours après la ratification du présent traité, les troupes de nouvelle formation, ne gardant que ses régimens existans avant le traité d'armistice signé à Bologne.

« IV. Les vaisseaux de guerre ou corsaires des puissances armées contre la république ne pourront entrer, et encore moins demeurer, pendant la présente guerre, dans les ports et rades de l'État ecclésiastique.

« V. La république française continuera à jouir, comme avant la guerre, de tous les droits et prérogatives que la France avait à Rome, et sera en tout traitée comme les puissances les plus considérées, et spécialement à l'égard de son ambassadeur ou ministre, et des consuls et vice-consuls.

« VI. Le pape renonce purement et simplement à tous les droits qu'il pourrait prétendre sur les villes et territoire d'Avignon, le Comtat Venaissin et ses dépendances, et transporte, cède et abandonne lesdits droits à la république française.

« VII. Le pape renonce également à perpétuité, cède et transporte à la république française tous ses droits sur les territoires connus sous les noms de légations de *Bologne*, *Ferrare* et *la Romagne*. Il ne sera porté aucune atteinte à la religion catholique dans les susdites légations.

« VIII. La ville, citadelle et villages, formant le territoire de la ville d'Ancône, resteront à la république française jusqu'à la paix continentale.

« IX. Le pape s'oblige, pour lui et ceux qui lui succéderont, de ne transporter à personne le titre de seigneurie attaché au territoire par lui cédé à la république française.

« X. Sa sainteté s'engage à faire payer et délivrer à Foligno, aux trésoriers de l'armée française, avant le 15 du mois de ventose courant (mars 1797, vieux style), la somme de quinze millions de livres tournois de France, dont dix millions en numéraire, et cinq en diamans et autres effets précieux, sur celle d'environ seize millions qui restent dus, suivant l'article IX de l'armistice signé à Bologne, le 3 messidor an 4, et ratifié par sa sainteté le 27 juin.

« XI. Pour acquitter définitivement ce qui restera à payer pour l'entière exécution de l'armistice signé à Bologne, sa sainteté fera fournir à l'armée huit cents chevaux de cavalerie enharnachés, huit cents chevaux de trait, des bœufs et des buffles, et autres objets produits du territoire de l'Eglise.

« XII. Indépendamment de la somme énoncée dans les deux articles précédens, le pape paiera à la république française, en numéraire, diamans ou autres valeurs, la somme de quinze millions de livres tournois de France, dont dix millions dans le courant du mois de mars, et cinq millions dans le courant du mois d'avril prochain.

« XIII. L'article VIII du traité d'armistice signé à Bologne, concernant les manuscrits et objets d'arts, aura son exécution entière, et la plus prompte possible.

« XIV. L'armée française évacuera l'Umbria, Perugia, Camerino, aussitôt que l'article X du présent traité sera exécuté et accompli.

« XV. L'armée française évacuera la province de Macerata, à la réserve d'Ancône, de Fano et de leur territoire, aussitôt que les cinq premiers millions de la somme mentionnée à l'article XII du présent traité auront été payés et délivrés.

« XVI. L'armée française évacuera le territoire de la ville de Fano et du duché d'Urbin, aussitôt que les cinq seconds millions de la somme mentionnée à l'article XII du présent traité auront été payés et délivrés, et que les articles III, X, XI et XIII du présent traité auront été exécutés. Les cinq derniers millions faisant partie de la somme stipulée dans l'article XII seront payés au plus tard dans le courant d'avril prochain.

« XVII. La république française cède au pape tous ses droits sur les différentes fondations religieuses françaises dans les villes de Rome et Loretto, et le pape cède en toute propriété à la république tous les biens allodiaux appartenant au saint siége dans les provinces de Ferrare, Bologne et la Romagne, et notamment la terre de Mezzola et ses dépendances; le pape se réserve cependant, en cas de vente, le tiers des sommes qui en proviendront, lesquelles devront être remises à ses fondés de pouvoirs.

« XVIII. Sa sainteté fera désavouer, par un ministre à Paris, l'assassinat commis sur la personne du secrétaire de légation Basseville. Il sera payé par sa sainteté, et par elle mis à la disposition du gouvernement français, la somme de trois cent mille livres, pour être répartie entre ceux qui ont souffert de cet attentat.

« XIX. Sa sainteté fera mettre en liberté les personnes qui peuvent se trouver détenues à cause de leurs opinions politiques.

« XX. Le général en chef rendra la liberté de se retirer chez eux à tous les prisonniers de guerre des troupes de sa sainteté, aussitôt après avoir reçu la ratification du présent traité.

« XXI. En attendant qu'il soit conclu un traité de commerce entre la république française et le pape, le commerce de la république sera rétabli et maintenu dans les États de sa sainteté sur le pied de la nation la plus favorisée.

« XXII. Conformément à l'article VI du traité conclu à la Haye le 27 floréal de l'an 3, la paix conclue par le présent traité entre la république française et sa sainteté est déclarée commune à la république batave.

« XXIII. La poste de France sera rétablie à Rome de la même manière qu'elle existait auparavant.

« XXIV. L'école des arts, instituée à Rome pour tous les Français, y sera rétablie, et continuera d'être dirigée comme avant la guerre. Le palais appartenant à la république, où cette école était placée, sera rendu sans dégradation.

« XXV. Tous les articles, clauses et conditions du présent traité, sans exception, sont obligatoires à perpétuité, tant pour sa sainteté le pape Pie VI que pour ses successeurs.

« XXVI. Le présent traité sera ratifié dans le plus court délai possible. »

Buonaparte, lorsqu'il traversait le duché d'Urbin, ne pouvait oublier de tranquilliser la république de Saint-Marin, qui s'y trouve enclavée. Il y députa le citoyen Monge, et rendit de sa mission le compte suivant au directoire.

Buonaparte, général en chef de l'armée d'Italie, au directoire exécutif.

Au quartier-général de Tolentino,
le premier ventose, an 5.

« Vous trouverez ci-joint, citoyens directeurs, le rapport du citoyen Monge, que j'ai envoyé à Saint-Marin, avec le discours qu'il a prononcé. Lorsque je serai arrivé à Rimini, je vous ferai passer un mémoire de demandes qui y était joint, avec ce que j'aurai fait pour témoigner à cette ancienne république l'estime et la considération qu'a pour elle la république française. »

Discours prononcé devant les deux capitaines-régens de la république de Saint-Marin, par le député du général en chef de l'armée d'Italie.

« CITOYENS RÉGENS,

« La liberté, qui, dans les beaux jours d'Athènes et de Thèbes, transforma les Grecs en un peuple de héros; qui, dans les temps de la république, fit faire des prodiges aux Romains; qui, depuis et pendant le court intervalle qu'elle a lui sur quelques villes d'Italie, a renouvelé les sciences et les arts et illustré Florence ; la liberté était presque bannie de l'Europe : elle n'existait que dans Saint-Marin, où, par la sagesse de votre gouvernement, et sur-tout par vos vertus, vous avez conservé ce dépôt précieux à travers tant de révolutions, et défendu son asyle pendant une si longue suite d'années.

« Le peuple français, après un siècle de lumières, rougissant de son long esclavage, a fait un effort, et il est libre.

« L'Europe entière, aveuglée sur ses propres intérêts, et sur-tout sur les intérêts du genre humain, se coalise et s'arme contre lui; ses voisins conviennent entre eux du partage de son territoire, et déja de toutes parts ses frontières sont envahies, ses forteresses et ses ports sont au pouvoir de ses ennemis; et, ce qui l'afflige le plus, une partie de lui-même allume la guerre civile, et le force à frapper des coups dont il doit ressentir toutes les atteintes.

« Seul, au milieu de cet orage, sans expérience, sans armes, sans chefs, il vole aux frontières; par-tout il fait face, et bientôt par-tout il triomphe.

« De ses nombreux ennemis, les plus sages se retirent de la coalition; d'autres, forcés par le succès de ses armes, implorent successivement une paix qu'ils obtiennent. Enfin il ne lui en reste plus que trois ; mais ils sont passionnés, et ne prennent de conseil que de l'orgueil, de la jalousie et de la haine. Une des armées françaises, en entrant en Italie, détruit, l'une après l'autre, quatre armées autrichiennes, ramène à sa suite la liberté dans ces belles contrées, et s'y couvre, presque sous vos yeux, d'une gloire immortelle.

« La république française, affligée de tant de sang qu'elle ne verse qu'à regret, et contente d'avoir donné un grand exemple à l'univers, propose une paix, lorsqu'elle pouvait dicter des lois.

« Le croirez-vous, citoyens ! par-tout ses propositions ont été rejetées avec hauteur, ou éludées avec astuce.

« L'armée d'Italie, qui veut conquérir la paix, est donc obligée de poursuivre un de ses ennemis, et de passer tout près de vos états.

« Je viens de la part du général Buonaparte, au nom de la république française, assurer l'antique république de Saint-Marin de la paix et d'une amitié inviolable.

« Citoyens régens, la constitution politique des peuples qui vous environnent peut éprouver des changemens. Si quelque partie de vos frontières était en litige, ou même si quelque partie des états voisins, non contestée, vous était absolument nécessaire, je suis chargé, par le général en chef, de vous prier de lui en faire part ; ce sera avec le plus grand empressement qu'il mettra la république française à portée de vous donner des preuves de sa sincère amitié.

« Quant à moi, citoyens, je me félicite d'être l'organe d'une mission dont l'objet doit être agréable aux deux républiques, et qui me procure l'occasion de vous témoigner la vénération que vous inspirez à tous les amis de la liberté. »

Les représentans de la république de Saint-Marin, au citoyen Monge, membre de l'institut national de France, et membre de la commission des arts et sciences en Italie, député par le général en chef Buonaparte près de la susdite république.

« Citoyen député,

« Nous regardons encore comme un songe l'instant où nous vous avons vu arriver revêtu du caractère de député. C'est la première fois que, distingués de la foule des vils esclaves, nous avons reçu un honneur que votre grande nation pouvait seule nous faire. Nous vous remettons la réponse du conseil-général à la précieuse lettre que vous nous avez apportée. Si vous eussiez été présent à sa réception, vous auriez vu de quelle sensibilité nous avons été pénétrés. Daignez être près du général en chef l'interprète de notre reconnaissance et de nos sentimens pour lui et la grande nation qu'il représente. Soyez aussi auprès de lui l'intercesseur des graces que nous lui demandons, et dont une est indispensable pour notre existence; la réussite de cette affaire ne pourra qu'être heureuse, si vous appuyez de votre crédit nos demandes. Puisse ceci être le commencement des relations que nous desirons d'avoir avec vous, et soyez persuadé que notre estime pour vous égale notre reconnaissance. »

Réponse de la république de Saint-Marin au discours prononcé en son conseil-général par le citoyen Monge; envoyé près d'elle par le général en chef de l'armée d'Italie.

« Nous mettrons, citoyen envoyé, au nombre des époques les plus glorieuses parmi les fastes de notre liberté, le jour de votre mission près de notre république : la vôtre sait non seulement vaincre ses ennemis par la force de ses armes, mais encore étonner ses amis par sa générosité. Heureux de pouvoir nous compter parmi les modèles qui excitèrent votre noble émulation, et plus heureux encore d'être trouvés dignes de votre amitié, dont vous venez de nous donner une si grande preuve, nous ne pouvons voir sans le plus grand intérêt les armes de la république française rappeler en Italie les beaux jours des républiques grecque et romaine.

« L'amour de notre liberté nous fait sentir le prix des efforts magnanimes d'une grande nation qui veut recouvrer la sienne : la vôtre a surpassé l'attente commune ; seule contre le reste de l'Europe, elle a donné au monde un de ces exemples étonnans de ce que peut l'énergie produite par le sentiment de la liberté.

« Votre armée, marchant sur les traces d'Annibal, et surpassant par ses faits tout ce que l'antiquité a de plus merveilleux, conduite par un héros qui réunit à toutes les vertus les talens d'un grand génie, a tourné ses regards sur un coin de ce globe où s'est réfugié un reste de l'ancienne liberté, et où l'on trouve plutôt la simplicité des mœurs spartiates que l'élégance d'Athènes.

« Vous le savez, citoyen envoyé, la simplicité de nos usages, l'intime sentiment de notre liberté, c'est là le seul héritage qui nous a été transmis par nos pères, que nous avons su conserver intacte au milieu du choc politique occasionné par une révolution de plusieurs siècles, et que l'ambition et la haine ne sauraient détruire.

« Retournez donc près du héros qui vous envoie ; reportez-lui l'hommage libre, non pas de cette admiration que nous partageons avec l'univers, mais de notre reconnaissance : dites-lui que la république de Saint-Marin, contente dans sa médiocrité, craint d'accepter l'offre généreuse qu'on lui fait d'agrandir son territoire, ce qui pourrait par la suite compromettre sa liberté ; mais dites-lui aussi qu'elle croirait tout devoir à la générosité de la république française et à celle de son invincible général, si elle obtenait, pour le bonheur public, de resserrer avec elle ses rapports commerciaux, et de conclure un traité qui assurât son existence.

« C'est là que se bornent tous ses vœux, et nous vous prions d'en être l'interprète auprès du général en chef de l'armée d'Italie. Quant à vous, illustre envoyé, nous nous estimons d'autant plus heureux, en ce moment-ci, de vous avoir parmi nous, que vous réunissez aux vertus de citoyen les talens de l'homme de lettres. L'objet de votre mission, la manière dont vous la remplissez, et le nom de celui qui vous en a chargé, tout cela sera un monument éternel de la magnanimité des conquérans de l'Italie, qui rappelera à jamais dans nos cœurs les sentimens de la reconnaissance dont ils sont pénétrés.

« Saint-Marin, le 12 février 1797. »

La sagesse et la modération de cette ancienne république est remarquable. Au retour de Tolentino, Buonaparte lui fit présent de quatre pièces de canon au nom de la république française, exempta les possessions de ses citoyens dans la Romagne de toute contribution, et leur fit délivrer gratuitement une provision de bled dont elle demandoit à faire l'achat.

Le village de Pietole, situé dans le Seraglio, près de Mantoue, est cet ancien lieu d'Andes où Virgile était né; et les champs qui l'environnent furent autrefois une des munificences d'Auguste, célébrées par ce grand poète, portent encore le nom de champs virgiliens. Ils avaient probablement autant souffert pendant le blocus et le siège de Mantoue que pendant les guerres du triumvirat : mais, pour le bonheur de leurs habitans, le vainqueur de l'Italie n'était pas moins qu'Octave homme de goût; Virgile était dans sa mémoire, et devait une seconde fois, après dix-huit siècles, protéger sa patrie. Buonaparte donna l'ordre que l'ancien patrimoine du prince des poëtes latins fût distingué, et que ses colons fussent indemnisés de toutes les pertes que la guerre avait pu leur occasionner. Avec de tels sentimens, si la république cisalpine oubliait d'ériger, au milieu de la place de Reggio, une statue à l'Arioste, on peut croire que Buonaparte la ferait souvenir de remplir ce devoir, qui en rappellerait un autre aux citoyens de Mantoue. *

---

* On aura peut-être une idée juste du goût que les nations ont pour les beaux arts, et l'on pourra distinguer celles qui en montrent le plus, en observant les monumens qu'on a pu devoir en France à la révolution, et ceux que l'Italie, à peine encore libre, élève déjà à ses libérateurs.

La Bastille est disparue : que discerne-t-on sur le sol qu'elle couvrait, et qui fut le berceau de notre liberté? Un chantier de bois à brûler. Que

Les combats de Buonaparte avec les Autrichiens ressemblaient à ceux d'Hercule contre l'hydre de Lerne : leurs

portent ces piédestaux qui attendaient des monumens plus beaux que ceux qu'on en a renversés? Rien; ou, ce qui est pis, un épouvantable obélisque de bois, ou la caricature en plâtre de la statue de la Liberté. Où sont les trophées de nos victoires? Dans des anti-chambres.

Faenza voit déja s'élever un superbe arc de triomphe pour éterniser le souvenir de la liberté recouvrée, et de la reconnaissance des Italiens envers la nation française. On a gravé sur sa pierre fondamentale l'inscription suivante:

Postridie kalendas februarias,
Anno æræ christianæ CIƆIƆCCLXXXXVII,
Reipublicæ Gallicæ quinto,
Cispadanæ primo,
Gallis ductu Napoleonis Bonapartj
Adventantibus,
Milites pontificis romani Pii sexti
In fugam hic versi sunt.
Populus Faventinus,
Ne penes posteros memoria intercideret,
Quo in loco libertas provinciæ Æmiliæ
Orta est
Æterna in basi ære suo
Monumentum posuerunt
Nonis maii,
Anno Reipublicæ Cispadanæ primo.

Mantoue a déja consacré dans cette citadelle de Saint-George, illustrée par les exploits des Français, un monument qui en retrace le souvenir.

Un obélisque a été érigé dans le village de Pietole, la patrie de Virgile, au milieu d'un bois de chênes, de myrtes et de lauriers, qui lui est dédié. Sur la première face de son piédestal on lit:

Primus ego in patriam mecum, modò vita supersit,
Aonio rediens deducam vertice Musas:
Primus Idumæas referam tibi, Mantua, palmas.

Sur la seconde,
Nec spes libertatis erat.

Sur la troisième,
O Melibæe, deus nobis hæc otia fecit.

Sur la quatrième,
Natal. Pub. Virgilii Maronis sacrum.

armées renaissaient à mesure qu'il les détruisait. Pleins de confiance dans le jeune archiduc Charles, qui venait d'avoir des succès en Allemagne, mais n'avait pas acquis autant de gloire en forçant les Français de l'évacuer, que leur général Moreau en avait mérité par l'une des plus savantes, des plus longues et des plus difficiles retraites dont l'histoire ait gardé le souvenir, ils crurent, en l'appelant au commandement de leurs forces en Italie, qu'il leur y rendrait la supériorité qu'ils y avaient si longuement et si vainement disputée. Les plus grands efforts furent faits pour lui donner une puissante armée, et déjà les hostilités avaient recommencé avant que Buonaparte eût donné la paix au pape.

La division du Tyrol avait eu à combattre les ennemis le 17 pluviose, et les avait chassés d'un poste entre Savero et Besotto.

Le 18, le général Murat leur avait enlevé, sur la droite de l'Adige, le poste de Derunbano.

Quelque talent que pût avoir le prince Charles, il avait à combattre un dangereux rival et des soldats d'une espèce bien rare. Des armées qui offrent des scènes semblables aux suivantes, sont à peu près des armées invincibles.

La gloire de Mantoue serait plus grande si ce monument n'était pas dû aux instances du général français.

Sur l'un des champs de bataille qui ont assuré la liberté de l'Italie, déjà se montrent autant de pyramides triomphales que l'armée française avait de divisions, et leurs noms immortels y sont gravés par la reconnaissance, et offerts à l'admiration de la postérité.

Qu'avons-nous fait en France que nous puissions opposer à ces premiers fruits de la liberté en Italie, qui n'y seront pas les seuls, ni les derniers ?—— Je le cherche encore......

Extrait d'une lettre du citoyen René, capitaine dans la dix-huitième demi-brigade, à son père, écrite de Carpento, pays vénitien, le 19 pluviose.

« Vous avez appris nos succès, mon très-cher père ; depuis ce moment l'ennemi a fui dans une déroute complète. Jamais leur armée, quoique détruite trois fois cette campagne, n'avait été dans un état aussi triste. Pendant plusieurs jours il nous arrivait des prisonniers de toutes parts; le découragement était tel chez eux, que du moment où ils appercevaient nos soldats, ils jetaient leurs armes, et se rendaient en demandant grace : en un mot, officiers et soldats, tous disent qu'ils ne veulent plus se battre.

« Il m'est arrivé un de ces évènemens singuliers qui, pour l'ordinaire, ne sont pas crus, mais dont j'espère que vous serez persuadé, puisque c'est moi-même qui vous le rapporte. Le 25 au matin, le général Maunier me demanda si je voulais rester au village de Garda avec cinquante hommes, pour surveiller le lac et favoriser un débarquement. J'acceptai. Environ à quatre heures, au moment où je visitais un petit poste que j'avais placé en avant, sept Autrichiens parurent. Je commandai de les attendre, et de tâcher de les prendre prisonniers, pendant que j'allais rassembler le restant de mon détachement. Au moment où, à sa tête, je sors du village, je trouve mon poste amenant les sept prisonniers. Craignant d'être attaqué, je me dispose à prendre dans les environs une position avantageuse ; mais, à cinquante pas, quelle fut ma surprise de rencontrer une colonne autrichienne, que je n'apperçus qu'à vingt pas, parce qu'il y avait un tournant ! Le commandant m'ordonne de mettre bas les armes, que je suis prisonnier. *Non, monsieur,* répondis-je, *c'est vous ; j'ai deja désarmé votre avant-garde, vous en voyez une partie : bas les armes, ou point de quartier.* Mes soldats, excités par mon exemple, répètent ce cri. Les prisonniers, voyant qu'au premier feu ils seraient tués, criaient de toutes leurs forces à leurs camarades de se rendre. Tout ce tapage étonna l'officier ennemi ; il veut parler. Nous ne répondons qu'en répétant : *Bas les armes.* Il propose de capituler. *Non*, lui dis-je, *bas les armes, et prisonnier. Mais, monsieur,* ajouta-t-il, *si je me rends, n'aurai-je pas de mauvais traitement à éprouver ?* Je lui répondis que non, et sur ma parole d'honneur. Il ôte alors son chapeau, s'avance, et me présente son épée ; toute sa troupe met bas les armes. Je n'étais pas à mon aise ; je craignais qu'ils ne s'apperçussent enfin du peu de monde que j'avais. Je les fis rétrograder : mais se trouvant deux barques sur le bord du lac, une certaine quantité d'Impériaux s'y jettent et gagnent le large, sans que moi ni leurs officiers pussions les en empêcher ; mais à peine furent-ils à soixante toises, que les barques, trop surchargées, coulèrent bas, et la majeure partie se noya. Un instant après, beaucoup d'entre eux refusent de marcher ; les officiers eux-mêmes avaient l'air d'y souscrire. Je sentis le danger extrême où j'étais, sur-tout en entendant un capitaine leur dire : *Attendons encore. Qu'appelez-vous, monsieur ?* lui dis-je d'un ton ferme : *où est donc l'honneur ? n'êtes-vous pas prisonnier ? m'avez-vous rendu vos armes ? ai-je votre parole ? Vous êtes officier, je compte sur votre loyauté : pour preuve, je vous rends votre épée, et faites marcher votre troupe ; sans quoi je me vois forcé de faire agir contre vous la colonne de six mille hommes qui me suit.* Le mot *honneur*, et sur-tout, sans doute, cette colonne imaginaire, le décidèrent. *Je vais vous prouver, monsieur,* me dit-il, *que je connais l'honneur ; marchons, et je réponds que tout le monde nous suivra.* Il parle alors en allemand à ses soldats, et le calme se rétablit. Nous arrivâmes ainsi sans fâcheuse rencontre. Cette colonne était composée du régiment de ligne impérial Klebeck, et d'un corps franc, faisant en tout environ dix-huit cents hommes. »

Extrait du programme de la fête célébrée, le 10 août 1795 (v. st.), ou 23 thermidor an 3, par les prisonniers français détenus dans le fort de Klagenfurt en Carinthie.

« A la pointe du jour, les prisonniers dressèrent, au milieu de la cour, un autel de gazon, sur les faces duquel ils attachèrent diverses inscriptions patriotiques. Ceux qui avaient perdu leurs cocardes tricolores, s'en fabriquèrent de diverses étoffes.

« A l'heure indiquée, les prisonniers, divisés par escouade et conduits par les chefs de chambrée, formèrent le bataillon quarré autour de l'autel. Chaque chef avait en main un petit étendard tricolor, portant ces mots : *Liberté, Égalité, Fraternité.*

« Le plus âgé et les quatre plus jeunes prisonniers arrivèrent, portant l'arbre de la liberté ; on le planta derrière l'autel, et les quatre jeunes gens le soutinrent, tandis que l'ancien arrangea la terre autour des racines. « C'est à la prudence, dit le programme, à nous donner les moyens propres à conserver la liberté ; c'est à la jeunesse à la soutenir. »

« L'ancien prit ensuite un ruban tricolor, le passa en losange autour de l'arbre, et le noua, en signe de l'union qu'il appartient sur-tout à la vieillesse d'entretenir entre les citoyens.

« Le prisonnier chargé de faire le discours prit ensuite quelques jeunes oiseaux ; et les laissant s'échapper : « Allez, leur dit-il, revolez auprès de vos mères, comme nous desirons un jour revoir notre patrie et nos familles. »

« Il lut ensuite la déclaration des droits de l'homme, prononça un discours analogue à la cérémonie ; et tous les prisonniers, élevant d'une main leurs chapeaux, étendant l'autre vers l'autel, jurèrent attachement inviolable aux lois de leur patrie ; ils se prirent ensuite la main, s'embrassèrent, et dansèrent autour de l'arbre de la liberté, en chantant des airs patriotiques.

« Mais bientôt la danse fut suspendue, chacun alla déposer son offrande sur l'autel, et plusieurs prisonniers, chargés du produit de la collecte, volèrent à l'hôpital, où se trouvaient quelques-uns de leurs camarades. « Braves camarades, s'écrièrent-ils, si votre santé vous l'eût permis, vous seriez à la fête, et notre joie ne serait pas troublée par l'idée que vous souffrez. Acceptez ce léger secours ; vos besoins sont plus nombreux que les nôtres ; prenez courage : nous reverrons ensemble notre patrie ». Et les malades attendris, prenant les mains de leurs camarades, répétaient avec eux : *Vive la république française, notre patrie!*

« Cependant, le soir, les prisonniers formèrent à leurs fenêtres une espèce d'illumination, et y placèrent des transparens, sur lesquels on lisait ces devises :

> Les mortels sont égaux, ce n'est pas la naissance,
> C'est la seule vertu qui fait la différence.
>
> *Pulchrum est pro patria pati.*
>
> Nous souffrons, mais notre patrie triomphe.
> Aux mânes des généreux défenseurs de la liberté.

Quelques escarmouches préludaient à des combats plus sérieux ; le bulletin de l'armée d'Italie annonça ces petits engagemens.

« Le général de division Guieux a repris, le 4 ventôse, la position de Trevizo. Le général Walther, commandant l'avant-garde, rencontra l'ennemi en avant de Lovadina, le culbuta, et le poursuivit jusque dans ses retranchemens sur la Piave ; il lui tua dix-huit hommes, et lui fit une trentaine de prisonniers. L'adjudant-général Duffaux, et le chef de brigade Barthelemy, commandant le vingt-cinquième régiment de chasseurs à cheval, ont été légèrement blessés.

Tyrol.

« Le 5, le général Murat s'est emparé des retranchemens ennemis de Foy, a fait vingt-cinq prisonniers, et tué vingt ennemis; il est ensuite tombé sur un corps de chasseurs tyroliens, et lui a tué environ soixante hommes.

« Le général Béliard, commandant la droite de la division du général Joubert, a été attaqué à Bidole; mais il a complètement battu l'ennemi, lui a tué une trentaine d'hommes, et blessé un plus grand nombre.

« L'adjudant-général Kellermann a passé la Piave à San-Mamma; il a rencontré un poste ennemi d'hussards, l'a mis en fuite, lui a tué deux hommes et blessé un.

« Le 12, conformément à l'ordre et à l'instruction du général en chef au général Joubert, d'attaquer l'ennemi du moment où il chercheroit à s'établir sur la rive gauche du Lavis, le général Béliard a attaqué un corps d'ennemis qui s'était placé à Monte di Savaro : il a pris à l'ennemi un drapeau et quarante bœufs.

« Le général Murat a attaqué les avant-postes ennemis, et leur a fait cent prisonniers; les braves carabiniers de la onzième demi-brigade se sont particulièrement distingués. »

PASSAGE DE LA PIAVE; COMBAT DE LONGARA ET DE SACILE; BATAILLE ET PASSAGE DU TAGLIAMENTO.

« Depuis la bataille de Rivoli, l'armée d'Italie occupait les bords de la Piave et du Lavisio; l'armée de l'empereur, commandée par le prince Charles, occupait l'autre rive de la Piave, avait son centre placé derrière le Cordevole, et appuyait sa droite à l'Adige du côté de Salurn.

« Le 20 au matin, la division du général Massena se rend à Feltre : l'ennemi, à son approche, évacue la ligne de Cordevole et se porte sur Bellurn.

« La division du général Serrurier se porte à Asolo; elle est assaillie par un temps horrible : mais le vent et la pluie, à la veille d'une bataille, ont toujours été pour l'armée d'Italie un présage de bonheur.

« Le 22, à la pointe du jour, la division passe la Piave vis-à-vis le village de Vidor : malgré la rapidité et la profondeur de l'eau, nous ne perdons qu'un jeune tambour. Le chef d'escadron Lasalle à la tête d'un détachement de cavalerie, et l'adjudant général Leclerc à la tête de la vingt-unième d'infanterie légère, culbutent le corps ennemi qui voulait s'opposer à notre passage, et se porte rapidement à Saint-Salvador. Mais l'ennemi, au premier avis du passage, a craint d'être cerné, et a évacué son camp de la Campana.

« Le général Guieux, à deux heures après midi, passe la Piave à l'Ospedaletto, et arrive le soir à Conegliano. Un soldat, entraîné par le courant, est sur le point de se noyer; une femme de la cinquante-unième se jette à la nage et le sauve : je lui ai fait présent d'un collier d'or, auquel sera suspendue une couronne civique avec le nom du soldat qu'elle a sauvé.

« Notre cavalerie, dans cette journée, rencontre plusieurs fois celle de l'ennemi, et a toujours l'avantage; nous prenons quatre-vingts hussards.

« Le 23, le général Guieux avec sa division arrive à Sacile, tombe sur l'arrière-garde ennemie, et, malgré l'obscurité de la nuit, lui fait cent prisonniers. Un corps de hulans demande à capituler : le citoyen Siabeck, chef d'escadron, s'avance et reste mort; le général Dugua, commandant la réserve, est légèrement blessé.

« Cependant la division du général Massena, arrivée à Bellurn, poursuit l'ennemi, qui s'est retiré du côté de Cador, enveloppe son arrière-garde, fait sept cents prisonniers, parmi lesquels cent hussards, un colonel, et le général Lusignan, qui commandait tout le centre. Le dixième de chasseurs se distingue comme à son ordinaire. M. de Lusignan s'est couvert d'opprobre par la conduite qu'il tint à Brescia envers nos malades: j'ordonne qu'il soit conduit en France, sans pouvoir être échangé.

« Le 26, la division du général Guieux part de Pordenone à cinq heures du matin ; celle du général Bernadotte part de Sacile à trois heures du matin ; celle du général Serrurier part de Pasiano à quatre heures du matin : toutes se dirigent sur Valvasone.

« La division du général Guieux dépasse Valvasone, et arrive sur le bord du Tagliamento à onze heures du matin. L'armée ennemie est retranchée de l'autre côté de la rivière, dont elle prétend nous disputer le passage. Mon aide-de-camp chef d'escadron Croisier va, à la tête de vingt-cinq guides, la reconnaître jusqu'aux retranchemens : il est accueilli par la mitraille.

« La division du général Bernadotte arrive à midi : j'ordonne sur-le-champ au général Guieux de se porter sur la gauche pour passer la rivière à la droite des retranchemens ennemis, sous la protection de douze pièces d'artillerie ; le général Bernadotte doit la passer sur la droite. L'une et l'autre de ces divisions forment leurs bataillons de grenadiers, se rangent en bataille, ayant chacune une demi-brigade d'infanterie légère en avant, soutenue par deux bataillons de grenadiers, et flanquée par la cavalerie. L'infanterie légère se met en tirailleurs. Le général Dommartin à la gauche, et le général Lespinasse à la droite, font avancer leur artillerie, et la canonnade s'engage avec la plus grande vivacité. J'ordonne que chaque demi-brigade ploie en colonne serrée sur les ailes de son second bataillon, ses premier et troisième bataillons.

« Le général Duphot, à la tête de la vingt-septième d'infanterie légère, se jette dans la rivière ; il est bientôt de l'autre côté : le général Bon le soutient avec les grenadiers de la division Guieux. Le général Murat fait le même mouvement sur la droite, et est également soutenu par les grenadiers de la division Bernadotte. Toute la ligne se met en mouvement, chaque demi-brigade par échelons, des escadrons de cavalerie en arrière des intervalles. La cavalerie ennemie veut plusieurs fois charger notre infanterie, mais sans succès; la rivière est passée, et l'ennemi par-tout en déroute. Il cherche à déborder notre droite avec sa cavalerie, et notre gauche avec son infanterie. J'envoie le général Dugua et l'adjudant-général Kellermann à la tête de la cavalerie de la réserve; aidés par notre infanterie, commandée par l'adjudant-général Mireur, ils culbutent la cavalerie ennemie, et font prisonnier le général qui la commande.

« Le général Guieux fait attaquer le village de Gradisca, et, malgré les ombres de la nuit, s'en empare, et met l'ennemi dans une déroute complète; le prince Charles n'a que le temps de se sauver.

« La division du général Serrurier, à mesure qu'elle arrive, passe la rivière, et se met en bataille pour servir de réserve.

« Nous avons pris à l'ennemi, dans cette journée, six pièces de canon, un général, plusieurs officiers supérieurs, et fait quatre ou cinq cents prisonniers: la promptitude de notre déploiement et de notre manœuvre, la supériorité de notre artillerie, épouvantèrent tellement l'armée ennemie, qu'elle ne tint pas, et profita de la nuit pour fuir.

« L'adjudant-général Kellermann a reçu plusieurs coups de sabre en chargeant, à la tête de la cavalerie, avec son courage ordinaire.

« Je vais m'occuper de récompenser les officiers qui se sont distingués dans ces différentes affaires. »

La prévoyance du directoire avait secondé toutes les mesures qui devaient assurer les succès de Buonaparte, et procurer une paix glorieuse à la république française. Des divisions entières avaient été tirées des armées du Rhin et dirigées vers l'Italie; c'est des bords de ce fleuve qu'en traversant la république elles franchirent, dans la plus rigoureuse saison, cette barrière, jusque là réputée insurmontable, des Alpes, dont le général Kellermann, à force de travaux et de vigilance, et luttant contre le climat, les élémens et la saison, avait su leur maintenir le passage libre. Cette marche, la plus longue, la plus difficile que dans l'hiver eût jamais exécutée sur ce continent un corps d'armée, n'ayant éprouvé aucun retard, et n'ayant pu être soupçonnée ni peut-être crue par les ennemis, leur donnait à combattre en Carinthie les mêmes hommes qui les avaient tant de fois battus au-delà du Rhin. Réunis à leurs frères d'armes d'Italie, Buonaparte, qu'on aurait pu croire encore devant Rome, leur faisait passer le Trajamento, mettait sous leurs yeux, du sommet des Alpes noriques, barrière qu'aucun peuple moderne n'avait encore franchie, le bassin de l'Adriatique et celui du Danube, au milieu duquel Vienne semblait leur montrer le terme ou le but de leurs exploits.

Ainsi Annibal avait autrefois, du haut des Alpes, montré à ses Carthaginois les plaines de cette Italie qu'il sut vaincre et non pas conquérir.

A peine la campagne était elle commencée, à peine en des climats plus doux eût-on songé à l'ouvrir, et déja Buonaparte menaçait le cœur des états de l'Autriche. La nature était encore morte dans ces âpres contrées, devenues le théâtre de la guerre, et les montagnes du Tyrol et de la Carinthie étaient escaladées. Le prince Charles était réduit à une retraite continuelle et précipitée, bien différente de celle qui venait de couvrir de gloire le général Moreau, qui, des bords du Danube, avait ramené son armée, poursuivie et tous les jours victorieuse, jusqu'aux bords du Rhin.

« Le 28, la division du général Bernadotte part à trois heures du matin, dépasse Palma-nova, et prend position sur le torrent de la Torre, où les hussards se rencontrent.

« La division du général Serrurier prend position sur la droite, celle du général Guieux sur la gauche. J'envoie le citoyen Lasalle avec le vingt-quatrième régiment de chasseurs à Udine.

« L'ennemi, à notre approche, évacue Palma-nova, où nous trouvons trente mille rations de pain et mille quintaux de farine en magasin. Il y avait dix jours que le prince Charles s'était emparé de cette place, appartenante aux Vénitiens : il voulait l'occuper; mais il n'avait pas eu le temps de s'y établir.

« Le général Massena arrive à Saint-Daniel, à Osopo, à Gemona, et pousse son avant-garde dans les gorges.

« Le 29, le général Bernadotte s'avance, et bloque Gradisca ; le général Serrurier se porte vis-à-vis San-Pietro, pour passer le Lisonzo. L'ennemi a plusieurs pièces de canon et quelques bataillons de l'autre côté, pour en défendre le passage.

« J'ordonne différentes manœuvres qui épouvantent l'ennemi, et le passage s'exécute sans opposition. Je ne dois pas oublier le trait de courage du citoyen Andreossi, chef de brigade d'artillerie, que je charge de reconnaître si la rivière est guéable; il se précipite lui-même dans l'eau, et la passe et la repasse à pied. Cet officier est d'ailleurs distingué par ses talens et ses connaissances étendues.

PASSAGE DU LISONZO ET PRISE DE GRADISCA.

« Le général Serrurier se porte sur Gradisca en suivant les crêtes supérieures qui dominent cette ville.

« Pour amuser pendant ce temps-là l'ennemi et l'empêcher de s'appercevoir de sa manœuvre, le général Bernadotte fait attaquer par des tirailleurs les retranchemens ennemis; mais nos soldats, emportés par leur ardeur naturelle, s'avancent la baïonnette en avant jusque sous les murs de Gradisca. Ils y sont reçus par une forte fusillade et de la mitraille. Le général Bernadotte, obligé de les soutenir, fait avancer quatre pièces de canon pour enfoncer les portes; mais elles sont couvertes par une flèche bien retranchée.

« Cependant le général Serrurier arrive sur les hauteurs qui maîtrisent Gradisca, rend toute retraite impossible à la garnison. L'ennemi n'a donc plus ni probabilité de se défendre, ni espoir de s'échapper. Le général Bernadotte lui fait la sommation ci-jointe, et il capitule.

« Trois mille prisonniers, l'élite de l'armée du prince Charles, dix pièces de canon, huit drapeaux, sont le fruit de cette manœuvre. Nous avons en même temps passé le Lisonzo et pris Gradisca.

« La division du général Bernadotte s'est conduite avec un courage qui nous est un garant de nos succès à venir. Le général Bernadotte, ses aides-de-camp, ses généraux, ont bravé tous les dangers. Je vous demande le grade de général de brigade pour l'adjudant-général Mireur.

« Le général Bernadotte se loue beaucoup du général Murat, commandant son avant-garde; du général Friaud; de l'adjudant-général Mireur; du citoyen Campredon, commandant du génie; du citoyen Jaillat, commandant de l'artillerie; du citoyen Lahure, chef de la quinzième demi-brigade d'infanterie légère; du citoyen Marin, et des deux frères Couroux. Le citoyen Durac, mon aide-de-camp capitaine, s'est conduit avec la bravoure qui caractérise l'état-major de l'armée d'Italie.

« Le citoyen Miquet, chef de la quatre-vingt-huitième demi-brigade, a été blessé.

COMBAT DE CASASOLA.

« La division du général Massena s'empare du fort de la Chiusa, rencontre l'ennemi, qui veut lui disputer le passage du pont de Casasola; ses tirailleurs font replier ceux de l'ennemi, et, un instant après, les grenadiers des trente-deuxième et soixante-quinzième demi-brigades, en colonne serrée, forcent le pont, culbutent l'ennemi malgré ses retranchemens et ses chevaux de frise, le poursuivent jusqu'à la Ponteba, et lui font six cents prisonniers, tous des régimens nouvellement venus du Rhin. Tous les magasins que l'ennemi avait de ce côté tombent en notre pouvoir.

« Les chasseurs du dixième régiment, le sabre à la main, foncent dans les retranchemens ennemis, et acquièrent un nouveau titre à l'estime de l'armée.

Le général de division Bernadotte, à M. le commandant autrichien de Gradisca.

Au quartier-général devant Gradisca,
le 29 ventose, an 5.

« Vous vous êtes défendu, monsieur, comme un brave homme, et par là vous vous êtes acquis l'estime des militaires : mais une plus grande obstination de votre part serait un crime que je ferai retomber sur vous principalement ; et, pour me justifier vis-à-vis la postérité, je dois vous sommer de vous rendre dans dix minutes, sans quoi je ferai passer votre troupe au fil de l'épée. Épargnez le sang que vous feriez verser : les principes de philanthropie qui doivent animer un chef vous en imposent l'obligation. Les échelles sont préparées ; les grenadiers et chasseurs demandent l'assaut à grands cris.

« Répondez.

« Je suis avec estime, etc. »

Capitulation de la garnison de la forteresse de Gradisca.

« La garnison évacuera la place aux conditions suivantes :

« ARTICLE PREMIER. La garnison sortira demain, à cinq heures du matin, avec tous les honneurs de la guerre : cela veut dire, avec armes et bagages et canons, tambour battant. Les officiers garderont leurs chevaux, armes, bagages. Les soldats mettront bas les armes sur le glacis et garderont leurs bagages.

« *Réponse*. La garnison sortira, dans un quart-d'heure, par la porte Mucame; elle aura les honneurs de la guerre. Les officiers garderont leur épée, et pourront se retirer dans leurs foyers, sous condition de ne pas servir jusqu'à leur échange. Ils garderont leur bagage, ainsi que les soldats; mais ces derniers seront prisonniers de guerre après avoir déposé leurs armes.

« II. Toute la garnison sera faite prisonnière de guerre jusqu'à son échange, et peut retourner dans les pays autrichiens.

« *Réponse*. Renvoyé à l'article précédent.

« III. On conduira la garnison jusqu'au premier poste des Autrichiens, du côté de Gorice.

« Répondu au premier article.

« IV. On fournira aux officiers et soldats blessés et malades, ainsi qu'à tous les officiers qui n'ont pas de chevaux, les chariots nécessaires jusqu'au territoire occupé par les Autrichiens.

« *Réponse*. On fournira des chariots aux officiers. Les soldats seront renvoyés de même avec les soins que l'humanité réclame en faveur des blessés.

« V. Les habitans qui veulent quitter la ville en auront la permission, quand bon leur semblera; et ceux qui restent ici jouiront de la même liberté, en tous cas, comme si la ville était occupée par les Autrichiens. Ceux qui sont sortis pour éviter le bombardement, auront la liberté de rentrer comme bon leur semblera.

« *Réponse*. Personne ne pourra sortir sans un passe-port du commandant français. Les habitans qui sont absens pour cause de bombardement, pourront rentrer.

« Accepté par le commandant de la forteresse, etc. »

La prise de Gradisca procurait des avantages dont le général français se hâta de profiter.

La proclamation suivante prépara les esprits des peuples dont il allait traverser le territoire.

Buonaparte, général en chef de l'armée d'Italie, au peuple de la province de Goritz.

Au quartier-général de Goritz,
le premier germinal, an 5.

« Une frayeur injuste a devancé l'armée française. Nous ne venons ici, ni pour vous conquérir, ni pour changer vos mœurs et votre religion. La république française est l'amie de toutes les nations : malheur aux rois qui ont la folie de lui faire la guerre !

« Prêtres, nobles, bourgeois, peuple, qui formez la population de la province de Goritz, bannissez vos inquiétudes, nous sommes bons et humains. Vous vous appercevrez de la différence des procédés d'un peuple libre d'avec ceux des cours et des ministres des rois.

« Vous ne vous mêlerez pas d'une querelle qui n'est pas la vôtre, et je protégerai vos personnes, vos propriétés et votre culte ; j'augmenterai vos privilèges, et je vous restituerai vos droits. Le peuple français attache plus de prix à la victoire par les injustices qu'elle lui permet de réparer, que par la vaine gloire qui lui en revient.

« ARTICLE PREMIER. Le culte de la religion continuera à être exercé, sans aucune espèce de changement, comme par le passé : à dater de demain, le service sera célébré dans toutes les églises comme à l'ordinaire.

« II. Les provinces de Goritz et Gradisca seront provisoirement administrées par un corps composé de quinze personnes, qui portera la dénomination de gouvernement central. Dans ce corps seront concentrées toutes les autorités civiles, politiques et administratives.

« III. Le gouvernement central me présentera, sous vingt-quatre heures, un projet d'organisation civile et criminelle, et un projet d'organisation municipale pour toute la province.

« IV. Le gouvernement central nommera son président, son secrétaire et son trésorier. Il se divisera en bureau militaire, bureau de finances, bureau de police, bureau de subsistances. Les différens bureaux ne pourront prendre aucune mesure essentielle qu'elle ne leur ait été ordonnée par le corps composant le gouvernement, et ils seront spécialement chargés de l'exécution des mesures prescrites par ledit corps.

« V. Toutes les impositions directes et indirectes qui appartenaient ci devant à l'empereur ou à la province, seront administrées par le gouvernement central, et seront employées pour subvenir aux dépenses du service public.

« VI. Toutes les lois civiles et criminelles existantes sont maintenues.

« VII. Tous les corps, sous quelque dénomination que ce soit, qui formaient l'ancienne administration, sont abrogés.

« VIII. Messieurs Francisco de Simon, Francisco Savio, Guisgyre Morelli, Giovanni, messire Visini, Alfonso conte Portia, Francisco conte della Torre, Guisgyre Cattarini, Francisco Zanaria, Luigi de Castellini, Francisco Bassa, Giacomo Jehp, Carlo Catinelli, Marvio conte Strasoldo, Nicolo conte Altonis, composeront le gouvernement central. Ils se réuniront en conséquence au palais des États à cinq heures. Le général chef de l'état-major les installera, et dressera procès-verbal de leur installation. »

Buonaparte mandait au directoire, le 2 germinal, de Goritz :

« Nous sommes entrés hier dans Goritz ; l'armée ennemie a effectué sa retraite avec tant de précipitation, qu'elle a laissé dans nos mains quatre hôpitaux contenant quinze cents malades, et tous les magasins de vivres et de munitions de guerre, dont je vous ferai passer l'état par le premier courrier.

« La division du général Bernadotte s'est rendue hier à *Camiza*. Son avant-garde et l'arrière-garde ennemie se sont rencontrées à *Caminia* : le dix-neuvième régiment de chasseurs a chargé l'ennemi avec une telle impétuosité, qu'il lui a fait cinquante hussards prisonniers, avec leurs chevaux. Le général Massena a poursuivi l'ennemi jusqu'à la *Ponteba*. »

Il lui annonçait, le 4, la prise de Trieste, le seul port que possédât la maison d'Autriche.

« Le général Guieux, avec sa division, se rendit, le 2, de Cividale à Caporetto ; il rencontra l'ennemi retranché à Pufero, l'attaqua, lui prit deux pièces de canon, lui fit une centaine de prisonniers, et le poursuivit dans les gorges de Caporetto à la Chinse autrichienne, en laissant le champ de bataille couvert d'Autrichiens.

« Cependant le général Massena, avec sa division, est à Tarvis : j'ai donc lieu d'espérer que les deux mille hommes que le général Guieux a poussés devant lui tomberont dans les mains de la division Massena.

« Le général de division Dugua est entré hier au soir dans Trieste.

« Vous trouverez ci-joint l'état des objets que nous avons trouvés à Goritz. Je vous enverrai par le prochain courrier l'état de ce que nous avons trouvé à Trieste.

« Nous sommes maîtres des célèbres mines d'Ydria ; nous

y avons trouvé des matières préparées pour deux millions; on va s'occuper à les charroyer : si cette opération se fait sans accident, elle sera fort utile à nos finances.

État des effets et denrées trouvés dans les magasins de la place de Goritz.

Farine, six cent quatre-vingts bariques, du poids de trois quintaux l'un, non compris ce qui a été fourni à la division Bernadotte. . . . . 2,040 quintaux.
  Draps de lit 5,300
  Matelas. 1,440
  Couvertures communes. 1,360
  Toiles de matelas. 725
  Idem d'oreillers 625
  Paillasses 2,000
  Bois de lits. 500
  Chapeaux. 200
  Bonnets de drap blanc. 100
  Gants. 100
  Gibernes de cavalerie. 60
  Souliers neufs. . . . . 108 paires.
  Brodequins. . . . . 45 paires.

Le lendemain 5 c'étaient encore de nouvelles victoires.

« Je vous ai rendu compte, par mon dernier courier, qu'une colonne de l'armée du prince Charles était cernée entre la division du général Massena, qui était à Tarvis, et celle du général Guieux, qui, arrivé à Caporetto, la poussait devant lui dans les gorges.

COMBAT DE TARVIS.

« Le général Massena, arrivé à Tarvis, fut attaqué par une division ennemie, partie de Clagenfurth, et qui venait au secours de la division qui était cernée. Après un combat extrêmement opiniâtre, il la mit en déroute, lui fit une grande quantité de prisonniers, parmi lesquels trois généraux. Les cuirassiers de l'empereur, arrivant du Rhin, ont extrêmement souffert.

AFFAIRE DE LA CHINSE.

PRISE DE CE POSTE.

« Cependant le général Guieux poussa la colonne qu'il avait battue à Pufero, jusqu'à la Chinse autrichienne, poste extrêmement retranché, mais qui fut enlevé de vive force, après un combat très-opiniâtre, où se sont particulièrement distingués les généraux Bon, Verdier, et la quatrième demi-brigade, ainsi que la quarante-troisième. Le général Kablés défendait lui-même la Chinse avec cinq cents grenadiers. Par le droit de la guerre les cinq cents hommes devaient être passés au fil de l'épée; mais ce droit barbare a toujours été méconnu et jamais pratiqué par l'armée française.

« La colonne ennemie, voyant la Chinse prise, activa sa marche, et tomba au milieu de la division du général Massena, qui, après un léger combat, la fit toute prisonnière: trente pièces de canon, quatre cents chariots portant les bagages de l'armée, cinq mille hommes, quatre généraux, sont tombés en notre pouvoir. Je m'empresse de vous faire part de cet évènement, parce que, dans les circonstances actuelles, il est indispensable que vous soyez prévenus sans retard de tout. Je me réserve de vous rendre un compte plus détaillé de tous ces évènemens dès l'instant que j'aurai recueilli tous les rapports, et que les momens seront moins pressans.

« La chaîne des Alpes qui sépare la France et la Suisse de l'Italie, sépare le Tyrol italien du Tyrol allemand, les états de Venise des états de l'empereur, et la Carinthie du comté de Goritz et de Gradisca. La division Massena a traversé les Alpes Italiæ, et est venu occuper le débouché des Alpes noriques. Nos ennemis ont eu la mal-adresse d'engager tous leurs bagages et une partie de leur armée par les Alpes noriques, qui dès lors se sont trouvés pris. Le combat de Tarvis s'est donné au-dessus des nuages, sur une sommité qui domine l'Allemagne et la Dalmatie : dans plusieurs endroits où notre ligne s'étendait, il y avait trois pieds de neige ; et la cavalerie, chargeant sur la glace, a essuyé des accidens dont les résultats ont été extrêmement funestes à la cavalerie ennemie. »

Une continuité de succès si éclatans abattait encore moins qu'elle n'aigrissait les ennemis intérieurs de la république ; et l'un des soins du directoire, lorsqu'il voyait l'esprit public s'abaisser, pour ainsi dire, en raison de ses triomphes, devait être de le soutenir, au moins dans les armées, qui la défendaient si bien de ses ennemis extérieurs, peut-être moins dangereux. Tel était, indépendamment de la justice qui le lui commandait, le motif des lettres qu'il adressait aux différens officiers de cette brave armée.

Le directoire exécutif au général Berthier, chef de l'état-major-général de l'armée d'Italie.

« En ouvrant cette campagne, qui semble, citoyen général, devoir décider d'une paix que nous avons vainement cherché à négocier, et qui ne peut plus être que le fruit de nouvelles victoires, nous donnons une preuve éclatante de notre confiance dans le courage des troupes républicaines et dans le talent de leurs chefs. Le rang distingué que vous occupez parmi ces derniers, sous le rapport du dévouement et des talens militaires, est le prix des services que vous avez rendus dans le cours de la campagne, et particulièrement à la bataille de Rivoli, qui a assuré la chûte de Mantoue.

« Nous aimons, citoyen général, à retracer tous ces événemens glorieux où vous avez heureusement secondé le général en chef Buonaparte; et nous croyons devoir vous féliciter d'avance de la part que vous aurez aux succès ultérieurs de la brave armée dont l'emploi de chef d'état-major-général vous est confié.

Au général Bernadotte.

« Les braves divisions du Rhin ont marqué, citoyen général, leur jonction à l'armée d'Italie par des succès, et leurs chefs se sont montrés dignes d'associer les lauriers cueillis sur les bords de ce fleuve à ceux que leurs frères d'armes ont moissonnés sur l'Adige. Vous avez particulièrement prouvé, citoyen général, que vous vous êtes déja rendu familier à ce nouveau théâtre de la guerre et aux manœuvres savantes qu'il exige. Le prince Charles a dû reconnaître à Gradisca celui dont il a souvent redouté l'audace et l'habileté en Allemagne.

Au général Massena.

« Après avoir, citoyen général, puissamment contribué, avec la division que vous commandez, à la conquête de l'Italie, vous venez d'ouvrir à la brave armée que commande le général Buonaparte l'entrée de l'Allemagne. Le combat de Tarvis, où la foudre républicaine a grondé au-dessus des nuages, sera long-temps mémorable, et le passage de cette chaîne des Alpes, où les Français portent pour la première fois leurs armes victorieuses, rend votre nom encore plus cher à la patrie.

Au général Guieux.

« Vous venez, citoyen général, d'acquérir encore des titres à notre estime sur le nouveau théâtre de la guerre qui s'ouvre à l'armée d'Italie, et sur lequel ses exploits ne le céderont pas sans doute à ceux de la dernière campagne.

« L'enlèvement de vive force de la Chiusa autrichienne est, à nos yeux, une action également recommandable par le courage des vainqueurs, et par leur générosité envers la garnison de ce fort pris d'assaut.

Au général de brigade Mireur.

« Le directoire exécutif vient de vous élever, citoyen, au grade de général de brigade. La réputation des officiers-généraux de l'armée d'Italie, parmi lesquels vous vous trouvez placé, vous fera sans doute regarder votre promotion comme le fruit de l'estime que méritent de notre part votre zèle et vos talens militaires.

A l'adjudant-général Kellermann.

« Nous avons remarqué avec intérêt, citoyen adjudant-général, votre conduite à l'armée d'Italie, et vous justifiez les espérances que nous devions concevoir du fils du général en chef Kellermann. Nous espérons que les blessures que vous avez reçues dans la journée du Tagliamento, en chargeant l'ennemi à la tête des escadrons qui l'ont mis en fuite, ne vous retiendront pas long-temps éloigné du champ de la gloire républicaine.

Au citoyen Andreossi, chef de brigade d'artillerie.

« Le passage du Lisonzo par l'armée d'Italie offre, citoyen, au milieu du brillant succès avec lequel il a été exécuté, un trait remarquable dont vous êtes l'auteur, et qui mérite un témoignage particulier de notre satisfaction.

« Chargé par le général en chef de reconnaître les gués de cette rivière, vous les avez vous-même sondés à pied sous le feu des batteries ennemies : la fierté de cette action donne un nouveau prix aux connaissances que vous avez acquises dans l'arme distinguée de l'artillerie.

Au citoyen Miquet, chef de la quatre-vingt-huitième demi-brigade.

« Vous devez éprouver en ce moment, citoyen chef de brigade, combien tous les sacrifices sont doux quand ils sont faits à la liberté de sa patrie et à la victoire. En versant votre sang au passage du Lisonzo, vous avez attiré sur vous l'attention reconnaissante de la république, et la générosité de votre exemple est pour nous une nouvelle garantie du courage qui ne cessera d'animer le corps que vous commandez.

Au commandant du dixième régiment de chasseurs.

« Le directoire exécutif a chargé, citoyen commandant, le général en chef Buonaparte de témoigner sa satisfaction à tous les corps qui ont agi dans les dernières opérations de l'armée; mais celui que vous commandez avec succès a fixé particulièrement son attention, en se précipitant sur les retranchemens ennemis dans la belle journée du 29 ventose. Nous vous invitons à le féliciter en notre nom de cette action brillante. »

L'armée répondait à ces éloges en en méritant de nouveaux.

« Je vous envoie, lui écrivait son général, vingt-quatre drapeaux, dont douze pris sur les troupes de l'empereur dans les dernières affaires, et douze pris sur les troupes du pape. L'adjudant-général Kellermann, qui vous les porte, a reçu une honorable blessure dans une charge de cavalerie au passage du Tagliamento. Il s'est conduit avec la même distinction à toutes les autres affaires de la campagne passée. »

Les colonnes françaises que Buonaparte avait dirigées sur le Tyrol pour le soumettre, et venir ensuite le joindre sur la Drave, remplissaient leur mission, et traversaient en vainqueurs ce pays, que l'Autriche a toujours regardé comme un des plus fermes boulevards de son empire.

COMBAT DE LAVIS.

« Les divisions des généraux Joubert, Baraguey d'Hilliers et Delmas, se sont mises en mouvement le 30 ventose ; elles ont enveloppé les corps ennemis qui se trouvaient sur le Lavis. Après un combat extrêmement opiniâtre, nous avons fait quatre mille prisonniers, pris trois pièces de canon, deux drapeaux, et tué près de deux mille hommes, dont une grande partie de chasseurs tyroliens.

COMBAT DE TRAMIN.

« Cependant l'ennemi s'était retiré sur la rive droite de l'Adige, et paraissait vouloir tenir encore : le 2 germinal, le général Joubert, commandant les trois divisions, se porta à Salurn ; le général Vial s'empara du pont de Neumark, et passa la rivière pour empêcher l'ennemi de se retirer sur Botzen. La fusillade s'engagea avec la plus grande force : le combat paraissait incertain, lorsque le général de division Dumas, commandant la cavalerie, se précipita dans le village de Tramin, fit six cents prisonniers, et prit deux pièces de canon ; par ce moyen, les débris de la colonne ennemie, commandée par le général Laudon, n'ont pas pu arriver à Botzen, et errent dans les montagnes.

COMBAT DE CLAUSEN.

« Nous sommes entrés dans la ville de Botzen : le général Joubert ne s'y arrêta pas ; il y laissa une force suffisante pour suivre le général Laudon, et marcha droit à Clausen. L'ennemi, profitant de la défense qu'offrait le pays, avait fait les meilleures dispositions. L'attaque fut vive et bien concertée, et le succès long-temps incertain. L'infanterie légère grimpa des rochers inaccessibles; les onzième et trente-troisième demi-brigades d'infanterie de bataille, en colonne serrée, et commandées par le général Joubert en personne, surmontèrent tous les obstacles: l'ennemi, percé par le centre, a été obligé de céder, et la déroute est devenue générale. Nous avons fait à l'ennemi quinze cents prisonniers.

« Le général Joubert arriva à Brixen toujours poursuivant les ennemis. Le général Dumas, à la tête de la cavalerie, a tué, de sa propre main, plusieurs cavaliers ennemis: il a été blessé légèrement de deux coups de sabre; son aide-de-camp d'Harmancourt a été blessé dangereusement. Ce général a, pendant plusieurs minutes, arrêté seul, sur un pont, un escadron de cavalerie ennemie qui voulait passer, et a donné le temps aux siens de le rejoindre.

« Nous avons trouvé à Brixen, Botzen, et dans divers autres endroits, des magasins de toute espèce; entre autres, trente mille quintaux de farines.

« Par-tout l'ennemi, tant dans le Tyrol que dans la Carinthie et la Carniole, nous a laissé des hôpitaux; je laisse au chef de l'état-major et au commissaire-ordonnateur en chef le soin d'envoyer au ministre de la guerre les états des effets qu'on y a trouvés. »

En pénétrant dans la Carinthie, et trois jours après être entré dans sa capitale, Buonaparte publia la proclamation suivante.

Buonaparte, général en chef de l'armée d'Italie, aux habitans de la Carinthie.

Au quartier-général de Clagenfurth,
le 12 germinal, an 5.

« L'armée française ne vient pas dans votre pays pour le conquérir, ni pour porter aucun changement à votre religion, à vos mœurs, à vos coutumes: elle est l'amie de toutes les nations, et particulièrement des braves peuples de Germanie.

« Le directoire exécutif de la république française n'a rien épargné pour terminer les calamités qui désolent le continent. Il s'était décidé à faire le premier pas, et à envoyer le général Clarke à Vienne, comme plénipotentiaire, pour entamer des négociations de paix : mais la cour de Vienne a refusé de l'entendre ; elle a même déclaré à Vicence, par l'organe de M. de Saint-Vincent, qu'elle ne reconnaissait pas de république française. Le général Clarke demanda un passe-port pour aller lui-même parler à l'empereur ; mais les ministres de la cour de Vienne ont craint, avec raison, que la modération des propositions qu'il était chargé de faire ne décidât l'empereur à la paix. Ces ministres, corrompus par l'or de l'Angleterre, trahissent l'Allemagne et leur prince, et n'ont plus de volontés que celles de ces insulaires perfides, l'horreur de l'Europe entière.

« Habitans de la Carinthie, je le sais, vous détestez autant que nous, et les Anglais qui seuls gagnent à la guerre actuelle, et votre ministère qui leur est vendu. Si nous sommes en guerre depuis six ans, c'est contre le vœu des braves Hongrois, des citoyens éclairés de Vienne, et des simples et bons habitans de la Carinthie.

« Eh bien ! malgré l'Angleterre et les ministres de la cour de Vienne, soyons amis. La république française a sur vous les droits de conquête ; qu'ils disparaissent devant un contrat qui nous lie réciproquement. Vous ne vous mêlerez pas d'une guerre qui n'a pas votre aveu ; vous fournirez les vivres dont nous pourrons avoir besoin. De mon côté, je protégerai votre religion, vos mœurs et vos propriétés ; je ne tirerai de vous aucune contribution. La guerre n'est-elle pas par elle-même assez horrible ? Ne souffrez-vous pas déjà trop, vous innocentes victimes, des sottises des autres ? Toutes les impositions que vous aviez coutume de payer à l'empereur serviront à indemniser des dégâts inséparables de la marche d'une armée, et à payer les vivres que vous nous aurez fournis. »

Il informa le même jour le directoire de la suite de ses opérations.

« Je vous ai rendu compte, dans ma dernière dépêche, des combats de Tarvis et de la Chiusa. Le 8, trois divisions de l'armée se trouvaient avoir traversé les gorges qui de l'état vénitien conduisent en Allemagne, et campaient à Villach, sur les bords de la Drave.

« Le 9, le général Masséna se mit en marche avec sa division : il rencontra, à une lieue de Clagenfurth, l'armée ennemie, et il s'engagea un combat où l'ennemi perdit deux pièces de canon et deux cents prisonniers. Nous entrâmes le même soir à Clagenfurth, qui est la capitale de la haute et basse Carinthie. Le prince Charles, avec les débris de son armée extrêmement découragée, fuit devant nous.

« Notre avant-garde est aujourd'hui entre Saint-Veit et Freisach. La division du général Bernadotte est à Laubach, capitale de la Carniole. J'ai envoyé le général polonais Zajouzech, à la tête d'un corps de cavalerie, pour suivre la vallée de la Drave, arriver à Lienz et opérer ma jonction avec le général Joubert, qui est à Brixen : elle doit être faite à l'heure qu'il est.

« Depuis le commencement de cette campagne le prince Charles a perdu près de vingt mille hommes de ses troupes, qui sont nos prisonniers. Les habitans de la Carniole et de la Carinthie ont pour le ministère de Vienne et d'Angleterre un mépris qui ne se conçoit pas. La nation anglaise accapare tellement la haine du continent, que je crois que si la guerre dure encore quelque temps, les Anglais seront tellement exécrés, qu'ils ne seront plus reçus nulle part.

« Voilà donc les ennemis entièrement chassés des états de Venise; la haute et basse Carniole, la Carinthie, le district de Trieste, et tout le Tyrol, soumis aux armes de la république.

« Nous avons trouvé près de Villach un magasin de fers coulés, de cartouches et de poudres, des mines de plomb, d'acier, de fer et de cuivre. Nous avons trouvé, près de Clagenfurth, des manufactures d'armes et de drap. »

« Le général Joubert a attaqué, le 8, la gorge d'Inspruck; les bataillons fraîchement arrivés du Rhin voulaient la défendre : après une canonnade de quelques instans, le général Joubert a décidé l'affaire en marchant à la tête de la quatre-vingt-cinquième demi-brigade, en colonne serrée par bataillon : l'ennemi a été culbuté, en laissant cent morts, six cents prisonniers, deux pièces de canon, tous les équipages et vingt dragons. Le général Dumas, qui a chargé à la tête de la cavalerie dès l'instant que l'infanterie eut percé, a eu son cheval tué sous lui. Le général de brigade Béliard qui commandait la quatre-vingt-cinquième, le brave Gaspard, chef de cette demi-brigade, et l'aide-de-camp Lambert, se sont particulièrement distingués. Je vous demande pour le général Dumas, qui, avec son cheval, a perdu une paire de pistolets, une paire de pistolets de la manufacture de Versailles.

COMBAT DES GORGES DE NEUMARK.

« L'armée s'est mise en marche le 12. La division du général Massena, formant l'avant-garde, a rencontré les ennemis dans les gorges qui se trouvent entre Freisach et Neumark. L'arrière-garde ennemie a été culbutée dans toutes les positions qu'elle a voulu disputer, et nos troupes s'acharnèrent à la poursuivre avec une telle vitesse, que le prince Charles fut obligé de faire revenir de son corps de bataille ses huit bataillons de grenadiers, les mêmes qui ont pris Kelh, et qui sont en ce moment l'espoir de l'armée autrichienne : mais la deuxième d'infanterie légère, qui s'est distinguée, depuis son arrivée, par son courage, ne ralentit pas son mouvement d'un seul instant, se jeta sur les flancs de droite et de gauche, dans le temps que le général Massena, pour fouler la gorge, faisait mettre en colonne les grenadiers de la dix-huitième et de la trente-deuxième. Le combat s'engagea avec fureur : c'était l'élite de l'armée autrichienne qui venait lutter contre nos vieux soldats d'Italie. L'ennemi avait une position superbe, qu'il avait hérissée de canons ; mais elle ne fit que retarder de peu de temps la défaite de l'arrière-garde ennemie. Les grenadiers ennemis furent mis dans une complète déroute, laissèrent le champ de bataille couvert de morts, et cinq à six cents prisonniers.

« L'ennemi profita de toute la nuit pour filer. A la pointe du jour, nous entrâmes dans Neumark. Le quartier-général fut ce jour là à Freisach.

« Nous avons trouvé à Freisach quatre mille quintaux de farine, une grande quantité d'eau-de-vie et d'avoine. Ce n'était qu'une faible partie des magasins qui y existaient ; l'ennemi avait brûlé le reste. Nous en avons trouvé autant à Neumark.

COMBAT DE HUNDSMARK.

« Le 14, le quartier-général se porta à Scheifling. L'avant-garde, sur le point d'arriver à Hundsmark, rencontra l'arrière-garde ennemie, qui voulait lui disputer sa couchée. La deuxième d'infanterie légère était encore d'avant-garde : après une heure de combat, l'arrière-garde ennemie, qui, ce jour-là, était composée de quatre régimens venant du Rhin, fut encore mise en déroute, et nous laissa six cents prisonniers ; et au moins trois cents morts sur le champ de bataille. Notre avant-garde mangea encore ce soir-là le pain et but l'eau-de-vie préparée pour l'armée autrichienne.

« Notre perte, dans ces deux combats, a été de fort peu de chose. Le chef de brigade Carrère, officier du plus grand courage, et qui nous a rendu dans la campagne les plus grands services, a été tué d'un boulet. C'est le seul officier que nous ayons perdu. Il est vivement regretté.

« Aujourd'hui nous occupons Kintenfeld, Murau et Judenburg. L'ennemi paraît s'être décidé à une retraite plus précipitée et à ne plus engager de combats partiels.

« Je fais poursuivre, par la division du général Guieux, la division du général autrichien Spork, qui voulait faire sa jonction par la vallée de la Muhr, et dont l'avant-garde était déja arrivée à Murau. Notre arrivée prompte à Scheifling a rendu cette jonction impossible. Désormais elle ne peut plus se faire qu'au-delà des montagnes qui avoisinent Vienne.

« Vous trouverez ci-jointe la réponse que m'a faite le prince Charles à ma lettre du 10, avant le combat du 13. Deux heures après avoir envoyé cette réponse, comme nous marchions sur Freisach, il a fait demander par un de ses aides-de-camp une suspension de quatre heures, proposition entièrement inadmissible. Il voulait, en gagnant quatre heures, gagner la journée, et par là avoir le temps de faire sa jonction avec le général Spork. C'était précisément la raison qui me faisait marcher jour et nuit. »

Au milieu de cette suite de triomphes sans exemple, il semble qu'incapable d'être ébloui par eux, la modération devenait le caractère de Buonaparte. N'ayant devant lui qu'une armée de fuyards, et près d'arriver sous les murs de Vienne, où des succès très-probables pouvaient renverser pour jamais le trône de cette maison d'Autriche si fatale à la France, il sait s'arrêter, et ne songer qu'à remplir les intentions pacifiques du directoire. Dès le 11 germinal il avait écrit de Clagenfurth au prince Charles.

Lettre écrite par le général en chef de l'armée d'Italie, à son altesse royale M. le prince Charles.

Au quartier-général de Clagenfurth,
le 11 germinal, an 5.

« MONSIEUR LE GÉNÉRAL EN CHEF,

« Les braves militaires font la guerre, et desirent la paix: celle-ci ne dure-t-elle pas depuis six ans? avons-nous assez tué de monde et fait assez de maux à la triste humanité? elle réclame de tous côtés. L'Europe, qui avait pris les armes contre la république française, les a posées. Votre nation reste seule; et cependant le sang va couler encore plus que jamais. Cette sixième campagne s'annonce par des présages sinistres : quelle qu'en soit l'issue, nous tuerons de part et d'autre quelques milliers d'hommes de plus; et il faudra bien que l'on finisse par s'entendre, puisque tout a un terme, même les passions haineuses.

« Le directoire exécutif de la république française avait fait connaître à sa majesté l'empereur le desir de mettre fin à la guerre qui désole les deux peuples : l'intervention de la cour de Londres s'y est opposée. N'y a-t-il donc aucun espoir de nous entendre? et faut il, pour les intérêts ou les passions d'une nation étrangère aux maux de la guerre, que nous continuions à nous entr'égorger? Vous, monsieur le général en chef, qui, par votre naissance, approchez si près du trône, et êtes au-dessus de toutes les petites passions qui animent souvent les ministres et les gouvernemens, êtes-vous décidé à mériter le titre de bienfaiteur de l'humanité entière, et de vrai sauveur de l'Allemagne? Ne croyez pas, monsieur le général en ch f, que j'entende par là qu'il ne vous soit pas possible de la sauver par la force des armes; mais, dans la supposition que les chances de la guerre vous deviennent favorables, l'Allemagne n'en sera pas moins ravagée. Quant à moi, monsieur le général en chef, si l'ouverture que j'ai l'honneur de vous faire peut sauver la vie à un seul homme, je m'estimerai plus fier de la couronne civique que je me trouverais avoir méritée, que de la triste gloire qui peut revenir des succès militaires. Je vous prie de croire, monsieur le général en chef, aux sentimens d'estime et de considération distinguée avec lesquels je suis, etc.... »

Réponse de l'archiduc Charles à la lettre du général Buonaparte.

« MONSIEUR LE GÉNÉRAL,

« Assurément, tout en faisant la guerre, monsieur le général, et en suivant la vocation de l'honneur et du devoir, je désire, ainsi que vous, la paix, pour le bonheur des peuples et de l'humanité.

« Comme néanmoins, dans le poste qui m'est confié, il ne m'appartient pas de scruter ni de terminer la querelle des nations belligérantes, et que je ne suis muni, de la part de sa majesté l'empereur, d'aucun plein pouvoir pour traiter, vous trouverez naturel, monsieur le général, que je n'entre là-dessus avec vous en aucune négociation, et que j'attende des ordres supérieurs sur un objet d'aussi haute importance, et qui n'est pas foncièrement de mon ressort.

« Quelles que soient, au reste, les chances futures de la guerre, ou les espérances de la paix, je vous prie de vous persuader, monsieur le général, de mon estime, et d'une considération distinguée. »

Cette correspondance, infiniment plus franche de la part du général français que de celle de l'archiduc, et où le premier conserve, à tous égards, une supériorité de caractère digne d'être remarquée, et sur-tout l'extrême péril où se trouvait la cour impériale, ne permettaient pas de douter qu'elle n'en vînt très-vîte aux voies de conciliation. L'effroi était dans Vienne; les ordres les plus violens s'y succédaient avec une rapidité qui l'augmentait. On s'empressait de s'y soustraire aux malheurs d'un siège en l'évacuant; et quoiqu'une classe nombreuse parût se rallier au monarque, et se réunir pour la défense du pays, il ne devait pas être fort rassuré d'un dévouement qui venait de coûter si cher à tous ces nobles volontaires de Vienne, qui n'avaient paru devant l'armée d'Italie que pour y trouver la mort ou se rendre prisonniers. En vain le prince Charles s'était montré à la tête des armées impériales : il avait été peut être plus malheureux encore que les généraux ses prédécesseurs; et tout l'effet qu'on s'était promis de l'influence de ses talens ou du prestige de sa dignité, venait de tromper les dernières espérances. Les trophées de ses défaites étaient apportés et présentés au directoire *; l'adjudant-général Kellermann, chargé de cette mission, prononça devant lui le discours suivant :

« CITOYENS DIRECTEURS,

« Après l'honneur d'avoir combattu dans les rangs de l'armée d'Italie, je ne pouvais recevoir une mission plus flatteuse que celle de vous présenter, au nom de son illustre général, les prémices de la nouvelle campagne qu'il vient d'ouvrir avec tant de gloire.

« Ce sont les drapeaux pris au prince Charles dans les affaires de Gemona, du Tagliamento et de Gradisca : dans ces brillantes journées, les troupes de l'armée de Sambre et Meuse ont rivalisé de gloire avec les anciens de l'armée d'Italie; la victoire est résultée de cette généreuse émulation, présage certain des succès que l'armée n'a cessé d'obtenir depuis. Et que ne devons-nous pas attendre de l'habileté du héros qui nous commande, du dévouement, du cou-

---

* Le général Buonaparte envoya depuis, par le général Serrurier, vingt-un autres drapeaux allemands et vénitiens.

rage des généraux, des troupes qui le secondent, et qui exécutent avec tant de bonheur les plans que vous avez si sagement conçus !

« Parmi ces trophées glorieux, vous distinguerez plusieurs bannières des troupes de sa sainteté : elles vous rappelleront la modération du jeune vainqueur, qui, loin de céder au desir d'entrer en triomphateur dans l'ancienne capitale du monde, et de fouler sur un char orgueilleux le sol des Scipion et des Brutus, n'a consulté que l'intérêt de son pays, en présentant le rameau d'olivier au faible ennemi qu'il venait de terrasser, pour voler vers un rival qu'il croit plus digne de lui. L'expédition de Rome terminée, Buonaparte se porte, avec sa célérité ordinaire, sur les bords de la Piave, attaque, culbute le prince Charles, qui lui abandonne l'Italie, et déja l'armée française menace la capitale de François II, et sappe à grands coups les fondemens de son trône ébranlé. Espérons que le danger pressant qui la menace fera sortir de son aveuglement fatal à l'humanité cette maison d'Autriche, trop obstinée à se refuser aux intentions pacifiques et généreuses que vous n'avez cessé de manifester. C'est le vœu, c'est l'objet des travaux de mes compagnons d'armes, et du général qui m'a chargé de vous offrir l'hommage des drapeaux des vaincus, que dans ce moment solemnel j'ai l'honneur de déposer entre vos mains. »

Le président répondit en ces termes :

« Fils d'un guerrier sage et célèbre dans les fastes de la république,

« Le directoire exécutif reçoit avec d'autant plus de sensibilité les trophées que vous lui présentez, qu'ils sont arrosés de votre sang généreux versé pour la patrie.

« En vain de vils conjurés s'agitent pour nous redonner des fers ; en vain quelques unes de leurs perfides combinaisons ont une apparence de succès : la fermeté des républicains déjouera tous leurs complots.

« Ce n'est pas au nom d'un fantôme errant et fugitif, c'est contre lui, c'est au nom de la république que les armées ont combattu ; c'est au nom de la république qu'elles ont triomphé des sicaires dont il dirige les bras contre leur mère commune pour déchirer son sein, et de cette masse de coalisés qu'il avait soulevés contre la France pour l'écraser.

« Si tous les bons citoyens, si le directoire exécutif comptent sur la valeur des guerriers français, qu'à leur tour ils se reposent sur l'énergie du gouvernement, qui ne les fera conduire qu'aux champs de l'honneur, et ne leur présentera de nouveaux lauriers à cueillir que pour le salut de la république.

« L'Anglais, en fomentant des divisions intestines avec son or corrupteur, prétend sans doute retarder l'époque si desirée de la paix continentale; mais l'or ne corrompt que des lâches. Portez donc dès à présent à l'armée d'Italie l'expression pure de la reconnaissance nationale pour l'espoir du bienfait de la paix que la patrie devra à son courage, et à celui de toutes les autres armées de la république. »

Cependant Buonaparte avait transféré son quartier-général à Judenburg, et se disposait à des mesures décisives, si l'activité des négociations ne les eût prévenues : peu de jours y furent employés, et enfin le 19 germinal une suspension d'armes pour six jours fut convenue. Buonaparte annonça ainsi cette importante nouvelle au directoire :

« J'ai eu l'honneur de vous envoyer la lettre que j'avais écrite au prince Charles, et sa réponse.

« Vous trouverez ci-jointes la note qui m'a été remise par MM. les généraux Bellegarde et Morveldt, la réponse que je leur ai faite, et enfin les conditions de la suspension d'armes que nous avons conclue. Vous y remarquerez, par la ligne de démarcation, que nous nous trouvons avoir occupé Gratz, Bruck et Rotenmann, que nous n'occupions pas encore. D'ailleurs, mon intention étoit de faire reposer deux ou trois jours l'armée. Cette suspension dérange donc fort peu les opérations militaires. »

Jundenburg, le 7 avril 1797.

« Sa majesté l'empereur et roi n'ayant rien de plus à cœur que de concourir au repos de l'Europe, et de terminer une guerre qui désole les deux nations ;

« En conséquence de l'ouverture que vous avez faite à son altesse royale par votre lettre de Clagenfurth, sa majesté l'empereur nous a envoyés vers vous pour s'entendre sur cet objet d'une si grande importance.

« Après la conversation que nous venons d'avoir avec vous, et persuadés de la bonne volonté comme de l'intention des deux puissances, de finir le plus promptement possible cette guerre désastreuse, son altesse royale desire une suspension d'armes de dix jours, afin de pouvoir avec plus de célérité parvenir à ce but desiré, et afin que toutes les longueurs et les obstacles que la continuation des hostilités porterait aux négociations, soient levés, et que tout concoure à rétablir la paix entre les deux grandes nations.

« *Signé* le comte DE BELLEGARDE, lieutenant-général ; MORVELDT, général-major. »

A MM. les généraux Bellegarde et Morveldt.

« MESSIEURS,

« Dans la position militaire des deux armées, une suspension d'armes est toute contraire à l'armée française : mais si elle doit être un acheminement à la paix tant desirée, et si utile aux deux peuples, je consens sans peine à vos desirs.

« La république française a manifesté souvent à sa majesté son desir de mettre fin à cette lutte cruelle : elle persiste dans ses mêmes sentimens ; et je ne doute pas, après la conférence que j'ai eu l'honneur d'avoir avec vous, que sous peu de jours la paix ne soit enfin rétablie entre la république française et sa majesté.

« Je vous prie de croire aux sentimens d'estime et de considération distinguée, etc. »

Conditions de la suspension d'armes.

« Le général Buonaparte, commandant en chef l'armée française en Italie ;

« Et son altesse royale l'archiduc Charles, commandant en chef l'armée impériale ;

« Voulant faciliter les négociations de paix qui vont s'ouvrir, conviennent :

« ARTICLE PREMIER. Il y aura une suspension d'armes entre les armées française et impériale, à dater de ce soir 7 avril, jusqu'au 13 avril au soir.

« II. L'armée française gardera la ligne suivante : les avant-postes de l'aile droite de cette armée resteront dans la position où ils se trouvent aujourd'hui, entre Fiume et Trieste ; la ligne se prolongera en occupant Treffen, Littai, Windischleistritz, Marburg, Chienhaussen, la rive droite de la Muhr, Gratz, Bruck, Leoben, Trasayak, Mantern, le chemin de Mantern jusqu'à Rotenmann ; Rotenmann, Irdinng, la vallée de Lems jusqu'à Rastadt, Saint-Michel, Spital, la vallée de la Drave, Lieutz.

« III. La suspension d'armes aura lieu également pour le Tyrol : les généraux commandant les troupes françaises et impériales dans cette partie régleront ensemble les postes qu'ils doivent occuper.

« Les hostilités ne recommenceront dans le Tyrol que vingt-quatre heures après que les généraux en chef en seront convenus, et dans tous les cas vingt-quatre heures après que les généraux commandant les troupes françaises et impériales dans le Tyrol s'en seront réciproquement prévenus. »

Le lendemain de l'expiration de l'armistice, il l'informa, de son quartier-général de Leoben, de la position qu'il faisait prendre à son armée, pendant qu'il s'occupait d'établir les préliminaires de la paix.

« En conséquence de la suspension d'armes que je vous ai envoyée par mon dernier courrier, la division du général Serrurier a occupé Gratz, ville contenant quarante mille habitans, et estimée une des plus considérables de l'état de l'empereur.

« Les généraux Joubert, Delmas, et Baraguey d'Hilliers, ont eu à Botzen et Milbach différens combats, desquels ils sont toujours sortis vainqueurs. Ils sont parvenus à traverser tout le Tyrol, à faire, dans les différens combats, huit mille prisonniers, et à se joindre avec la grande armée par la vallée de la Drave. Par ce moyen toute l'armée est réunie. Notre ligne s'étend depuis la vallée de la Drave, du côté de Spital à Rotenmann, le long de la Muhr, Bruck, Gratz, et jusqu'auprès de Fiume. »

La dépêche du 30 germinal apprit bientôt leur signature.

« Je vous ai envoyé, par l'adjudant-général Leclerc, plusieurs projets d'arrangemens qui avaient été envoyés à Vienne, et sur lesquels les plénipotentiaires attendaient des instructions.

« M. de Vincent, aide-de-camp de l'empereur, est arrivé sur ces entrefaites; les plénipotentiaires sont revenus chez moi pour reprendre la négociation, et après deux jours nous sommes convenus, et nous avons signé les préliminaires du traité de paix.

« Tout ce qui a été déclaré département par les lois de la convention, reste à la république, et la république lombarde se trouve confirmée.

« Je n'ai pas levé en Allemagne une seule contribution, et il n'y a pas une seule plainte contre nous. »

Message aux conseils des cinq cents et des anciens, du 11 floréal, an 5.

Citoyens représentans,

« Nous nous empressons de dissiper par ce message les inquiétudes qui se sont élevées dans le public, et que la malveillance et l'agiotage se sont efforcés d'accréditer, sur la réalité des préliminaires de paix conclus entre le général Buonaparte et les plénipotentiaires de l'empereur. L'adjudant-général de l'armée d'Italie Sole arriva hier soir avec ces stipulations préliminaires signées, qu'il a remises au directoire : cet officier a traversé l'Allemagne, et les hostilités ont cessé par-tout.

« Les bases de ces stipulations préliminaires, approuvées aujourd'hui par le directoire exécutif, sont :

« La renonciation à la Belgique par l'empereur et roi ;

« La reconnaissance des limites de la France, telles qu'elles ont été décrétées par les lois de la république ;

« L'établissement et l'indépendance d'une république dans la Lombardie.

« Ces conditions, modérées autant qu'honorables, sont les garans de la solidité et de la durée d'une paix si glorieusement conquise par l'amour de la liberté, l'infatigable bravoure de nos frères d'armes, et le talent des généraux qui, depuis six ans, les mènent à la victoire. »

Enfin ce message du directoire au corps législatif confirma ce grand évènement, dont les suites, difficiles encore à prévoir, paraissent devoir au moins changer la destinée de beaucoup de peuples, et créer un nouveau système de politique en Europe.

Quelque diversité d'opinions que puissent faire naître les préliminaires de paix de Leoben, la gloire du vainqueur de l'Italie et des Germains n'en sera pas moins entière :

car sans doute il a été beaucoup plus le maître de la conduite de la guerre que de celle des négociations; et si un système de modération, voisin de la faiblesse, ou un défaut de vues assez profondes et assez étendues, ou les difficultés qui résultent de tous les partis qui divisent la république française, et ne voient que leur triomphe particulier quand ils ne devraient voir que la patrie, ses intérêts, ses besoins et sa gloire, finissent par lui donner un territoire mal circonscrit, et par là laisser dans un état qui ramène la nécessité de guerres nouvelles, sans doute on ne pourra, sans injustice, attribuer ce malheur à celui-là même qui lui avait donné le droit d'imposer à ses ennemis toutes les conditions qui pouvaient convenir à sa sûreté et à sa tranquillité future.

La Belgique a été, pendant quatre siècles, arrosée de sang français : elle a servi aux Anglais de levier pour remuer l'Autriche contre la France; elle a été le vrai lien de ces deux puissances. Il importait à l'avidité anglaise qu'elle fût sous le joug d'une puissance non maritime, parce qu'elle s'en appropriait le commerce, et tous ses efforts tendirent à lui en garantir la possession. Aussi la France en faisait-elle vainement la conquête : il fallait à Louis XIV et à Louis XV la restituer, parce qu'elle devenait la compensation des colonies françaises envahies, et qu'on savait à Londres qu'aucun peuple de l'Europe n'ayant pu jusqu'ici avoir ensemble et long-temps de grandes armées de terre et de grandes armées navales, il suffisait de susciter à la France une guerre sur le continent pour la détourner d'une guerre maritime, et tenir à ce moyen sa marine dans un état de faiblesse qui compromît à chaque guerre le sort de ses colonies et ruinât son commerce.

La cession de la Belgique fait disparaître cette cause de nos malheurs. Graces en soient rendues à Buonaparte, qui l'a plus solidement conquise aux portes de Vienne que celui-là même qui l'avait d'abord soumise! graces en soient rendues à cette courageuse convention, qui avait eu la sage politique et la noble hardiesse d'en décréter la réunion? Mais cette cause ne renaîtra-t-elle point pour la France sur les bords du Rhin, si on les abandonne, en faveur de l'Autriche, à ces électeurs, à ces princes, qui croiront tout devoir à sa protection, et qu'il eût été si facile de détacher de ses intérêts en les séparant de l'empire, et les déclarant alliés du peuple français, garant de la souveraineté qu'il leur laissait, si l'on ne croyait pas possible de les exproprier de leurs anciens états, et de leur en créer de nouveaux au-delà du Rhin; ce qui sans doute eût encore mieux valu.

Quoi qu'il en soit de cette paix, dont les articles sont encore inconnus, et qui, si ses bases sont mal posées, exposeront encore plus à de nouveaux malheurs les peuples d'Italie que ceux de la France, il n'en sera pas moins vrai que cette dernière campagne de Buonaparte contre l'archiduc a été la guerre des Titans; que les Français y ont surmonté tous les obstacles de l'art et de la nature, se sont enfoncés dans des régions inconnues, et ont pénétré, toujours vainqueurs, dans des contrées que Charlemagne seul avait pu faire voir à leurs ancêtres; qu'ils ont effectué à travers le Tyrol un plan qui avait échoué dans la guerre de la succession, et prouvé que rien ne leur était impossible lorsqu'ils étaient commandés par un homme digne de les diriger.

Quel profond sujet de méditations pour nos neveux! La France veut changer son gouvernement, et l'Europe entière se coalise pour l'en empêcher, ou se la partager comme la malheureuse Pologne. Déja sa frontière est entamée; les Prussiens, les Autrichiens, sont à trente lieues de Paris: on les repousse; et, par une suite non interrompue d'exploits qui paraîtront un jour fabuleux, dans le cours de cinq ans les Français dictent la paix à tous les rois du continent à la porte de leurs capitales, heureux de n'être pas renversés par eux de leurs trônes chancelans. Ils donnent à une partie de l'Europe la liberté qu'ils avaient déja établie en Amérique, et pour la première fois on doit au fléau de la guerre l'abolition de presque toutes les servitudes morales et politiques, qui faisaient depuis vingt siècles la honte et le malheur des nations.

Malgré les crimes et les désordres qui ont entaché la révolution française, et qui peut-être sont inséparables d'un aussi grand mouvement que celui qu'elle a opéré, les générations futures la béniront, et diront un jour :

LE GENRE HUMAIN AVAIT PERDU SES DROITS, LES FRANÇAIS LES RETROUVÈRENT ET LES LUI ONT RENDUS.

APPENDICE.

On a cru devoir terminer le récit de la *Campagne de Buonaparte* à la signature des préliminaires de paix à Leoben, parce qu'en effet la guerre contre l'Autriche s'y est terminée, ou du moins a paru devoir s'y terminer. Le renversement de la république de Venise, et la révolution de celle de Gênes, ne sont qu'un incident indépendant des grandes opérations militaires de cette campagne. Ces deux événemens appartiennent plus particulièrement à la politique, et il sera facile à la postérité d'y trouver un sujet d'éloges pour le général Buonaparte; car on ne présume pas que les écrivains qui ont affecté de plaindre le plus le sort du sénat de Venise, parviennent à tromper le public au point de lui fermer les yeux sur les assassinats qu'il avait organisés, et sur la légitimité de la vengeance que les crimes de la lâcheté et de la trahison commandaient autant que la sûreté de l'armée française.

Le Rédacteur de cette espèce de journal de la campagne la plus mémorable qui ait illustré nos fastes militaires, n'a eu, en le publiant, d'autre motif que d'en lier l'ensemble, de le présenter à un public avide de s'en instruire, et d'inviter à ce moyen les officiers de cette brave armée d'Italie à publier leurs mémoires particuliers, sur lesquels seuls on peut entreprendre de faire une véritable histoire militaire de sa glorieuse campagne.

Plusieurs des matériaux qu'on a recueillis se seraient égarés, ou auraient donné quelque travail pour les rassembler : on aura du moins épargné cette fatigue aux historiens qui entreprendront de nous donner le tableau de la conquête de l'Italie. César nous a laissé ses mémoires, que nous nommons gothiquement *Commentaires:* pourquoi Buonaparte ne nous donnerait-il pas les siens ? N'a-t-il pas cet autre trait de ressemblance avec César, d'écrire aussi bien qu'il commande et combat ? Il n'y a peut-être que lui qui puisse parler dignement de ce qu'il a fait Il écrira avec la profondeur et la simplicité qui sont le caractère propre du génie ; tandis que son historien, ne pouvant se défendre de l'enthousiasme qu'excitent les triomphes continuels de son héros, sera toujours moins instructif, moins fidèle et moins intéressant.

On a oublié d'insérer à la page 16 et à la page 72 de ce volume les pièces suivantes, qu'il importait de recueillir.

Buonaparte, général en chef de l'armée d'Italie, à ses frères d'armes.

Au quartier-général de Cherasco,
le 7 floréal, an 4.

« SOLDATS,

« Vous avez en quinze jours remporté six victoires, pris vingt-un drapeaux, cinquante-cinq pièces de canon, plusieurs places fortes, conquis la partie la plus riche du Piémont ; vous avez fait quinze cents prisonniers, tué ou blessé plus de dix mille hommes.

« Vous vous étiez jusqu'ici battus pour des rochers stériles, illustrés par votre courage, mais inutiles à la patrie ; vous égalez aujourd'hui, par vos services, l'armée conquérante de Hollande et du Rhin. Dénués de tout, vous avez suppléé à tout ; vous avez gagné des batailles sans canons, passé des rivières sans ponts, fait des marches forcées sans souliers, bivouaqué sans eau-de-vie et souvent sans pain. Les phalanges républicaines, les soldats de la liberté, étaient seuls capables de souffrir ce que vous avez souffert. Graces vous en soient rendues, soldats! la patrie reconnaissante vous devra en partie sa prospérité; et si, vainqueurs de Toulon, vous présageâtes l'immortelle campagne de 1793, vos victoires actuelles en présagent une plus belle encore.

« Les deux armées qui naguère vous attaquaient avec audace, fuient épouvantées devant vous; les hommes pervers qui riaient de votre misère, se réjouissaient dans leurs pensées des triomphes de vos ennemis, sont confondus et tremblans.

« Mais, soldats, il ne faut pas vous le dissimuler, vous n'avez rien fait, puisqu'il vous reste encore à faire. Ni Turin ni Milan ne sont à vous; les cendres des vainqueurs des Tarquins sont encore foulées par les assassins de Basseville.

« Vous étiez dénués de tout au commencement de la campagne, vous êtes aujourd'hui abondamment pourvus; les magasins pris à vos ennemis sont nombreux, l'artillerie de siège et de campagne est arrivée. Soldats, la patrie a droit d'attendre de vous de grandes choses: justifierez-vous son attente? Les plus grands obstacles sont franchis, sans doute; mais vous avez encore des combats à livrer, des villes à prendre, des rivières à passer. En est-il d'entre vous dont le courage s'amollisse? en est-il qui préféreroient de retourner sur les sommets de l'Apennin et des Alpes, essuyer patiemment les injures de cette soldatesque esclave? Non, il n'en est pas parmi les vainqueurs de Montenotte, de Millesimo, de Dego et de Mondovi: tous brûlent de porter au loin la gloire du peuple français; tous veulent humilier ces rois orgueilleux qui osaient méditer de nous donner des fers; tous veulent dicter une paix glorieuse, et qui indemnise la patrie des sacrifices immenses qu'elle a faits; tous veulent, en rentrant dans leurs villages, pouvoir dire avec fierté: J'étois de l'armée conquérante de l'Italie....

« Amis, je vous la promets, cette conquête: mais il est une condition qu'il faut que vous juriez de remplir; c'est de respecter les peuples que vous délivrez; c'est de réprimer les pillages horribles auxquels se portent des scélérats suscités par nos ennemis: sans cela vous ne seriez point les libérateurs des peuples, vous en seriez les fléaux; vous ne seriez pas l'honneur du peuple français, il vous désavouerait; vos victoires, votre courage, vos succès, le sang de nos frères morts aux combats, tout serait perdu, même l'honneur et la gloire. Quant à moi et aux généraux qui ont votre confiance, nous rougirions de commander à une armée sans discipline, sans frein, qui ne connaîtrait de loi que la force. Mais, investi de l'autorité nationale, fort de la justice et par la loi, je saurai faire respecter à ce petit nombre d'hommes sans courage et sans cœur les lois de l'humanité et de l'honneur, qu'ils foulent aux pieds. Je ne souffrirai pas que des brigands souillent vos lauriers; je ferai exécuter à la rigueur le règlement que j'ai fait mettre à l'ordre; les pillards seront impitoyablement fusillés, déjà plusieurs l'ont été. J'ai eu lieu de remarquer avec plaisir l'empressement avec lequel les bons soldats de l'armée se sont portés pour faire exécuter les ordres.

« Peuples de l'Italie, l'armée française vient pour rompre vos chaînes; le peuple français est l'ami de tous les peuples: venez avec confiance au devant d'elle; vos propriétés, votre religion et vos usages seront respectés.

« Nous ferons la guerre en ennemis généreux, et nous n'en voulons qu'aux tyrans qui vous asservissent. »

Suspension d'armes conclue à Bologne le 23 juin 1796, entre le général en chef de l'armée française en Italie, Buonaparte, et le député du pape, Antonio Gnudi.

« ARTICLE PREMIER. Voulant donner une preuve de la déférence que le gouvernement français a pour sa majesté le roi d'Espagne, le général en chef et les commissaires sousdits accordent une suspension d'armes à sa sainteté, à compter d'aujourd'hui jusqu'à cinq jours après la fin des négociations qui vont être entamées à Paris pour la conclusion de la paix définitive entre les deux états.

« II. Le pape enverra, le plutôt possible, un plénipotentiaire à Paris, pour obtenir du directoire exécutif la paix définitive, en offrant les réparations nécessaires pour les outrages et les pertes que les Français ont essuyées dans ses états, et notamment le meurtre de Basseville et les dédommagemens dûs à sa famille.

« III. Tous les individus détenus dans les états du pape, à cause de leurs opinions politiques, seront mis sur-le-champ en liberté et leurs biens restitués.

« IV. Les ports des états du pape seront fermés aux bâtimens des puissances en guerre avec la république, et ouverts aux bâtimens français.

« V. L'armée française continuera de rester en possession des légations de Bologne et de Ferrare, et évacuera celle de Faenza.

« VI. La citadelle d'Ancône sera remise dans six jours entre les mains de l'armée française, avec son artillerie, ses approvisionnemens et ses vivres.

« VII. La ville d'Ancône continuera à rester sous le gouvernement civil du pape.

« VIII. Le pape livrera à la république française cent tableaux, bustes, vases ou statues, au choix des commissaires qui seront envoyés à Rome; parmi lesquels objets seront notamment compris le buste de bronze de Junius Brutus, et celui en marbre de Marcus Brutus, tous les deux placés au capitole; et cinq cents manuscrits, au choix des mêmes commissaires.

« IX. Le pape paiera à la république française vingt-un millions de livres, monnaie de France, dont quinze millions cinq cent mille livres en espèces ou lingots d'or ou d'argent, et les cinq millions cinq cent mille livres restans en denrées, marchandises, chevaux, bœufs, d'après la désignation qu'en feront les agens de la république française.

« Les quinze millions cinq cent mille livres seront payés en trois termes; savoir, cinq millions dans quinze jours, cinq dans un mois, et les cinq millions cinq cent mille liv. dans trois mois.

» Les cinq millions cinq cent mille livres en denrées, marchandises, chevaux, bœufs, seront, à fur et à mesure des demandes qui seront faites, livrées dans les ports de Gênes, de Livourne et autres endroits occupés par l'armée, qui seront désignés.

« La somme de vingt-un millions, portée dans le présent article, est indépendante des contributions qui sont ou seront levées dans les légations de Bologne, de Ferrare et de Faenza.

« X. Le pape sera tenu de donner le passage aux troupes de la république française toutes les fois qu'il lui sera demandé. Les vivres qui leur seront fournis seront payés de gré à gré.

« Arrêté à Bologne, le 5 messidor, an 4 de la république française, une et indivisible (23 juin 1796).

Signé, BUONAPARTE, SALICETTI, GARAU, ANTONIO GNUDI, et le chevalier D'AZARA. »

Nous avons cru devoir récapituler ici les chefs-d'œuvre que les victoires des républicains ont assurés à la France et aux arts. Jamais plus nobles trophées n'ornèrent les triomphes d'aucun vainqueur; mais peut-être aussi aucun n'en mérita de pareils à ceux qui sont dûs à la brave armée d'Italie et à son incomparable général.

SCULPTURE.

L'Apollon.
Le Méléagre.
Le Torse.
L'Antinoüs (du Vatican).

APPENDICE.

L'Adonis.
L'Hercule Commode.
L'Apollon des Muses.
Le Discobole.
Le Faune flûteur.
Le Torse de Cupidon.
Le Pàris.
Le Zénon.
Le Discobole. (2e.)
Le Jules César.
L'Auguste.
Le Tibère (en toge).
L'Adrien.
Le Phocion.
Le Démosthène.
Le Sardanapale.
Le Sextus Hippericus.
L'Antinoüs (du Capitole).
La Melpomène. ⎫
L'Uranie. ⎬ Différentes des suivantes.
La Vénus.
La Junon.
La Flore.
L'Ariadne.
La Vestale.
La petite Cérès.
L'Amazone.
La Minerve.
La Santé.
L'Uranie.
La Terpsichore.
La Polymnie.
La Melpomène.
La Thalie.
La Clio.
La Calliope.

L'Euterpe.
L'Erato.
Le Trajan.
Le Posidippe.
Le Ménandre.
Le Berger s'arrachant une épine du pied.
Le Gladiateur mourant.
La Vénus accroupie.
La Cléopatre.
Le Laocoon.
L'Amour et Psyché.
Jupiter.
Homère.
Alexandre.
Jupiter Sérapis.
Ménélas.
Junius Brutus.
Marcus Brutus.
L'Océan.
Caton et Porcie.
Deux Sphinx.
Trois Caudélabres.
Trois Autels.
Le Tombeau des Muses.
Le Tibre, et divers autres morceaux.

PEINTURE.

De Raphaël.
{
La Transfiguration.
L'Assomption.
Le Couronnement de la Vierge.
La Vierge.
L'Annonciation.
L'Adoration des Mages.
Le Baptême de Jesus-Christ.
La Foi, l'Espérance, la Charité.
La Résurrection de Jesus-Christ.
}

APPENDICE. 365

De P. Perugin.
: La Résurrection.
Sainte Famille.
S. Augustin et la Vierge.
Mariage de la Vierge.
La Vierge et Saints de Perouse.
Les Prophètes.
S. Benoît.
Sainte Placide.
Sainte Scholastique.
Le Père Eternel.
S. Sébastien.
S. Augustin.
S. Barthelemi.
S. Paul.
S. Jean.
La Vierge.
Déposition de la Croix.
Une Vierge.

Du Guerchin.
: La Circoncision.
Sainte Pétronille.
S. Thomas.

Du Dominiquin.
: S. Jérôme.
Martyre de Sainte Agnès.

Du Caravage. Descente de Croix.

D'Annib. Carrache.
: La Piété.
La Nativité.

D'André Sacchi.
: S. Romuald.
Un Miracle.

D'Alfani. Une Vierge. S. François.

Du Guide.
: La Fortune.
Martyre de S. Pierre.

De Garofalo. La Vierge.

Du Poussin.   Martyre de S. Erasme.

Du Valentin.   Martyre de S. Gervais.

Du Corrège.   { La Vierge de S. Jérôme.
                    { La Vierge à l'Ecuelle.

Du Titien.   Le Couronnement.

Du Procaccini.   Le S. Sébastien.

La galerie de Modène a fourni beaucoup d'autres tableaux et d'objets curieux; Venise en donnera davantage encore.

Objets destinés au Musée d'histoire naturelle.

L'Herbier de Haller.
Collection de substances volcaniques, de Spallanzani.
Minéraux, du P. Pini, à Milan.
Minéraux de l'Institut de Bologne.
L'Herbier d'Aldrovande, en seize volumes.
Collection de marbres et pierres fines de l'Institut de Bologne.
Figures manuscrites d'Aldrovande, en dix-sept volumes.
Aiguilles de crystal de roche.
Rome et Venise augmenteront ces produits, extraits seulement de la Lombardie.

Objets destinés à la Bibliothèque nationale, ou à l'Institut.

Manuscrits de la bibliothèque ambroisienne et de celle de Brera.
Manuscrits de l'abbaye de S. Salvador de Bologne.
Les Donations faites à l'église de Ravenne sur papyrus, en 490 et 491.
Manuscrit des *Antiquités* de Joseph sur papyrus.
Manuscrit sur l'histoire des Papes.
Un Virgile manuscrit ayant appartenu à Pétrarque, avec des notes de sa main.

APPENDICE.

Manuscrits de la main de Galilée sur le flux et reflux, sur les fortifications.

Carton des ouvrages de Léonard de Vinci.

Douze manuscrits de Vinci sur les sciences.

Tables anatomiques de Haller, avec des additions et des corrections de sa main.

Livres d'anciennes éditions provenant des bibliothèques ambroisiennes, de l'institut de Bologne, de l'abbaye de S. Salvador, et de l'université de Pavie.

Cinq cents manuscrits de la bibliothèque du Vatican.

Plusieurs personnes ont crié contre l'enlèvement de ces monumens des arts; on a même écrit pour en détourner le gouvernement : car les Français jouissent de la liberté de la presse à un point qui ne laisse pas même aux étrangers ses ennemis la consolation d'espérer qu'ils puissent jamais censurer avec plus de sévérité les actes de son gouvernement qu'ils ne le sont journellement par ses propres citoyens. Cette liberté est si grande, que ceux qui en usent devraient du moins ne le faire qu'avec justice; et c'est un des sentimens le plus souvent oublié par eux.

Les ennemis de la France n'auraient pu rien dire de plus contre l'idée de nous enrichir des monumens des arts de l'Italie, que ce qu'ont à cet égard publié des Français. Prétextes, suppositions, sophismes, tout a été employé à servir cette mauvaise cause.

On convenait du besoin de faire naître ou de perfectionner chez le peuple le goût des arts, et l'on ne voulait pas mettre sous ses yeux leurs chefs-d'œuvres qui seuls peuvent l'inspirer et le maintenir.

On voulait n'envoyer à Rome que nos artistes qui, après s'y être formés, reviennent, et sont obligés, pour vivre, de descendre de leur talent, et de le sacrifier aux goûts souvent bizarres du public.

C'était donc ce public auquel il fallait inspirer le goût du beau; il fallait donc qu'il en eût les modèles sous les yeux pour le connaître et le sentir : car alors nos artistes pourront être entendus, sentis, jugés, et se livrer à leur génie.

On demandait pourquoi la France dépouillait ainsi Rome; comme si ce qu'on lui prenait n'était pas ce que les Romains avaient eux-mêmes pris aux Grecs !

La faiblesse et la cupidité du gouvernement romain tenaient tous ces monumens exposés à une dissémination assez prochaine, faute d'un centre de réunion. Il eût bientôt fallu courir toute l'Europe pour les y retrouver, et l'on eût manqué des moyens de les comparer, placés ainsi à d'aussi grandes distances l'un de l'autre; distances que les gens riches seuls auraient pu franchir.

La France leur a ouvert un asyle qui probablement sera long-temps assuré.

Ces riches musées du Vatican et du Capitole n'auraient-ils pas été la proie du népotisme de quelques papes futurs, et les Anglais n'auraient-ils pas employé l'or du Gange à en priver les bords du Tibre? Qui n'aimera pas mieux les voir sur ceux de la Seine que sur ceux de la Tamise? Car c'est à peu près à cela que se réduit cette question, à laquelle un Français ne pouvait être embarrassé de répondre.

Naples n'avait-il pas enlevé déja au palais Farnèse l'Hercule, la Flore, le Taureau, et Antiope, etc. etc?

Florence n'avait-elle pas appelé chez elle toute la collection de la Villa Medici?

Dresde n'a-t-il pas privé Parme de la Nuit du Corrège, comme Berlin a acheté à Rome, ou à Paris même, tous les antiques du cardinal de Polignac?

Le négociant Jenkins n'a-t-il pas trafiqué pour Londres d'une partie des objets rassemblés dans les palais Negroni, Giustiniani et Barberini, comme le chevalier Hamilton accapare à Naples les tableaux, les vases campaniens, les antiques?

N'est-ce pas une excessive modération aux Français de n'avoir pas exigé que le pape payât au prince Borghèse le Gladiateur, l'Hermaphrodite, et quelques autres pièces de son musée? probablement la crainte de les perdre le sollicitera bientôt à en tirer parti.

Il ne reste à desirer à la France qu'un local digne de recevoir tant de richesses. Rassembler, comme on le fait, tous les chefs-d'œuvre de la peinture, de la sculpture, de tous les arts du dessin, dans un même bâtiment, c'est les exposer à une destruction générale et subite, et courir imprudemment les risques d'une perte totale et à jamais irréparable.

Le Louvre, ni la galerie d'Apollon, ni celle du Musée, ni les Tuileries, ne sont à l'abri d'un incendie. Nous avons vu brûler, il y a environ dix ans, le pavillon de Flore: sans de prompts secours, le feu gagnait la galerie. Elle tient au Louvre; et ce palais, comme celui des Tuileries, et la galerie même, sont habités par une population immense, qui a besoin de cuisines et de cheminées, qui peuvent amener les plus funestes accidens.

Il n'existe pas une cheminée ni un logement dans les Musées du Vatican et du Capitole; ils sont voûtés en dessus et en dessous, et réellement incombustibles. Cette construction est de nécessité pour ce genre d'établissement. Quand y penserons-nous? peut-être lorsqu'il ne sera plus temps.

FIN.

TABLE

Des matières contenues dans cet ouvrage.

État de l'Italie et des armées, *page* 1.
Bataille de Montenotte, 4.
Bataille de Millesimo, 6.
Combat de Dego, 9.
Combat de Vico et bataille de Mondovi, 12.
Remise de Coni, de Ceva et de Tortone, aux Français, 17.
Passage du Pô et combat de Fombio, 20.
Suspension d'armes conclue entre l'armée française et le duc de Parme et de Plaisance, 23.
Bataille de Lodi, 25.
Traité de paix avec le roi de Sardaigne, 28.
Proclamation de Buonaparte à l'armée française, 40.
Armistice conclu entre les Français et le duc de Modène, 42.
Objets de sciences et arts enlevés pour la France, 44.
Combat et prise de Pavie, 47.
Conduite perfide du gouvernement de Venise, 55.
Passage du Mincio et combat de Borghetto, 56.
Prise de Vérone, 59.
Investissement de Mantoue, 61.
Proclamation de Buonaparte aux habitans du Tyrol, 63.
Lettre du même à Oriani, 69.
Du même au grand duc de Toscane, 71.
Armistice accordé au pape, 72.
Ordre donné au consul français à Livourne, 76.
Capitulation du château de Milan, 79.
Révolte de Lugo, 84.
Entrée des Français dans Porto Ferraio, 90.
Attaque de Mantoue, 92.

TABLE

Sommation au commandant de cette ville, 94.
Combats de Salo et de Lonado, et bataille de Castiglione, 101.
Trait de hardiesse de Buonaparte, 113.
Combat de Peschiera, 115.
Blocus de Mantoue, 123.
Combat de Serravalle et bataille de Roveredo, 126.
Proclamation de Buonaparte aux habitans du Tyrol, 134.
Récapitulation des pertes des Autrichiens, 136.
Combat de Covelo, et passage des gorges de la Brenta, 137.
Bataille de Bassano, 139.
Combat de Cerea, 142.
Combat de Castellaro, 143.
Prise de Porto-Legnago, 144.
Combat di due Castelli, 145.
Bataille de Saint-George, 146.
Fruits de la campagne jusqu'à ce moment, 158.
Expédition de Corse, 164.
Traité de paix entre la république française et le roi des deux Siciles, 169.
Traité de paix conclu entre la république française et le duc de Parme, 173.
État de la Lombardie, 194.
Combat de Saint-Michel et de Segonzano, 198.
Combat de Caldero, 199.
Bataille d'Arcole. Trait remarquable, 201.
Combat de Saint-George, 233.
Deux combats d'Anguiari, 233.
Bataille de la Favorite, 234.
Défaite totale de l'armée d'Alvinzi, 249.
Combats de Carpenedolo et d'Avio, 256.
Politique de la cour de Rome, 259.
Refus du pape pour l'exécution de l'armistice, 263.
Reddition de Mantoue, 268.
Résultats des exploits de Buonaparte, 274 et 285.
Acte de la capitulation de Mantoue, 275.
Lettre de Buonaparte au pape, 289.

Conquête de la Romagne, du duché d'Urbin, et de la Marche d'Ancône, 286.

Proclamation du général Buonaparte, 291.

Présentation de soixante drapeaux au directoire, 294.

Lettre de Pie VI à Buonaparte : réponse de ce général, 300.

Traité de paix entre la république française et Pie VI, 303.

Passage de la Piave ; combat de Longara et de Sacile ; bataille et passage du Tagliamento, 318.

Passage du Lisonzo et prise de Gradisca, 324.

Combat de Casasola, 325.

Capitulation de la forteresse de Gradisca, 326.

Proclamation de Buonaparte à la province de Goritz, 328.

Affaire de la Chinse, 332.

Combats de Lavis, de Tramin et de Clausen, 337.

Proclamation de Buonaparte aux habitans de la Carinthie, 338.

Combat des gorges de Neumark, 341.

Combat de Hundsmark, 342.

Lettre de Buonaparte au prince Charles, 344.

Réponse à cette lettre, 345.

Suspension d'armes entre les armées françaises et impériales, 350.

Signature des articles préliminaires du traité de paix, 351.

APPENDICE, 357.

Proclamation du général Buonaparte à ses frères d'armes, 358.

Armistice accordé au pape, 360.

Etat des objets de sculpture, peinture, sciences et arts, enlevés en Italie, 360 *et suiv.*

Traits remarquables dans l'armée française, 9, 59, 62, 83, 119, 127, 207, 231, 234, 243, 313.

DE L'IMPRIMERIE DE PLASSAN.

ON TROUVE LES OUVRAGES SUIVANS,

Chez BERNARD :

Vues sur l'Italie, 1 vol. Loch.
Etat présent du Portugal, 1 vol. *in-4°.* avec la carte du Portugal,   12 l. 10 s.
Idem, papier d'hollande, ...   20 l.
Calcul intégral et différentiel, par Cousin, 2 vol. *in-4°.* br. 6 pl.   21 l.
Son Essai sur la Physique.
Son Introduction à l'Astronomie.
Son Algèbre paraîtra en brumaire.
Œuvres complètes de Duhamel, et de d'Alembert.
Ouvrages d'Euler, de Cramer, de Taylor, Stirling, Belidor, Prony, Bossut, Bezout, Ozanam, d'Espinasse et Picard; tous les livres d'Architecture, d'Art militaire, de Mathématiques, de Sciences et Arts.
Théorie du Calcul différentiel, par La Grange, 1 vol. *in-4°.* br.   5 l.
Œuvres complètes de Montesquieu, en 5 vol. *in-4°.* papier vélin, fig. Les 3 premiers volumes ont paru; les tomes 4 et 5 paraîtront en brumaire. Le tout 240 liv.

Chez PLASSAN :

Coup-d'œil sur les Courses de chevaux en Angleterre; sur les haras, la valeur, le prix, la vitesse, etc. des chevaux anglais; sur les moyens d'améliorer et d'étendre cette branche d'économie rurale en France : avec quelques rapprochemens des courses modernes en Italie; des courses chez les Grecs et les anciens Romains; et l'historique des différentes courses françaises au Champ-de-Mars, *in-8°.* broché, ...   1 l.
Dictionnaire anglais français et français anglais, de Boyer, 2 vol. grand *in-8°.* relié, ...   12 l.
Morale de Jésus-Christ et des Apôtres, ou la Vie et les Instructions de J. C. tirées du Nouveau Testament, vol. *in-4°.* belle édition,   .   6 l.
Le même, papier vélin, ...   12 l.
Nouveaux Mélanges de Littérature Orientale, ouvrage posthume de Cardonne, 2 vol. *in-12*, an 5.   . . . . .   3 l.
Orlando Furioso, di Lodovico Ariosto, *in-4°.* 4 vol. grand papier vélin, avec 93 figures, très-belles épreuves,   . . .   120 l.
Le même, 4 vol. *in-8°.* grand papier vélin, avec le même nombre de fig. 60 l.
Le même, *in-8°.* 4 vol. grand et très-beau papier raisin d'Essonne, avec le même nombre de figures, ...   40 l.
Œuvres de Virgile, latin et français, avec des remarques par l'abbé Desfon-

taines, nouvelle et très-belle édition *in-4°*. 4 vol. grand papier vélin, avec 18 figures d'après les dessins de Moreau le jeune et Zocchi, épreuves avant la lettre, ... 156 l.

Les mêmes, *in-8°*. 4 volume grand papier vélin, avec 18 figures sur papier vélin, ... 75 l.

Les mêmes, *in-8°*. 4 volume grand et très-beau papier d'Essonne, avec 18 fig. br. . . . . 40 l.

Œuvres de Montesquieu, nouvelle édition, augmentée de nouveaux manuscrits, *in-4°*. 5 vol. grand papier vélin, avec 16 belles gravures d'après les dessins des plus célèbres artistes. Les tomes I, II et III en vente, 144 l.

Les tomes IV et V sont sous presse et paroîtront à la fin de cette année.

Œuvres morales et galantes de Duclos, de l'Académie française, suivies de son Voyage en Italie, avec le portrait de l'auteur, dessiné par Cochin, 4 vol. *in-8°*. belle édition aussi soignée que correcte . . . 10 l.

Psyché et Cupidon, traduit du latin d'Apulée, avec le texte à côté, et des notes, *in-16*, an 5, broché, ... 1 l. 5 s.

Pagination incorrecte — date incorrecte

NF Z 43-120-12

Contraste insuffisant

NF Z 43-120-14

www.ingramcontent.com/pod-product-compliance
Lightning Source LLC
Chambersburg PA
CBHW070455170426
43201CB00010B/1355